不均等的對抗

——鴉片戰爭中廣東海防快速崩潰的遠因

袁展聰

目錄

附　錄 · · · · 265

提要

　　鴉片戰爭是中國近代史的重要事件，中英雙方之間的軍事差距決定了這場戰爭的勝負。英國軍事科技實力之強，早已是人所共知，相反清廷軍事衰弱卻是少有被注意。別忘記在鴉片戰爭前，清代東南海防還面臨海盜的挑戰，一度束手無策。為何清廷在克服這場危機後，沒有掀起一場變革，改善水師戰力積弱、海防形勢被動等問題，本書就以廣東海防作個案探討。

　　自平定台灣後，東南海防一直處於和平狀態，反觀北方的俄羅斯及準噶爾部卻嚴重威脅國防，經過康、雍、乾三朝的努力，清廷終於解決北部邊防問題。但在嘉慶、道光年間，東南海防卻要面對兩大強敵——海盜與英國。在廣東方面，海

盜藉着越南西山政權的幫助崛興，他們控制航道，打劫往來船隻，組成強大的聯盟。廣東水師雖然多度出師征伐，卻被打得大敗，迫使清廷三次撤換兩廣總督，最後更要實行招撫政策，才成功平定為患近二十年的叛亂。與此同時，西方國家亦積極東來尋找市場、商品，英國為改變與中國貿易的情況，更曾兩次試圖入侵澳門、強闖虎門，更發動鴉片戰爭，令廣東海防面臨嚴重威脅。

在處理兩場危機時，清廷始終堅持嚴守海岸的戰略，以封鎖政策截斷內地物資供應，對抗海盜及英國。這種現象並不是偶然，而是地方政府長期被中央集權削弱實力的結果。無論是財政、官員的權力，接受的訓練，都決定廣東海防只可以建立保守而被動的體制，難以應對大型的戰爭，而這正是清廷在鴉片戰爭中戰敗的根源。

序一

　　持續開拓、認識、管理和控制周遭環境，人類一步一步地建立起文明。絕大部份的人長居陸地，掌控陸地上的資源是存活的基本需要。不過，水道和海洋對我們同樣重要。除了提供食水、漁獲和各種深海資源外，水的世界在經濟上是聯繫各地和互通人力物資的平台，在軍事上，進可以是調兵遣將的通道，退可以是卻敵的天然屏障。近世以來，稍具規模的民族國家都爭逐海洋霸權。當中十八至二十世紀的英國和今天的美國可算是海洋帝國的典範。就如海權論鼻祖馬漢（Alfred Thayer Mahan, 1840-1914）所言，它們的海軍和海洋貿易力量高度結合，在和平的日子可憑廣大海疆盡得商業利益，戰爭時又能靠海路快速和多方位攻敵，所以能建立跨地域而且歷久不衰的霸業。[1] 其他如德國限於條件而難成大業，意大利城邦稱雄一隅而無力擴展，西班牙則盛世一去帝國凋零。

　　當然，海權是由很複雜的因素造成的。天然的條件和人民的習性當然有關，但在過去五、六世紀，國家的參與卻有關鍵作用，因為建立海軍、開拓航道、進行科研和聯結盟友等都頗賴政府執行。就如軍事專家貝勒克（Jeremy Black）所說，海

1　馬漢（Alfred Thayer Mahan, 1840-1914）的 *The Influence of Sea Power Upon History, 1660-1783* 出版於 1890 年，是海權論的經典，百多年來不斷被研究和反覆印行。

權是「國家體制－戰略文化和相關的內政條件的結果」。[2]

回看中國的情況，宋、明以來，中國的海洋貿易一片蓬勃，尤其南中國海至印度洋一帶熱鬧非常，[3] 其成就靠人民的奮發、貿易條件和歷史因素促成。鄭和下西洋無以為繼，明中葉至清初連番實行的海禁，都沒有壓制國人探索和利用海洋的渴望。他們最終遇上大航海時代湧入東方世界的歐洲人，最初是葡萄牙、西班牙和荷蘭人，十八世紀以後更有非常進取，最後一枝獨秀的英國人。清朝一直希望以其貿易體制有秩序的接應外來商人，[4] 但各種糾紛卻最終使中、英兩國兵戎相見。

大家印象中，1839 至 1842 年的鴉片戰爭，中國以其偌大人口、疆土和資源，在本土迎戰遠渡而來的敵人，卻大部份時間處於下風，只能以戰敗求和作結。戰情展現出雙方戰力的差距，英國的工業化在十八世紀開始，軍力逐步上升，在海戰方面更已有輝煌記錄，問題在中方的海洋實力到底是何等水平？如果不足，又為何一直沒有正本清源呢？本書以嘉慶、道光年

2　Jeremy Black, *Naval Power: A History of Warfare and the Sea from 1500 onward* (Houndmills, Basingstoke: Palgrave Macmillan, 2009), viii.

3　這方面討論已多，精簡的作品有陳國棟：《東亞海域一千年》（濟南：山東畫報出版社，2006）和上田信著，高瑩瑩譯：《海與帝國：明清時代》（桂林：廣西師範大學出版社，2014）。

4　Paul A. Van Dyke（范岱克）在中英貿易和矛盾方面討論極深，作品包括 *The Canton Trade: Life and Enterprise on the China Coast, 1700-1845* (Hong Kong: Hong Kong University Press, 2005), *Merchants of Canton and Macao: Politics and Strategies in Eighteenth-Century Chinese Trade*, Vol. 1. (Hong Kong: Hong Kong University Press, 2011) 和 *Merchants of Canton and Macao: Success and Failure in Eighteenth-Century Chinese Trade. Vol. 2.* (Hong Kong: Hong Kong University Press, 2016) 等 .

序
一

間的廣更海防發展為焦點，正正顯示出，當時的海防積弱正是「國家體制、戰略文化和相關的內政條件的結果」。

　　我和展聰認識已近十載，他在本科時代修讀我的中外交通、史學理論和軍事史專題，後來在我指導下完成博士論文，本書正是論文的修訂本。展聰性格沉靜好學，年來進步甚多，畢業後一度任職我管理的香港浸會大學當代中國研究所，期間完成修訂工作。本書是他的第一部作品，集結了他的多年心力，成績亦令人欣喜。我希望這是一個好的開始，也能助他更進一步。

麥勁生

2018 年 11 月 3 日

九龍塘

序二

　　鴉片戰爭（1839-1842）為近代國史發展中之重大分水嶺。此即清朝為其時西方首強英國所敗，從此國勢呈現衰弱，而全國之政治、軍事、外交、經濟、社會及文化思想，均出現重大的變革，使中國社會從傳統轉到現代。鴉片戰爭之研究，由是深受學界關注，研究者眾。就鴉片戰爭研究而言，起自外交史而貿易史而思想史以至於軍事史，本書即為軍事史研究之新作。

　　眾所周知，清季嘉道中衰，內憂外患相繼而至，而海防尤為全國國防之重心。本書即就此入手，申論東南海盜及英國入侵時，廣東之地方軍、政體制，如何建構海防防務，肆應來犯之大敵，以及最終失敗之因由。全書就清廷軍事衰弱致敗，作出結構性分析，為此一課題之研究，提供新視角。故為近代中國海防史研究之新猷，殊堪注意。

　　我國自鴉片戰敗之後百年間，內憂外患，相繼而至。內有太平天國之亂、捻亂、教亂、西北及西南回亂，全國動亂，死亡枕藉。外則有列強相繼侵迫，最為兇猛，如英法聯軍之役，八國聯軍之役，以至日本七七侵華之役，致使北京、南京兩都，先後三次淪陷，國既不國。際此國難之秋，中華兒女，或置身行伍，或投筆從戎，由「好男不當兵」而轉成「好男要當

兵」，是為百年國難激發全國尚武精神。而近代中國軍事之學術研究，亦由此蔚然而興，軍事史研究即為其中一環。清季甲午一役，我國以北洋艦隊熸師黃海，國勢從此一落千丈。此後海軍、海防史已為學界所關注，相關研究層出不窮。浸會大學歷史系自上世紀 90 年代以降，起而重視海軍、海防史之研究，先後召開四次研討會，並出版相關論文集。由是系中師生，亦受感染，相繼起而研究，展聰即為本系此一學術風氣下，辛勤探究而終能出版其研究成果者，尤足珍視。

展聰自入讀浸會大學歷史系，隨余習明清史，已見其對軍事史之研究興趣。展聰早已留心袁崇煥生平及抗金戰史，余亦指導其研究袁氏麾下戰將，撰寫學位論文。繼而於研究生時期，因應本系研究海軍、海防史的學術風氣，進而探究清代廣東水師提督。我國軍事史的研究，素重兵制與戰史，然對將帥研究，未見充實。展聰自闢蹊徑，探手驪珠，殊值嘉許，自此着意廣東海防。而本書之成，乃其前此積學基石之成果展示。今日南海風雲既起，現時中國之國勢、軍勢已大異於前代，然南海問題，廣東海防仍為其中重要之一環，展聰雖然着眼清季，而《戰國策》警語：「前事不忘，後事之師」，本書所見，不容忽略，故樂為之序。

李金強

2018 年 12 月 16 日
於浸會大學歷史系
近代史研究中心

12

導論

中國自秦代（前 221- 前 207）以來，國防威脅大多來自北方，東南海疆大致無事，海防是直到晚清才成為國防頭等大事。[1]「以東南糧餉，養西北士馬」幾乎是中國每個朝代的國防寫照，但在明代（1368-1644）開始出現變化。在蒙古威脅北部邊防的同時，倭寇亦肆虐東南省份，形成所謂的「北虜南倭」，而防海思想亦因此有所發展，《籌海圖編》的編成就是最佳的例證。此書總結了明代的抗倭作戰經驗及海防建設，是第一部東南海防的專著，嘉靖以後的海防著作大都引述其中言論。及後，西方國家紛紛東來，葡萄牙、荷蘭先後騷擾福建、台灣，令東南的海防形勢變得複雜。清朝（1644-1911）入主中原後，面對割據台灣的明鄭（1661-1683）政權卻一籌莫展，唯有實行禁海遷界，但未能困死對手的同時，更為沿海經濟帶來大災難，最終依賴降將施琅（1621-1696）始能平定台灣。此後，海防暫無出現重大威脅，反而西北的準噶爾部成為當時國防大敵，清廷耗康、雍、乾三朝之力，終於成功征服對手，並將新疆納入版圖。在乾隆末年，東南海防再次出現危機，海盜橫行於福建、廣東兩省海洋，清廷幾經辛苦終於在嘉慶十五年（1810）才平定。接踵而來的卻是西方強敵，因為歐洲國家東來貿易，與中國分歧日增，雙方最終兵戎相見，相繼引發鴉片戰爭（1839-1842）、英法聯軍之役（1856-1860）、中法越南戰爭（1884-1885）、中日甲午戰爭（1894-1895）、八國聯軍之役

1　郭廷以：《近代中國史綱》，上冊（香港：中文大學出版社，2005），頁 14。

（1900）。[2]直至新中國成立，海疆依然波濤四起，兩岸在 1950 年代，先後發生一江山戰役（1955）及八二三炮戰（1958）。時至最近十年，中國與日本、越南及菲律賓等國，在東海、南海爭議持續不斷。與此同時，美國於 2009 年宣佈「重返亞太」，印度亦積極介入南海事務，海疆問題變得愈來愈複雜。[3]

討論清代海防的著作大多以鴉片戰爭為起點，實際上自嘉、道以來，清廷頗為東南海盜周張，尚且屢剿無功，能夠穩住局面，所賴亦是非軍事因素。嚴格來說，清代海防自十八世紀以來，火力、航運、兵員、資源方面的進步有限，防禦海盜尚且不足，遑論對抗西方強敵。西方的海上力量逐步東來，東南門戶大受威脅，然而廣東督撫均未有積極回應，原因何在，值得深入探討。嘉、道年間海盜為患，廣東海防的實質發展情況如何？需要再三研究。如此，我們才能了解鴉片戰爭前廣東海防為何不堪一擊。

由於本書論述時間在嘉、道兩朝，所以亦會採用當時對海防的定義。在道光年間編成的《廣東通志》的〈海防略〉內，有這樣的描述：

> 我朝行伍整肅，遠邁前明，水師各營尤為周密……
> 是編於兵額軍餉諸制，具詳經政建置二略，風信備於氣
> 候，外國見於諸蠻，不復更敍。墩臺營汛則略舉大凡，

2　李國祁：〈導言——中國近代現代歷史的演進〉，中華文化復興委員會編：《中國近代現代史論集》，第 1 輯（台北：台灣商務印書館，1986），頁 1-93。

3　吳士存：《南沙爭端的起源與發展》（北京：中國經濟出版社，2010），頁 156-217。

導論

以與兵制城池互備餘。惟往事之可為程式，前論之實有
發明，以及地形險要，不可一日弛防者，詳覆其說，而
兵船占驗忌避附焉，俾後之覽者不忘袀馭朽之戒云爾。[4]

當時人的海防觀念，包括了氣候、地理、駐防軍、船隻、武器、
訓練、各項軍事設施、日常任務、保甲制度，甚至對外交涉，而
本文以探討總督們應對海上威脅方法為主，所以內容亦會圍繞上
述項目。

第 1 節　對鴉片戰爭中國戰敗的各種解釋

鴉片戰爭被李鴻章（1823-1901）形容是開啟「三千餘年一大
變局」，有關的研究當然是汗牛充棟，對於清廷戰敗的原因，自
然亦有不同的解說。

第一種解釋當然是軍事實力上的差距。不少學者都從武器的
角度出發，分析中英雙方的差距，如何影響戰爭勝負。張建雄分
析清代海防炮臺的設計營造、規格大小、火炮數目、質量、駐軍
人數、建造成本及防禦範圍，因為構築無方、火炮數量不足，兼
且科技落後，完全不能抵擋西方入侵。[5] 相較起來，學者們更關心
戰前中西火炮技術差距。潘向明則指我國的火炮技術，在十九世

---

4 參〔清〕阮元：《廣東通志（道光）》，《續修四庫全書》編纂委員會：《續修
四庫全書》，第 671 冊（上海：上海古籍出版社，1995），卷 123，〈海防略二〉，
頁 697。
5 張建雄：〈鴉片戰爭時期清朝海防炮臺技術研究〉，鴉片戰爭博物館主編：《明
清海防研究論叢（第四輯）》（廣州：廣東人民出版社，2011），頁 112-119。

紀前尚未大幅度落後，但西方在爆炸彈取得重大突破後，便拉開雙方的技術差距。[6] 劉鴻亮比較中英兩國的火炮設計、種類、材質、製造工藝、炮彈技術、火藥技術、艦炮品質、火炮機動性、射擊精度及速度，指英國改良關鍵之處，戰術亦隨之轉變，成為勝負分野。[7] 劉氏再與孫淑雲、李曉岑、李斌合作研究，指中英鐵炮在設計原理上，雖然處於同一階段，但英軍火炮的炮壁較薄，口內徑較大，在實心彈的時代較優勝，凡此種種都使清軍在戰場上處於劣勢。[8]

　　除了武器外，學者亦詬病清廷的指揮及戰略。他們認為在整場戰爭中，清廷「和」、「戰」態度搖擺不定，一時增兵、一時撤兵，而且不了解英軍意圖，又重用「投降派」琦善（1786-1854）等人，延誤前線軍隊的部署。另外，他們又批評清軍拘泥於陣地防禦，應該在適當時候誘敵深入，進行游擊戰，消滅英軍的有生力量。[9]

　　而最有代表性的是茅海建的論述。他在《天朝的崩潰——鴉片戰爭再研究》中，指出清軍的動員系統、戰術、武器，都遠遠落後於英軍，戰敗根本是不能避免，可是當時大部份人都沒有吸

6　潘向明：〈鴉片戰爭前的中西火炮技術比較研究〉，《清史研究》1993 年第 3 期，頁 95-104。
7　劉鴻亮：〈第一次鴉片戰爭時期中英雙方火炮的技術比較〉，鴉片戰爭博物館主編：《明清海防研究論叢（第二輯）》（廣州：廣東人民出版社，2008），頁 27-45。
8　劉鴻亮、孫淑雲、李曉岑、李斌撰：〈鴉片戰爭時期中英鐵炮優劣的調查研究〉，《海交史研究》2009 年第 2 期，頁 105-127。
9　軍事科學院主編：《中國軍事通史》，第 17 卷（北京：軍事科學出版社，1998），頁 79-83。

導論

取教訓，還站在道德高地，批評主和的琦善賣國，為戰敗開脫。[10]

第二種解釋是政治腐敗。論者往往從清代中衰開始說起，特別是嘉慶、道光兩朝，官員收受賄賂、辦事上下欺瞞，令政府行政能力大幅下降。[11] 政府管治能力下降，亦加劇社會問題，當時土地兼併日益嚴重，不少農民都無田可耕，因而流離失所，造成流民問題，終於爆發民變，其中川楚白蓮教之亂（1796-1804）更使清朝國庫衰竭。[12] 簡單來說，就是政治腐敗大大削弱了清朝應對事變的能力，成為日後鴉片戰爭失敗的遠因。但政治腐敗是否就與戰爭失敗，有必然的因果關係呢？舉例來說，魏忠賢（1528-1627）掌權的時期，被認為是明朝政治最黑暗的日子，史稱：

> 迨神宗末年，訛言朋興，群相敵仇，門戶之爭固結而不可解。兇豎乘其沸潰，盜弄太阿，黜陟渠慝，竄身婦寺。淫刑痛毒，快其惡正醜直之私。衣冠填於狴犴，善類殞於刀鋸。迨乎惡貫滿盈，亟伸憲典，刑書所麗，跡穢簡編，而遺孽餘燼，終以覆國。莊烈帝之定逆案也，以其事付大學士韓爌等，因慨然太息曰：「忠賢不過一人耳，外廷諸臣附之，遂至於此，其罪何可勝誅！」痛

10 茅海建：《天朝的崩潰──鴉片戰爭再研究》（北京：生活·讀書·新知三聯書店，1997）。
11 郭廷以：《近代中國史綱》，上冊，頁 10-12；徐中約著，許秋楓、朱慶葆譯，茅家琦、錢乘旦校：《中國近代史》，上冊（香港：香港中文大學出版社，2004），頁 123-127。
12 鄭天挺等著：《清史》（台北：雲龍出版社，2002），頁 487-522；〔美〕費正清、劉廣京編，張玉法主譯，李國祁總校訂：《劍橋中國史：晚清篇，1800-1911》，上冊（台北：南天書局，1987），頁 170。

乎哉，患得患失之鄙夫，其流毒誠無所窮極也！[13]

這段時期的政治腐敗，較嘉、道兩朝更惡劣，特別是天啟六至七年（1626-1627），魏忠賢的權勢更達到最高峰。然而，在遼東戰場屢戰屢敗的明軍，偏偏就是在這時，於寧遠、寧錦兩役擊敗後金（1616-1636）軍。由此可見，政治腐敗並不一定導致戰爭失敗。近年，也有學者對嘉、道兩朝有新看法，認為嘉慶朝其實是中興時期，使清朝更有能力應對鴉片戰爭及以後的危機。特別是乾隆帝（愛新覺羅弘曆，1711-1799；1735-1795 在位）在位時實行過份積極的政策，雖然使國勢達到頂峰，但同時消耗大量國力，令國家出現經濟、社會危機，而嘉慶帝即位後作出改革，採取收縮內斂的政策，使清廷成功渡過危機。[14]

第三種解釋是長期實行閉關鎖國的結果。論者批評清廷閉關鎖國，自詡為「天朝大國」，視外國為蠻夷，對西方的認識非常有限。即使是重要的武器技術，也視之為「奇技淫巧」，拒絕接受，導致自身武備遠遠落後，亦不了解對方的意圖，所以於鴉片戰爭戰敗。[15]

第四種解釋是社會不安穩。學者認為當時社會階級矛盾尖銳，

---

13 〔清〕張廷玉等撰：《明史》，第 13 冊（北京：中華書局，1974），卷 306，〈閹黨〉，列傳第 194，頁 7833。

14 Wensheng Wang, *White Lotus Rebels and South China Pirates: Crisis and Reform in the Qing Empire* (Cambridge, Massachusetts: Harvard University Press, 2014), pp. 1-9.

15 軍事科學院《中國近代戰爭史》編寫組：《中國近代戰爭史》，上冊（北京：軍事科學出版社，1984-1985），頁 69。

導論

民間被官員、豪紳搜刮剝削，甚至被誣陷是漢奸。從全局來説，國家應該一致對外，但因為階級矛盾，使政府孤立迎戰，因此令清廷戰敗。[16]

雖然上述的解釋各有道理，但鴉片戰爭始終是清軍及英軍兩支武裝部隊的戰鬥，所以軍事實力的差距才是最具決定性。學者們已經述説兩軍戰力有甚麼差距，但對於清軍為何積弱的解釋仍然不夠充份，而本書的論述就是從此展開。

第 2 節　不單因為英國的軍力強大　更因為中國的軍力脆弱

戰爭中雙方強弱是相對的，沒有一方的強，就顯示不了另一方的弱。英軍能夠在鴉片戰爭中取勝，其軍事實力之強，自然無需多言。問題是清朝擁有數量龐大的軍隊，卻為何阻擋不了遠少於他們的英國遠征軍？軍事科技的差距固然是重要原因。但如果將觀察時間稍為提早，海盜曾經嚴重威脅中國東南海防，特別是在廣東地區，水師更是連番慘敗。為何清廷對此不以為然，沒有正視水師積弱、海防形勢被動的問題呢？所以，本書要解答的並不只是清軍是如何弱，更重要的是為何如此弱。

清軍積弱不振是長期實行高度中央集權的結果。清朝統治者——滿族，以少數民族入主中原後，在統治人數眾多的漢族時，自然是要處處防範。首先，他們盡可能削弱漢人的力量，令他們

---

16 蕭致治主編：《鴉片戰爭史》，下冊（福州：福建人民出版社，1996），頁 597-602。

難以造反，即使在軍隊內部也是。眾所周知，清軍主要是分為八旗及綠營兩支，前者滿洲人、蒙古人及漢軍旗人組成，是朝廷最信任的部隊，而綠營則是入主中國後，收編明朝降軍及漢人組成，清廷始終保持戒心，沒有配備最精銳的武器，防內的心態非常明顯。然而，綠營卻是地方駐防的主力，特別是在滿洲人不擅長的海防上，以這樣的部隊迎戰擁有先進武器的英軍，結果可想而知。另一方面，清廷亦與其他大一統皇朝一樣，害怕地方勢力坐大，威脅中央政府的統治。所以，清廷厲行中央集權，對地方的財政、官員的權力、任期都有嚴格限制。這種做法雖然可以加強中央的控制力，但地方只能以有限資源運作，繼續沿用舊有體制，在應對大型事變時，固有問題便暴露出來，而廣東海防正是最佳例子。

廣東海防的脆弱早在嘉慶朝征剿海盜的戰爭中已經浮現。當時的廣東水師，雖然能消滅小規模的海盜，但面對海盜主力時卻屢戰屢敗。水師的武器不及海盜精良，將領的指揮更是相形見絀，導致清廷最終要實行招撫政策，才把這場叛亂鎮壓下來。事實上，清政府着眼於長治久安，加上地方能運用的資源有限，並不希望海防開支長期增加，所以只能改革巡哨制度，把叛亂者消滅於萌芽狀態，繼續運行以前的體制。在鴉片戰爭中，以上問題沒有得到解決，戰敗是不可避免。凡事有利亦有弊，高度中央集權雖然防止了地方坐大，卻造成地方積弱，而嘉慶、道光兩朝的廣東海防就是典型例子。

導論

第一章
清中葉以來廣東海防的領導和資源

清廷於鴉片戰爭戰敗，除了因為英國有強大的軍事實力外，亦由於自身國防的不濟。作為是次戰爭的第一戰區，廣東海防無力抵禦英國皇家海軍。要追溯其原因，則要從清廷的「防內」心態及高度中央集權的制度說起。清朝是由滿洲人建立起來，對人口眾多的漢族抱有戒心，在利用漢人協助地方防務的同時，又設法限制他們的力量。位處中國東南的廣東，遠離全國政治中心北京，理論上中央政府對之鞭長莫及，但清廷卻沒有因為地理上的差距而放鬆控制，無論在政治、財政上，都力圖避免地方坐大。

滿清是少數民族政權，即使他們的八旗軍戰鬥力再強，也難以控制整個中國，因此要借助由漢人組成的綠營，協助防守地方，但他們始終不是親信部隊，而且人數遠超八旗軍，自然得好好控制。「滿居重，漢為輕」的地方防務格局就此形成，綠營軍被分散防守其他據點，只能使用次級的武器裝備，更要負責其他雜務，難以威脅集中駐防的八旗軍。此舉雖然保障清廷對地方的控制力，卻削弱了東南海防。

在十八世紀末至十九世紀上半葉，廣東遭遇海盜及英國的挑戰。清廷依賴兩廣總督及廣東提督，指揮廣東海防部隊迎戰，但又多方掣肘，使他們難以專心處理海防事務。兩廣總督本身要管理民政和軍政，任官前卻未接受系統性軍事訓練，對海防建設有心無力。負責指揮軍隊的廣東提督，要兼顧陸防及海防，而清朝的培訓制度少有涉及水師，他們只能依靠自己累積經驗。無論是兩廣總督，還是廣東提督都是無定期，去留全憑皇帝決定，令他們難以長遠規劃廣東海防的發展，而實行中的策略也隨時會

被中止。

　　除此之外，廣東海防亦面對財政緊縮的問題。由於清廷嚴格限制財政運用，導致地方經費長期不足，海防經費非常緊絀。在面對海盜、英國時，幾位總督、提督都要千方百計籌措臨時經費，財政匱乏同樣削弱了廣東海防的應對能力。

第1節　清廷對地方防務的取態

　　滿清如同其他大一統王朝，害怕地方勢力坐大，威脅中央的統治。另一方面，它是少數民族政權，在管治廣闊的領土時，自然會擔心人數眾多的漢族起來反抗。如此建立的國防體系，以防內為主，或多或少削弱了地區防衛，東南海防亦難免受到影響。

防範漢人

　　由滿洲人建立的清朝在統治中國時，面對的最大難題，就是如何統治人數遠超他們的漢人。學者何炳棣認為清朝是中國史上最成功的征服王朝，關鍵在於早期統治者接受系統性的漢化。[1] 但近十幾年來，新清史學派學者對此表示質疑，他們認為清朝的成功，主要是因為採用不同方式管治各個民族。[2] 雖然不是所有學者都接受這種說法，但清朝統治者始終保持濃厚的滿洲意識，卻是

1　Ping-ti Ho, "The Significance of the Ch'ing Period in Chinese History", *The Journal of Asian Studies*, Vol. 26, No. 2 (Feb., 1967), pp. 189-195.

2　〔美〕羅友枝著，張婷譯，李瑞豐校：〈再觀清代——論清代在中國歷史上的意義〉，劉鳳雲、劉文鵬編：《清朝的國家認同：「新清史」研究與爭鳴》（北京：中國人民大學出版社，2010），頁 1-18。

不爭的事實。他們並非全盤接受漢化,而是視漢化為統治手段,敢於主動批判儒家古訓,拒絕被腐蝕。[3] 即使是被認為尊崇漢文化的康熙帝(愛新覺羅玄燁,1654-1722;1661-1722 在位)也強調:

> 近見眾人及諸王以下,其心皆不願行獵,朕未嘗不聞,但滿洲若廢此業,即成漢人,此豈為國家計久遠哉?文臣中願朕習漢俗者頗多,漢俗有何難學?一入漢習,即大背祖父明訓,朕誓不為此![4]

康熙帝明言學習漢文化不是難事,但滿洲人絕對不可以放棄行獵傳統,否則政權將不能長久,提防漢人的心態昭然若揭。

另外對於領土,清廷重點保護他們的「龍興之地」,時恐其他地區生變。為了保護祖宗的發跡地,清廷不但興建柳條邊,還嚴禁漢人進入,以免「龍興之地」受破壞。乾隆帝在巡遊盛京時,更寫下《老邊》一詩,其中有兩句「戰征縱圖進,根本亦須防」,清楚反映統治者對關內並不是非常信任,所以特別重視「老家」,以防他日有變,也可以退守東北。[5] 相反,清廷對關內欠缺感情,或多或少視為「客土」。雍正帝(愛新覺羅胤禛,1678-1735;1722-1735 在位)在處理駐防各地八旗將士的歸葬問題時,就道出

---

3 郭成康:〈也談滿族漢化〉,劉鳳雲、劉文鵬編:《清朝的國家認同:「新清史」研究與爭鳴》,頁 71-92。

4 中國第一歷史檔案館整理:《康熙起居注》,第 2 冊(北京:中華書局,1984),康熙二十六年六月初七日癸丑,頁 1639。

5 〔清〕劉謹之、阿桂修:《欽定盛京通志》,《四庫全書》,第 501 冊(上海:上海古籍出版社,1987),卷 14,〈天章〉,頁 261;楊樹森:《清代柳條邊》(瀋陽:遼寧人民出版社,1978),頁 27-28。

這種憂慮：

> 獨不思弁兵駐防之地，不過出差之所，京師乃其鄉
> 土也。本身既故之後，而骸骨家口不歸本鄉，其事可行
> 乎？若照此行之日久，將見駐防之兵，皆為漢人。是國
> 家駐防之，竟為伊等入籍之由，有是理乎？以上二條，
> 皆事之必不可行者。著將朕旨頒佈於外，俾無知之人，
> 豁然醒悟，不得再行妄奏。[6]

雍正帝直指首都才是八旗兵的家鄉，而各省只是工作的地方，他
們不應徹底融入當地。而且，雍正帝甚至訓斥上奏的大臣，強調
若八旗兵不歸葬，就會令駐防兵被漢化，可見他十分顧忌漢人的
力量，所以對關內的領土及人民處處提防。

「滿居重，漢為輕」

滿洲作為少數民族，在統治中國時，自然需要漢人協助，在
地方防務上同樣如是，但為防漢人坐大叛亂，所以安排八旗軍駐
防地方，又在管治制度上有特別的設計，確保滿洲人居於主導地
位。

眾所周知，清初坐擁八旗和綠營兩支軍隊，而最信任的是八
旗軍。八旗軍是由清太祖努爾哈赤（愛新覺羅努爾哈赤，1559-
1626；1616-1626 在位）建立並發展，是清朝開國的主力部隊。他

---

6 〔清〕鄂爾泰等奉敕修：《世宗憲皇帝實錄》，《清實錄》，第 8 冊，卷 121，雍正
十年七月乙酉，頁 593。

們主要由滿洲人組成，還包括蒙古人及漢人，但全軍人數不足 20 萬，即使戰鬥力再強，也無法守護廣闊的中國領土。再者，八旗軍並不熟悉中土的山川地理，需要漢人擔任嚮導，所以清廷收編明朝降軍為綠營，利用他們消滅流寇及南明（1644-1662）。[7] 在統一全國後，八旗和綠營都肩負駐防地方的重任，但清廷最相信的始終是八旗軍，統治者多次指出他們才是本朝的命脈所在。康熙帝就曾經說過：

> 八旗甲兵國家根本，當使生計充裕、匱乏無虞。向因剿除三逆，久歷行間，制辦軍器，購送馬匹，兼之戶口日增，費用益廣，以致物力漸絀，稱貸滋多。朕每念及，深為軫惻，若不大沛恩施，清完夙逋，將愈至困迫，難以資生。今八旗滿洲、蒙古、護軍校、驍騎校，及另戶護軍、撥什庫、馬甲、並子幼、或無嗣、寡婦、老病傷殘、告退人等、家下馬甲、所有積債，爾部動支庫銀給還。漢軍每佐領各給銀五千兩，令其償完債負外，餘者各該都統收貯，以備公用。[8]

清廷因此厚待八旗將士，更不惜動用國庫，替他們償還債務，改善生活情況。而綠營軍人數達到 60 萬，在平定三藩之亂（1673-

---

7　羅爾綱：《綠營兵志》（上海：上海書店，1996），頁 1-2；葉高樹：《降清明將研究（一六一八～一六八三）》（台北：國立師範大學歷史研究所，1993），頁 91-123

8　〔清〕馬齊等奉敕修：《聖祖仁皇帝實錄》，《清實錄》，第 5 冊（北京：中華書局，1985），卷 150，康熙三十年二月癸酉，頁 664。

1681）時發揮重要作用，待遇卻遠不及八旗軍。[9]

　　為了確保滿洲的力量能支配各省，所以清廷分派八旗，集中駐防各省省會及水陸要衝，而綠營軍則被分散扼守其他據點，形成「滿居重，漢為輕」的格局，明顯是從「防內」的角度出發，佈置地方防務。入關初期，清廷曾派出八旗軍駐防西安、江寧、杭州等地，但人數不足，軍隊又騷擾地方，而且地方也有綠營軍防守，所以曾一度撤回駐防軍。然而，清廷在三藩之亂後，發覺只有滿洲部隊可靠，康熙帝更明言：

> 凡地方有綠旗兵丁處，不可無滿兵。滿兵縱至糧缺，艱難困迫，至死斷無二心。若綠旗兵丁，至糧絕時，少或窘迫，即至怨憤作亂。[10]

清廷惟恐綠營軍會在困境中叛變，所以決心將八旗駐防制度，推展到東南及西南各省，並在富庶地區建立據點，牢牢掌控財賦重地。[11] 由於這些地方都是漢人密集之處，清廷又特別興建「滿城」，安置八旗將士們的家人，有利他們控制地方。[12] 而綠營則被細分為「鎮」、「協」、「營」和「汛」，調派到其他地方防守，力量分散。[13]

9　許雪姬：《清代台灣的綠營》（台北：中央研究院近代史研究所，1987），頁 1-2、5-6。

10〔清〕馬齊等奉敕修：《聖祖仁皇帝實錄》，《清實錄》，第 6 冊，卷 274，康熙五十六年十月己亥，頁 689。

11　定宜莊：《清代八旗駐防研究》（瀋陽：遼寧民族出版社，2003），頁 22-36。

12　Mark C. Elliott, *The Manchu Way: The Eight Banners and Ethnic Identity in Late Imperial China* (Stanford, Calif: Stanford University Press, 2001), pp.93-94.

13　羅爾綱：《綠營兵志》，頁 19、29-30。

第一章

《荊州駐防八旗志》曾經解釋八旗駐防如何確保中央對地方的控制：

> 惟我朝以八旗禁旅分駐各直省形勝要衝，無事則拱衛控制，隱然有虎豹在山之勢，有事則敵愾同仇，收干城腹心之用。[14]

這段文字清楚說明，集中駐防可以令八旗軍在事變時團結防守，平時則控制地方，其中「隱然有虎豹在山之勢」一句，更將震懾意圖表露無遺。即使在滿洲人不擅長的海防上，清廷也設立八旗水師，亦明言是要使沿海人民知道他們的存在，而非協助綠營水師巡防。[15] 另一方面，清廷為八旗配備最優良的武器，設立專門的火器營，卻在綠營刻意獎勵提拔弓箭兵，壓抑炮兵的晉升機會，拉闊兩軍戰鬥力的差距。[16] 綠營軍被分散到廣闊的土地上，武器裝備又落後，難以威脅滿洲的統治。

　　綠營軍被分派到各地防守，根本不能像八旗般專注防務。除了日常操練外，綠營還要負責解送、守護、緝捕、察奸、緝私、承催及特別差使等任務，容易造成「差操不分」的弊病。姚鼐

---

14 〔清〕希元：〈荊州旗營駐防志序〉，〔清〕希元等著：《荊州駐防八旗志》（瀋陽：遼寧大學出版社，1990），頁3。

15 雍正六年（1728），河東總督田文鏡（1662-1733）受命勘查山東登州、萊州兩府及膠州一帶後，認為沒有必要設立八旗水師，雍正帝卻說：「至於水師，不過令薄海內外知沿海一帶更有滿洲水師人員之意耳，蓋非東省綠旗不足巡洋而設也」。參〈河東總督田斗鏡奏覆山東登萊沿海地方無庸添設水師陸路滿兵摺〉，中國第一歷史檔案館編：《雍正朝漢文硃批奏摺彙編》，第14冊（南京：江蘇古籍出版社，1989-1991），雍正六年十二月十六日，頁237-242。

16 羅爾綱：《綠營兵志》，頁303-304。

（1731-1815）就批評：

> 今之營伍，有戰兵，有守兵，不習知戰守之事，顧使之雜為，捕伺盜賊，詰私販、娼妓、賭博之任無不與，是直有司事耳。使兵足任之，而有司不能，何以為有司？況兵藉是名而恐喝取財，擾地方為害者，有之矣。夫兵農惟不欲兼也，故使之專於為兵。今之紛然而呼於市，而誰何於道路者，夫豈非兼任也？則又不若使為農之為愈也。[17]

綠營士兵雜務繁多，難以專注訓練，自然會影響戰鬥力。雖然清廷確保了滿洲在地方的力量，但綠營則被大幅削弱，東南海防亦難免受到影響。

第 2 節　總督的任期及與巡撫的爭執

兩廣總督是清代廣東省的最高級官員，他與廣東提督掌握本省的軍權。滿清以少數民族入主中原，在地方行政制度上，清廷將明代的總督、巡撫定為常制，又在各省設立駐防將軍、提督，統籌全省軍政。順治元年（1644），清廷分別設立兩廣總督、廣東巡撫及廣東提督，並在順治十八年（1661）加設廣州將軍。當時的廣州將軍、兩廣總督及廣東巡撫都駐守廣州，而廣東提督則

17　〔清〕姚鼐：〈議兵〉，〔清〕姚鼐：《惜抱軒文集》（台北：文海出版社，1984），卷 1，
　　頁 10。

在惠州（參圖 1）[18]。廣州將軍（正一品）雖然在品秩上稍高於總督（正二品），但基本上只管理駐防的八旗軍。全省的最高級長官是兩廣總督，要兼管廣東、廣西兩個省份的民政與軍務。廣東巡撫主要掌管民政，廣東提督就是全省綠營駐軍的長官。[19] 從職權來看，廣東省的軍權由兩廣總督及廣東提督掌握，他們亦主導廣東海防的發展。但兩廣總督才是海防策略的制定者，而廣東提督則是執行者。

有限的任期

為了避免官員長期在某個地方任職，在地方積累自己的勢力，朝廷會定時調遷官員，作為海防策略的制定者的兩廣總督亦不例外。[20] 兩廣總督的在任時間非常短促，歷任清代兩廣總督共有 86 人、92 任，每個人平均在任 36.5 月，每任平均只有 34.2 月，在這樣短的任期內頗難有大作為，更無法專注發展和管理技術複雜的

18　兩廣總督初駐廣州，後遷移至梧州。其中，在康熙二年（1663）、雍正元年（1723），曾分置廣東、廣西總督，粵督駐肇慶，康熙三年（1664）、雍正二年（1724）復合。雍正七年（1729），因苗亂以雲貴總督兼廣西，十二年（1734）復歸兩廣總督。廣東巡撫亦於順治元年設首置，駐地在廣州。而廣州將軍則在順治十八年（1661）首設，曾在康熙五年（1666）廢官，十九年（1680）復設，與總督、巡撫同駐省會。同樣地，廣東提督首設順治元年，但首任李成棟（?-1649）叛亂，令此職名存實亡。八年（1651）復置，十八年改駐惠州。康熙三年、嘉慶十五年（1810）、光緒三十二年（1906），清廷三度設置水師提督，駐地為順德、虎門。參趙爾巽等撰：《清史稿》，第 12 冊（北京：中華書局，1976-77），卷 116、117，〈職官志三〉、〈職官志四〉，頁 3340、3344、3386、3391。

19　趙爾巽等撰：《清史稿》，卷 116、117，〈職官志三〉、〈職官志四〉，頁 3336、3383、3389。

20　傅光森著：《清代總督制度》（新北：花木蘭文化出版社，2012），頁 51。

圖 1：清初廣東官員駐地

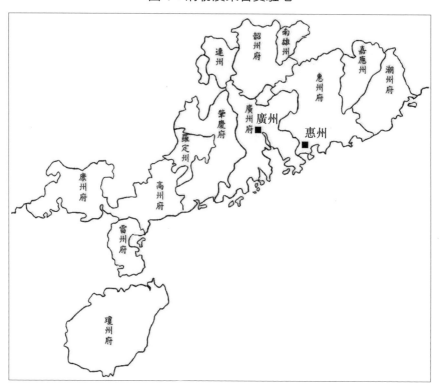

海防。清帝似乎亦對他們沒有大期望，康熙帝就曾經說過：

> 至於總督、巡撫，但於地方不出事，年歲豐登，錢
> 糧清楚，便是好官。[21]

---

21 中國第一歷史檔案館整理：《康熙起居注》，第 3 冊，康熙五十五年九月丙戌，
頁 2313。

第
一
章

所以，只要海防沒有出現大型危機，兩廣總督都不會改動沿用已久的體制，反而會集中處理其他事務。

除了在任時間不長外，兩廣總督們亦少有接受海防訓練。從鴉片戰爭前兩廣總督的出身來看（參附錄1），其中32人為進士、舉人，12人為著名大臣的後代，8人為貢生、監生，3人為生員，2人為廩生，主要都是文人出身，軍事所知有限。表面上，不少兩廣總督在上任前，都曾經參與軍事行動，但只有很少人具備海防經驗。例如嘉慶朝的那彥成（1764-1833）及吳熊光（1750-1833），都曾經指揮平定川楚白蓮教起事的軍事行動，作戰地點全部在內地，根本沒有處理海防的經驗。[22] 在對抗海盜的過程中，他們亦喜歡勉強應用西北的陸戰經驗，例如那彥成就特別強調廣東可以效法西北，鼓勵地方組織保甲團練、開濠築堡。[23] 後繼的吳熊光是舉人出身，對海防也談不上熟悉，他曾經提出撤回所有米艇防守港口，只依靠40艘新的登花船，攻擊擁有超過500艘船的海盜，想

---

22 趙爾巽等撰：《清史稿》，第38冊，卷367，〈那彥成傳〉，頁11458-11460；王鍾翰點校：《清史列傳》，第9冊（北京：中華書局，1987），卷33，〈那彥成傳〉，頁2525-2537；〔清〕李桓輯：《國朝耆獻類徵初編》，第21冊（台北：明文書局，1985），卷107，〈那彥成傳〉，頁147325-147352。

23 那氏勸喻商民自行開濠築堡，謂：「查海濱地多泥沙，不能如西北之土性堅實，直打堡城……」，參〔清〕那彥成：《那文毅公（彥成）兩廣總督奏議》，卷11，《近代中國史料叢刊》，第203冊（台北：文海出版社，1968），頁1461。Peter C. Perdue 亦指清朝官員喜歡引用在西北的經驗，特別是限制政策，處理中國東南的事務。參 Peter C. Perdue, *China Marches West: The Qing Conquest of Central Eurasia* (Cambridge, Mass.: Belknap Press of Harvard University Press, 2005), pp. 552-554.

法無疑是不切實際。[24] 兩廣總督們限於知識經驗，在承平時期或許不會有大問題，但在大型事變中往往束手無策。

撇開任期不長、缺少足夠的海防經驗不談，兩廣總督還受到廣東巡撫的掣肘。在清代地方制度中，最特別的就是督撫同城制度，容易引起總督、巡撫相爭。嘉慶朝的廣東便曾因為督撫相爭，延誤了海防策略的實行。在 1805 年，當時的兩廣總督那彥成，因為海盜數量眾多，所以實行招撫政策分化對手，成功瓦解東路盜幫。但巡撫孫玉庭（1752-1834）批評是濫賞，嘉慶帝（愛新覺羅顒琰，1760-1820；1796-1820 在位）亦認為招撫違背消滅海盜的宗旨，所以撤換那彥成，並下令繼任的吳熊光只可以攻擊，結果廣東水師在強行出戰下連番慘敗。直至百齡（1748-1816）上任後，因應惡劣形勢，重新實行招撫，終於在一年多內，平定為患已久的海盜。因為督撫相爭而剿撫不定，廣東海防為此付出沉重代價。

總督與巡撫權力本來是沒有衝突。按照《清史稿》的說法，總督負責「掌釐治軍民，綜制文武，察舉官吏，修飭封疆」，而巡撫則「掌宣佈德意，撫安齊民，修明政刑，興革利弊，考覈群吏，會總督以詔廢置」。[25] 近人趙希鼎曾經總括總督有八大權力：

---

24 趙爾巽等撰：《清史稿》，卷 356，〈吳熊光傳〉，頁 11321-11323；王鍾翰點校：《清史列傳》，卷 30，〈吳熊光傳〉，頁 2327-2324。又參〔清〕曹振鏞等奉敕修：《仁宗睿皇帝實錄》，《清實錄》，第 30 冊（北京：中華書局，1985），卷 214，嘉慶十四年六月乙巳，頁 863-864。
25 趙爾巽等撰：《清史稿》，第 12 冊（北京：中華書局，1976-1977），卷 116，〈職官志三〉，頁 3336。

第一章

一、奏摺咨請之權，所有地方要務，均可奏論裁決，或
　　請各部院商定；

二、制定省例，全省官民必須遵守；

三、升調黜免官吏，文職在道府以下，武職在副將以下，
　　奏請升調罷免；

四、監督文武官吏，文官三年一次「大計」，武官則為
　　五年；

五、節制綠營軍；[26]

六、上奏會計及監督藩庫，省級預算須向總督申報，而
　　新任總督亦須要親自前往藩庫檢查；

七、裁判權，流罪以上之案件，先有縣、府、按察使司
　　三審，督撫則為四審；

八、對外交涉，遇有重要事件，總督必須上奏聽候決定，
　　一般事項則可自行決定；[27]

巡撫品秩則為從二品，有六大權力，包括：

一、監督關稅，例如太平關就是由廣東巡撫兼管；

二、監督釐金；

三、管理鹽政；

---

26 乾隆明言：「全省兵弁凡有調遣，自當聽督臣主政」，遇有事急，即可命巡撫、
　　提督親自或遣兵出戰，參〔清〕慶桂等奉敕修：《高宗純皇帝實錄》，《清實錄》，
　　第 25 冊，卷 1272，乾隆五十二年正月丁丑，頁 9。

27 趙希鼎：〈清代總督與巡撫〉，《歷史教學》1963 年第 10 期，頁 17。

四、監臨鄉試，包括武舉鄉試；[28]

五、管理漕政；

六、戰時督辦糧餉。某些省份如晚清時之奉天、吉林、
　　黑龍江三省巡撫，更有特殊權力，可兼管旗務；[29]

表面看來，總督地位高於巡撫，兩者權責沒有重疊，分工明確，
但清初以後，情況便大不相同。[30]

　　平定三藩之亂及攻取台灣後，中國內部大致穩定，督撫制度
發展日趨成熟，但雙方的職權差異卻逐漸縮小，特別是在軍、民
政上重疊，出現互相交織、彼此滲透的情況。[31] 從清代中葉開始，
總督被要求處理省的財政，[32] 而巡撫亦負上帶兵的責任，當遇上叛
亂甚至要親自出征，職權遠遠超越《清史稿》所述。[33] 督撫權力重

---

28 〔清〕劉錦藻：《清朝續文獻通考》，第 2 冊（上海：商務印書館，1936），〈東
　　三省〉，卷 139，頁 8993。
29 趙希鼎：〈清代總督與巡撫〉，頁 18。
30 魏裔介（1616-1686）曾說：「朝廷安撫地方，澄清吏治，有撫按鎮道足矣，所
　　以設總督者，專為剿寇靖眾而設也」，參〔清〕魏裔介：〈督臣汛地宜定疏〉，〔清〕
　　魏裔介：《魏文毅公奏議》（北京：中華書局，1985），卷 2，頁 37。
31 王躍生：〈清代督撫體制特徵探析〉，《社會科學輯刊》1993 第 4 期，頁 83-
　　84。
32 乾隆帝曾訓誡：「向來各省刑名錢穀事件，總督往往以非其專守，委之巡撫兩司。
　　而於官員提升調補，又復攬為己職，獨操進退之權。及至貽誤廢弛，又復借詞推
　　卸，殊不知總督有統轄之職。糾吏除奸，徵漕納課，皆應留心整飭。豈總督坐享
　　高爵厚，僅令管理兵丁營伍，遂可謂無負厥職耶」，參王先謙撰：《東華錄（乾
　　隆朝）》，《續修四庫全書》，第 374 冊，卷 111，頁 196。
33 康熙曾明言：「巡撫係地方大吏、管轄文武官員，且有調兵責任。若海中有賊、
　　即應率領官兵親身察擎」，參王先謙撰：《東華錄（康熙朝）》，《續修四庫全書》，
　　第 370 冊，卷 95，頁 573。

疊的範圍增加，亦意味只要雙方意見不同，就有可能發生權力衝突。

在督撫相爭中，專摺奏事權亦非常值得注意，因為總督、巡撫都可以直接向皇帝上奏，而皇帝的態度自然決定誰勝誰負。奏摺制度發端於順治年間，鑑於明代的題奏本章制度保密能力不足，清廷決定實行新制度。[34] 總督、巡撫都有由中央頒給的報匣，將奏章封進直達御前，奏事內容包括薦舉、糾劾、立法、行政、軍事及財政方面。在康熙朝中後期，部份大臣獲授以密摺形式上奏之權。至雍正年間，省級的布政司及按察使，部份道府、副將亦獲授權使用密摺。[35] 因為總督、巡撫都可以直接向皇帝上奏或參劾，所以雙方關係其實是互相牽制，使中央能更清楚掌握地方的情況。[36] 雖然總督、巡撫互相稽察，可以保持地方權力平衡，但亦大大加劇督撫之間的鬥爭，特別是在督撫同城的省份。清代總共有四個省份出現督撫同城的情況，分別是福建的福州、湖廣的武昌、雲南的昆明及廣東的廣州。

督撫同城制度容易加劇雙方的矛盾，造成彼此爭權傾軋，妨礙

34　順治帝下令：「與各部無涉，或條陳政事，或外國機密，或寄特謀略，此等本章，俱赴內院轉奏」，〔清〕鄂爾泰等奉敕修：《世祖章皇帝實錄》，《清實錄》，第 3 冊，卷 15，順治二年三月戊戌，頁 132。

35　雍正帝曾解釋：「蓋天下之患，莫大於耳目錮蔽，民情物理不能上聞，則雖有勵精圖治之心，而措置未必合宜，究難成一道同風之盛。是以各省督撫中臣於本章之外，有具摺之例，又以督撫一人之耳目有限，各省之事，豈無督撫所不及知，或督撫所不肯言者，於是又有準提鎮藩臬具摺奏事之日，即道員、武弁等亦間有之。此無非公聽共觀，欲周知外間之情形耳」，參〔清〕鄂爾泰等奉敕修：《世宗憲皇帝實錄》，《清實錄》，第 8 冊，卷 96，雍正八年七月甲戌，頁 284。

36　郭成康：《十八世紀的中國政治》（台北：昭明出版社，2001），頁 101-148。

公事執行，或是巡撫聽命於總督，失去制衡作用。郭嵩燾（1818-
1891）就指：

> 督撫同城，愛憎好惡之異，情寬嚴緩急之異，用
> 同為君子而意見各恃，同為小人而譸張倍出。如舉一
> 人也，此譽之，彼毀之，則是非淆。劾一人也，此遠
> 之，彼近之，則趨避易徒，令司道以下茫然莫知適從，
> 其君子逡巡進退，以求兩無所忤，其小人居間以遂其
> 私。[37]

總督、巡撫身處同一個地方，但清廷又沒有明確規定兩個官職的從
屬關係，只要雙方意見不同，就容易發生權力鬥爭，特別是利用
專摺奏事權，向皇帝參劾對方。難怪在晚清時期，薛福成（1838-
1894）就批評督撫同城制約地方行政，令總督、巡撫行事都備受
限制，建議進行改革。[38]

---

37 〔清〕劉錦藻撰：《皇朝續文獻通考》，《續修四庫全書》，第 817 冊，卷 132，〈職
　　官考十八〉，頁 448。
38 薛福成亦謂：「厥初總督不常設，值其時其用兵者設之，軍事既平，遂不復罷，
　　亦俾與巡撫互相稽察，所以示維制，防恣橫也。然一城之中，主大政者二人，志
　　不齊，權不壹，其勢不得不出於爭。若督撫二人皆不肖，則互相容隱以便私圖，
　　仍難收牽制之益，如乾隆間伍拉納浦霖之事可睹矣。若一賢一不肖，則以小人慧
　　君子，力常有餘。以君子抗小人，勢常不足，即久而是非自明，賞罰不爽，而國
　　計民生之受病已深，如康熙間噶禮張伯行之事可睹矣。又有君子與小史共事，不
　　免稍事瞻徇者，如乾隆間孫嘉淦許容之事可睹矣。若督撫皆賢，則本無所用其牽
　　制，然或意見不同，性情不同，因而不能相安者，雖賢不免，曾文正公與沈文
　　肅公葆楨本不同城，且有推薦之誼，尚難始終浹洽，其他可知矣」，參〔清〕薛
　　福成：〈敍督撫同城之損〉，《庸庵海外文編》，《續修四庫全書》，第 1562 冊，
　　卷 4，頁 359。

第一章

督撫之爭延誤海防建設

嘉慶朝的廣東省亦發生督撫相爭，主角是那彥成、孫玉庭、吳熊光及百齡四人，由 1805 年延續至 1809 年，圍繞的問題主要是海防策略及為官操守（參圖 2）。相爭的四位總督、巡撫關係錯綜複雜，他們雖曾一同共事，但被對方參劾而革職下台，然後又按皇帝的命令調查對方的錯誤，再上任兩廣總督。這次督撫相爭最大的影響並不是誰勝誰負，而是使具分化作用的招撫政策一度被中止，廣東海防亦付出沉重代價才平定海盜。

這次廣東省的督撫相爭，由那彥成批評百齡的操守開始。嘉慶九年（1804），那彥成上任兩廣總督，當時廣東巡撫是百齡，初時合作尚算融洽，一起處理海防問題。次年，百齡調升湖廣總督，在他以為仕途更上一層樓之際，竟然因為那彥成的參劾而下台。原來那彥成、百齡曾經查出南海、番禺兩縣私造刑具虐殺囚犯，將兩名知縣革職。但百齡亦被那彥成揭發同樣私造刑具，而且委派自己的妻弟管理，更要求南海、番禺兩縣提供 11,150 兩物資，自己只支付了 100 兩銀，並在調任時帶走所有物資。結果，日後接任兩廣總督的吳熊光受命調查，又揭發百齡在展開地方官生涯時，曾經向友人借旅費，但擔任廣東巡撫期間，竟然「買房六處，買地五千餘頃」，調任湖廣總督時，更僱用 2,000 人搬運巡撫衙門的物件，有貪污受賄的嫌疑。[39] 最終，調查發現百齡帶走的

---

39 參〔清〕那彥成：《那文毅公（彥成）兩廣總督奏議》，卷 10，嘉慶十年八月初十日、十年八月二十四日、十一月初七日，頁 1346-1349、1359-1362、1365-1368；〔清〕曹振鏞等奉敕修：《仁宗睿皇帝實錄》，《清實錄》，第 29 冊，卷 146，嘉慶十年閏六月己亥，頁 1006。

只是「粗重什物」，但因為沒有妥善監管家人屬員被嚴厲批評，下放實錄館效力，不用發配伊犁，仕途頓時受挫。[40]

百齡被革職後，又到那彥成、孫玉庭爭論應否招撫海盜。那彥成在廣州灣戰役後，發現無法完全消滅海盜，於是推行招撫政策，成功瓦解廣東東路盜幫，但巡撫孫玉庭認為「招撫」造成四大問題。第一是招撫太隨便；第二是地方政府沒有能力承擔，招降所有海盜的獎勵費用；第三是接受海盜的投降，等於幫他們脫罪，令地方州縣無法銷案，而部份地方官員為了邀功，更可能使用重金進行招撫；最後是引起士兵和平民的不滿，因為海盜可以藉投降脫罪，甚至得到重賞、官職。[41]招撫影響民政、財政、司法，而這些都是巡撫的職務範圍，孫玉庭的政績或多或少，會被那彥成的海防策略拖累，難怪他會上奏反對。被革職的百齡亦上奏，指責那彥成辦事不認真，多次在總督衙門舉行宴會，喝酒看戲。[42]結果嘉慶帝接受孫玉庭的意見，撤換並將那彥成謫戍伊犁。[43]但他下令繼任的吳熊光只可以征剿，結果在沒有招撫政策的輔助下，廣東水師直接面對強大的海盜，屢次遭到重挫。

事情至此還沒有完結，吳熊光、孫玉庭最後又因為澳門危機下台，而負責調查的就是百齡。嘉慶十三年（1808），英國意圖

---

40 〔清〕曹振鏞等奉敕修：《仁宗睿皇帝實錄》，《清實錄》，第 29 冊，卷 155，嘉慶十年十二月丙午，頁 1136-1137。

41 〔清〕孫玉庭：〈奏為辦理投首洋盜未臻妥善〉，〔清〕孫玉庭：《延釐堂集》，《清代詩文集彙編》，第 438 冊（上海：上海古籍出版社，2010），頁 33-35。

42 〔清〕曹振鏞等奉敕修：《仁宗睿皇帝實錄》，《清實錄》，第 29 冊，卷 151，嘉慶十年十月庚寅，頁 1073-1074。

43 王鍾翰點校：《清史列傳》，第 9 冊，〈那彥成傳〉，卷 33，頁 2529。

第一章

佔據澳門，但在權衡利害後退兵，然而嘉慶帝非常憤怒，將吳熊光革職，並派遣百齡南下調查。百齡在報告中，順應嘉慶帝的怒火，直指吳熊光反應遲緩，軍事調動只是浪費銀兩，吳氏最終被遣戍伊犁。[44] 與此同時，百齡亦參劾孫玉庭未有如實稟報，導致後者被罷官。[45] 在整場相爭中，百齡成為最後勝利者，他雖曾被那彥成參劾，但仿效後者的招撫策略，利用海盜內部的矛盾，在得到嘉慶帝的同意後，先後招降郭婆帶、張保，再出師清剿餘部，終於成功消滅海盜。而百齡亦親自致函那彥成，表示「以海洋肅清，諸賴前型殷殷誌意」，認同當日推行招撫政策的用意。[46]

由嘉慶朝廣東省的督撫相爭可以看出，即使總督在決定軍事策略時，都不能避免受到巡撫及皇帝的制約。胡思敬（1869-1922）曾經評價這次的督撫相爭，屬於「君子攻君子」，因為圍繞的問題主要是海防政策及為官操守，而不是個人恩怨。[47] 但即使是「君

---

44 參〔清〕百齡：〈兩廣總督百齡奏覆查明地方官稟報英兵入澳日期及核實應付防守官兵銀數摺〉，中山市檔案局（館）、中國第一歷史檔案館編：《香山明清檔案輯錄》（上海：上海古籍出版社，2006），頁 17-18；〔清〕曹振鏞等奉敕修：《仁宗睿皇帝實錄》，《清實錄》，第 30 冊，卷 202，嘉慶十三年十月庚申，頁 700-701；王鍾翰點校：《清史列傳》，〈吳熊光傳〉，頁 2335-2336。

45 趙爾巽等撰：《清史稿》，〈孫玉庭傳〉，頁 11444；王鍾翰點校：《清史列傳》，〈孫玉庭傳〉，頁 2626。

46 此乃那氏後人整理奏稿時所補充，更形容二人「交情益固，先公敬之益加，是彼此不以一時之得失介懷，非公而忘私者，孰能若是」。參〔清〕那彥成：《那文毅公（彥成）兩廣總督奏議》，卷 10，頁 1368-1369。

47 胡思敬曾言：「督撫同城，權位不相下，各以意見緣隙成齟齬，雖君子不免。兩廣總督那彥成與巡撫百齡相攻訐，百齡尋以失察家丁議遣戍；繼百齡為孫玉庭，劾彥成濫賞盜魁，彥成亦被逮；及百齡再至兩廣，以玉庭葸懦復劾罷之，此君子攻君子也。吳文鎔初至湖廣，與巡撫崇綸不協，崇綸百計傾陷，以孤軍無援死黃州，則小人攻君子矣」，參胡思敬：〈國聞備乘〉，榮孟源等主編：《近代稗海》，第 1 輯（成都：四川人民出版社，1985），頁 208。

子攻君子」的相爭，也極大地影響剿滅海盜的工作。那彥成推行招撫瓦解東路海盜，令海防形勢大有好轉，卻被孫玉庭參劾下台。嘉慶帝堅持要武力消滅海盜，接任的吳熊光被迫出師，結果一敗塗地。最終，廣東地方政府面對現實，得到皇帝准許，由百齡重新實行招撫政策才平定海盜。這五、六年間的總督、巡撫轉換，令廣東海防一度使用錯誤策略，蒙受重大損失。

在高度中央集權的體制下，兩廣總督的領導權並不完整，正確的海防策略隨時可能，因為巡撫的反對、皇帝的介入而中止，海防的應對能力亦大大被削弱。

圖 2：1805-1810 年間兩廣總督、廣東巡撫相爭關係圖

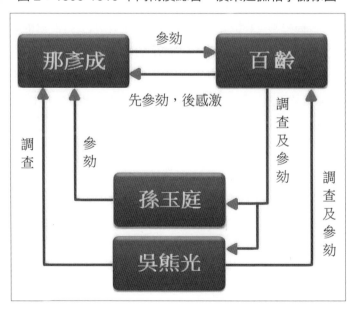

第 3 節　兼顧水陸軍備的廣東提督

相對兩廣總督，廣東提督受到的政治掣肘相對較小，但他們需要同時統領陸路、水師，令海防淪為兼職事務。嘉慶朝以廣東提督統領水師，迎戰聲勢浩大的海盜，結果遭遇連番大敗。

細心留意歷史，不難發覺清代前期長時間沒有專職管理廣東海防。清廷入主中原後，師法明朝的鎮戍制度，以八旗、綠營駐防各省，隨時預備鎮壓叛亂，防內心態非常明顯。[48] 而提督就是清代地方最高級的武職，負責掌管全省綠營。順治四年（1647），清廷首次在廣東設立提督，卻因為李成棟（?-1649）的反叛，令廣東提督名存實亡，更使清廷一度失去廣東的控制權。[49] 三年後（1650），尚可喜（1604-1676）、耿繼茂（?-1671）再次攻下廣東，清廷於翌年正式建立廣東綠營，直至順治十八年（1661），清廷才復設廣東提督，由楊遇明（?-1674）出任，駐守地由廣州遷至惠州，銳意對抗海賊。[50] 然而，廣東擁有海陸兩種地形，提督要同時管理海陸防務，甚難兼顧。

---

48 羅爾綱：《綠營兵志》，頁 2-3。

49 王鍾翰點校：《清史列傳》，第 20 冊，卷 80，〈李成棟傳〉，頁 6690；〔清〕鄂爾泰等奉敕修：《世祖章皇帝實錄》，《清實錄》，第 3 冊，卷 32，順治四年五月癸丑，頁 263。

50 據《清實錄》記載：「……令廣西提督領廣西標兵六千赴廣東，再於廣東稍緩地方兵丁，酌調一千，改為廣東提督標兵，楊遇明以原銜充廣東提督」，參〔清〕鄂爾泰等奉敕修：《世祖章皇帝實錄》，《清實錄》，第 3 冊，卷 58，順治八年七月丙戌，頁 460-461；〔清〕馬齊等奉敕修：《聖祖仁皇帝實錄》，《清實錄》，第 4 冊，卷 2，順治十八年四月乙酉，頁 75；趙劍：〈清代廣東提督沿革考略〉，《史志鑒研究》2009 年 6 月第 199 期，頁 31。

為了堵塞漏洞，清廷曾經另設廣東水師提督，但職位在鴉片戰爭前卻長期懸空。清初由於明鄭（1661-1683）政權割據台灣，自身水師又不及對方，所以清廷強制沿海居民遷界，嚴禁商民船隻私自出口，官兵按地勢建造防守設施。[51] 但措施沒能打擊敵人，更造成沿海經濟的大災難。[52] 而廣東亦是明鄭的進軍目標，在順治十五年（1658），澄海就曾經投降。[53] 由於陸戰與水戰的差別甚大，所以清廷在康熙三年（1664）增設廣東水師提督，以浙江左路水師總兵官常進功（?-1686）出任，駐地在順德。[54] 但常進功未能阻止明鄭戰船闖入甲子港，在海患威脅逐漸緩減後，清廷索性在康

---

51 鄧孔昭：〈清政府對鄭氏集團的招降政策及其影響〉，鄧孔昭：《鄭成功與明鄭台灣史研究》（北京：台海出版社，2000），頁 103-104；〔清〕鄂爾泰等奉敕修：《世祖章皇帝實錄》，《清實錄》，第 3 冊，卷 102，順治十三年六月癸巳，頁 789；朱德蘭：〈清初遷界令時中國船海上貿易之研究〉，中國海洋發展史論文集編輯委員會主編：《中國海洋發展史論文集（二）》（台北：中央研究院三民主義研究所，1986），頁 106-108。

52 〔清〕鄂爾泰等奉敕修：《世祖章皇帝實錄》，《清實錄》，第 3 冊，卷 102，順治十三年六月癸巳，頁 789；朱德蘭：〈清初遷界令時中國船海上貿易之研究〉，中國海洋發展史論文集編輯委員會主編：《中國海洋發展史論文集（二）》（台北：中央研究院三民主義研究所，1986），頁 106-108；謝國楨：〈清初東南沿海遷界考〉，謝國楨：《明清之際黨社運動考》（台北：商務印書館，1967），頁 237-269；劉正剛：〈清初廣東海洋經濟〉，《暨南學報（哲學社會科學版）》1999 年第 5 期，頁 106-115。

53 據《世祖章皇帝實錄》所載：順治十一年（1654），李定國出兵廣東，連下高、雷、廉三府，至十二月又陷高明、圍新會，新會更被圍至「城中糧盡殺人馬為食」。順治十五年（1658），澄海游擊劉進忠（?-1682）、知縣祖之麟、典史江景雲開城迎納鄭成功。參〔清〕鄂爾泰等奉敕修：《世祖章皇帝實錄》，《清實錄》，第 3 冊，卷 117，順治十五年五月辛亥，頁 913。

54 〔清〕馬齊等奉敕修：《聖祖仁皇帝實錄》，《清實錄》，第 4 冊，卷 12，康熙三年閏六月庚午，頁 88。

第一章

熙八年（1669）撤銷此職。[55] 至嘉慶十五年（1810），因為征剿海盜無功，清廷始在百齡的建議下，終於復設水師提督，駐守虎門，並節制碣石、瓊州、南澳、北海三鎮，職權較康熙朝完備。[56] 兩次設官時間相隔 141 年，亦即是在這麼長的時間內，是沒有專職管理整個廣東海防。

將才匱乏、兵員不足

另外，廣東提督亦少有接受海防訓練。正如學者李其霖指出，清廷雖然沿用明朝制度，卻沒有發展出新的任官制度，在武舉考試中並未考慮陸路、水師的分別，中舉者鮮有海防知識，導致水師缺乏具質素的將領及士兵。[57] 結果，清廷只能經常不依迴避制度，甚至是鼓勵陸路將官轉職，才能滿足水師的需要，但轉職者卻未必能夠勝任。

首先，廣東提督需要時間熟悉本省的海洋環境，但平均任期

---

55 1664 年底，廣東鎮海將軍王國光（?-1670）奏報：「鄭逆賊夥，向泊銅山、炫鐘等處，復駕船七十餘隻衝入甲子所港口挽泊」。清廷異常震怒地批評：「設立水師提督、總兵官等，原為防禦海寇。今福建銅山、炫鐘等處賊船挽泊，提鎮官等並未帶領官兵撲剿，至賊船飄往廣東，並未跟蹤追殺，又不豫檄廣東各官在前截殺，則設立水師提督何用？」常進功以「修船」辯解這次失職，結果「降二級留用」。〔清〕馬齊等奉敕修：《聖祖仁皇帝實錄》，《清實錄》，第 4 冊，卷 17、20，康熙四年十二月己卯、康熙五年九月癸巳，頁 255-256、280。

56 〔清〕曹振鏞等奉敕修：《仁宗睿皇帝實錄》，《清實錄》，第 30 冊，卷 233，嘉慶十五年八月壬子，頁 42；詳參台灣中文書局編：《欽定大清會典事例》，第 16 冊（台北：台灣中文書局，1963），頁 12904-12907；李媚：〈清朝廣東水師提督沿革考〉，《嶺南文史》2008 年第 4 期，頁 14-15。

57 李其霖：《見風轉舵：清代前期沿海的水師與戰船》（台北：五南圖書出版股份有限公司，2014），頁 211-223。

只有三年零五個月 (41個月)，同時又要處理陸路防務，結果削弱了他們統領水師的能力。在嘉慶朝征剿海盜期間，署任提督魏大斌（?-1822）便被總督那彥成批評，完全不清楚海洋的情形，不知道應該如何平定海盜、增添多少戰船，不了解軍中將領的能力。他的巡洋範圍不出五百里內，又因為不清楚風汛令戰船受損，在修理完成後，再以風暴將至為藉口，推遲巡邏時間。[58] 繼任的孫全謀也不見得有何優勝之處，在戰爭中屢次出現失誤，令水師錯失剿滅海盜的機會。由此可見，清代前期的培訓及任官制度，難以培訓出專業的水師人才，在出現大型危機時，弱點便徹底暴露。

　　如果翻看廣東提督的履歷，很容易便發現他們的海防經驗，普遍是來自征剿土寇、海盜（參附錄2、3）。當中不少人更長期在西北作戰，不諳廣東防務。清初五十年，提督大多是以明朝降將擔任，至康熙朝以後，廣東提督的出身以行伍、武舉、蔭生為主，以乾隆朝為例，18位廣東提督中，便有8位是由行伍出身，同期還有5位出身自武舉，但他們都少有參與水師作戰，這亦可以從側面説明，為何水師將領在嘉慶朝征剿海盜的表現如此不濟。而廣東水師提督的出身與陸路提督類近，復設後的幾任提督，如錢夢虎（?-1824）、孫全謀（?-1816）、童鎮陞、李增階（1774-

---

58　〔清〕那彥成：《那文毅公（彥成）兩廣總督奏議》，卷11、12，嘉慶十年四月二十日，頁1434-35、1473-1476；中國第一歷史檔案館編：《嘉慶道光兩朝上諭檔》，第10冊（桂林：廣西師範大學出版社，2000），嘉慶十年五月十二日，頁231。

第一章

1835）、陳夢熊、關天培（1781-1841）、竇振彪（1785-1850）和吳元猷（1803-1871），多數都是出身於行伍。[59] 但道光朝的廣東海防要面對的威脅不再是海盜，而是擁有先進軍事技術的英國，當時的水師提督顯然不足以應付全新的敵人。

另一方面，清廷水師亦欠缺足夠具質素的兵員。在雍正朝時，高其倬（?-1738）就將當時的水師分成四等。第一等的水師完全熟悉本省的海洋情形、沿岸地理環境及氣候，第二等知道巡防範圍內的海洋環境，而第三等則大概了解海洋環境，能夠在船上跳動運用武器。最後一等只是濫竽充數，因為他們只能在船上不暈吐，難以在船上自由活動。在當時的閩浙水師中，卻是

> 如第一等者，或一營之中竟無其人，或僅有二三人。而年近老邁，筋力就衰者居半，所有之好者、次好者，不過第二等第三等之人。而僅不暈吐不能上下跳動運用器械者參半。此等不知港沙之可以行走與否，不知島澳之可以寄泊與否，行船擱淺撞礁，立有性命之虞。即內洋遇賊，尚難期其緝獲，安望其巡捕外洋之盜。[60]

---

59 王鍾翰點校：《清史列傳》，第 7 冊，卷 27，〈孫全謀傳〉，頁 2066；國立故宮博物院圖書文獻處：《清史館檔傳稿與傳包》，〈李增階傳包〉檔案編號 702000808，頁 3；國立故宮博物院圖書文獻處：《清史館傳稿與傳包》，〈陳夢熊傳包〉檔案編號 702003303，頁 1；國立故宮博物院圖書文獻處：《清史館檔傳稿與傳包》，〈吳元猷傳包〉檔案編號 702002704，頁 5。
60 〔清〕高其倬：〈操練水師疏〉，〔清〕賀長齡編：《皇朝經世文編》，第 713 冊（台北：文海出版社，1972），卷 83，頁 2970。

據高其倬觀察，大概有一半的水師不適合在船上作戰，完全顯示缺乏專門海防訓練的流弊。清廷以這樣的水戰迎戰海盜及英國，結果可想而知。

第 4 節　清代地方財政制度與匱乏的海防經費

除了領導被限制外，廣東海防的經費亦非常匱乏。在洋務運動前，清代海防基本上由地方自行管理，所以在發展上無可避免地，會受到當地資源的多寡限制。清朝厲行中央集權，控制和調動資源，確保地方不能坐大，並幫助財政能力不足的省份發展。在太平天國（1851-1863）興起前，中央政府對地方財政控制，雖然非常有效，卻導致地方財政困難，需要挪用應被調走的公款，才能應付日常開支，這亦意味用於建設海防的資源非常有限，除非有突發事件，否則不可能獲得更多經費。

清代的稅收制度

清代前期財政收入（參表 1），主要可分為地丁稅、鹽課、關稅及雜賦四種。

地丁稅，又可細分為田賦及丁銀，是國家財政最重要的收入來源。田賦主要針對擁有土地的人士，徵收銀、米、麥、豆等實物。丁銀則類似人頭稅，以成丁（十六至六十歲）人數計算。康熙五十一年（1712），清廷頒令「盛世滋生人丁永不加賦」，廢除新增人丁稅項。雍正元年（1723），更開始實行「攤丁入畝」，將所有丁銀劃入田賦，但每個省份的攤入標準不同，多數地區都

第一章

是將康熙五十年（1711）的應徵丁銀，按田畝數量攤分。[61]

鹽課又稱為鹽稅。由於鹽是民生日用必需品，歷代政府都非常重視，多數以專賣形式收取豐厚稅收。清代鹽課又分為「場課」與「引課」二種。「場課」即是在生產鹽的過程中徵稅，又包括灘課、灶課、鍋課及井課等。而「引課」又名為「引稅」或「鹽引課」。而在鹽的流通市過程中亦需要納稅，包括正課、雜課及包課等項。在通常情況下，由政府發出引票給商人，在指定地點售賣一定數量的鹽斤後再徵稅。[62]

關稅亦即是後世所稱的「常關稅」。清廷於全國商業繁盛及商旅常經之處設立「榷關」（或稱為常關、鈔關），徵收包括「正稅」、「商稅」及「船料稅」。「正稅」及「商稅」以貨物出產地、品種、大小、質量及通過量作單位，計算稅額。「船料稅」又稱「船鈔」，按商船檣頭大小、舟車的貨物容量，確定稅額及納稅比例。[63]

雜賦又包括茶課、礦課、牙帖稅、當稅、契稅及落地稅等。茶課即是對茶徵收課稅，礦課則是對礦藏金、銀、銅、錫、鉛徵稅。牙帖稅近似是營業牌照稅，而當稅則是對當舖每年徵收的營

---

61 「攤丁入畝」的實施，令到「在無地有丁者，既免追呼之擾。即有丁有地者，亦省輸納之煩。吏胥不能藉編審為奸，小民亦不至以勾稽為累，其法簡約均平，天下稱便」，參〔清〕戈濤：〈請丁銀仍歸地糧稅〉，《皇朝經世文編》，第 713 冊，卷 30，頁 1096-1097。

62 張研編：《清代經濟簡史》（台北：雲龍出版社，2002），頁 450-452。

63 王業鍵：〈清雍正時期（1723-35）的財政改革〉，王業鍵：《清代經濟史論文集》，第 1 冊（台北：稻鄉出版社，2003），頁 307；張研編：《清代經濟簡史》，頁 457-458。

業稅。契稅對田地、房屋買賣的課稅，落地稅又為對市集鄉鎮各種貨物的稅項。[64]

表 1：清代前期財政收入簡表

稅收種類	稅收細節
地丁稅	田賦、丁銀
鹽課	場課、引課
關稅	正稅、商稅、船料稅
雜賦	茶課、礦課、牙帖稅、當稅、契稅、落地稅

按照規定，地方收入必須上繳中央，而清廷則運用解款、協款等手段，控制全國各省的收入與支出。在一般情況下，地方政府首先徵收賦稅，預先將開支數額存入公庫，是為「存留」。其餘則運到中央或指定省份，是為「起運」。兩項數額必須得到中央批准，於每年春秋二季進行，名為「春秋撥」。計算方法為：每年冬季計算來年俸餉，並留存所需金額，又於春秋二季登記存庫銀兩數目及什物，造成「春秋撥冊」，呈交戶部核實，其餘則按戶部指定，將款項撥交結其他省份，原則是「先儘鄰近省份，再及近次省份，其別有急需應協濟者，仍於鄰近省份通融撥協」。[65] 解款、協款制

---

64 王業鍵：〈清雍正時期（1723-35）的財政改革〉，頁 307；張研編：《清代經濟簡史》，頁 461

65 〔清〕宗人府纂：《欽定戶部則例》，故宮博物院編：《故宮珍本叢刊》，第 284 冊（海口：海南出版社，2000），卷 20，〈庫藏〉，頁 162。

第一章

度的推行，已隱約有現代財務行政歲計制度的作用，[66] 因此，無論廣東省有多豐厚的財政收入，都必須按照中央的命令，運送盈餘支援鄰近省份發展，所以每年投放在海防的資源相差不多。

除了正稅外，清代地方尚有額外收入——「耗羨」，在使用時同樣被嚴格限制。雍正朝是清代財政發展的重要時期，實行「耗羨歸公」更是重要措施。[67]「耗羨」，即負責徵稅官員，因應人民繳交的稅款不同，出現大量零碎銀兩，所以會將銀兩鎔鑄成錠，方便統計及運送。但鎔鑄過程又會出現損耗，故此官員亦會於正稅外，額外徵收「火耗」彌補。然而，「耗羨」通常會被州、縣官吏取用，作為向上司餽贈的規禮，造成惡劣現象。為了避免官員無限量徵收「火耗」，雍正帝決定推行「耗羨歸公」，由省級政府掌控「耗羨」，一併解決了養廉、地方公務費用及彌補地方虧空等問題。然而「耗羨」始終不是正式稅收，故下令各省按情況推行。[68] 雖然「耗羨」增加了正稅以外的收入，但清廷一樣有嚴格規定，動用 500 兩以上，必須得到皇帝批准。

因為財政上的嚴格限制，地方欠缺足夠資源，導致官員要挪

---

66 彭雨新：〈清末中央與各省財政關係〉，包遵彭、吳相湘、李定一合編：《中國近代史論叢》，第 2 輯第 5 冊（台北：正中書局，1956），頁 3-4。

67 孟森謂：「養廉自督撫至雜職皆有定額，因公辦有差務，作正開銷，火耗不敷，別支國庫，自前代以來，漫無稽考之瞻官吏，辦差徭，作一結束。雖未能入預算決算財政公開軌道，而較之前代，則清之雍乾可謂盡心吏治矣」。參孟森：《清史講義》（北京：中華書局，2010），頁 192。

68 王業鍵：〈清雍正時期（1723-35）的財政改革〉，頁 323-326；〔清〕鄂爾泰等奉敕修：《世宗憲皇帝實錄》，《清實錄》，第 7 冊（北京：中華書局，1985），卷 22，雍正二年七月丁未，頁 351-352。

用「起運」的錢糧，才能應付日常開支。事實上，官員薪俸微薄，卻要養活行政班子不可或缺的幕友，衙門又有工食銀、柴薪、食物等開支，使他們不得不虧空錢糧，來維持日常行政運作。[69] 另外，地方官員的幕友、胥吏亦會在徵稅過程中，勾結劣紳徵多報少，從中取利。最後，「留存」不足地方開銷，導致地方官要挪移「起運」的公款來應付，亦是不能忽略的因素，所以有學者直指行政及財政制度不健全，才是造成虧空的主因。[70] 而清代廣東省的財政並不理想，道光年間編成的《廣東通志》顯示，雖然廣東田賦收入達到 1,026,287 兩 2 錢 5 厘，但當中只有 161,655 錢 8 分1 厘存留，大約是十分之一。稅收大部份用於駐防八旗、綠營的俸餉上，單是八旗士兵的薪俸就需要銀 81,758 兩，而綠營駐軍的開支更多。[71] 儘管嘉慶帝即位後，曾經下令地方要清查及彌補虧空，但他要求採用「密查密辦」的方式，又希望用「耗羨」盈餘補足欠款，所以沒有太大成效，更不斷出現新的虧空，直至嘉慶十九年（1814）處理江蘇案時，才開始採用嚴厲手段。[72] 事實上，虧空錢糧在當時非常普遍，前述的百齡在擔任廣東巡撫期間，屬員、

69 〔美〕曾小萍著，董建中譯：《州縣官的銀兩——18 世紀中國的合理化財政改革》（北京：中國人民大學出版社，2005），頁 34-40。
70 劉德美：〈清代地方財政積弊個案探討——嘉慶年間安徽錢糧虧空案〉，《師大學報》，1982 年第 27 期，頁 519-530。
71 〔清〕阮元：《廣東通志》，《續修四庫全書》，第 672 冊（上海：上海古籍出版社，1995），〈經政略一〉、〈經政略五〉，卷 159、162，頁 436-448、477；陳鋒：〈清代中央財政與地方財政的調整〉，陳鋒：《清代財政史論稿》（北京：商務印書館，2010），頁 244-245。
72 劉鳳雲：〈嘉慶朝清理錢糧虧空中的艱難抉擇——兼論君臣在地方財政整飭中的不同認識〉，《中州學刊》2013 年第 5 期，頁 128-136。

家人索要贓款，要求地方提供食物，就反映了即使官員本人不貪污，其下屬也會從中圖利，制度漏洞可見一斑。而廣東省在乾隆五十九年至嘉慶十七年間（1794-1812），因為剿捕海盜及公事，須補回 309,000 兩銀及向前任官員追回 188,600 兩銀。[73] 然而，這筆挪用墊支的款項，仍不足以應付大事變的開支，難怪兩廣總督及廣東提督，都要從其他渠道籌措海防經費。

以強迫「捐獻」及「抄家」充實海防經費

由於地方長年面對財政不足的問題，海防經費自然非常匱乏，出現大型事變時，地方政府亦要千方百計籌集資源，強迫商人「捐獻」，甚至以因犯抄家後的財產，應付突然增加的支出。但清廷強調這些方法都是短暫性，在亂事平息後便會取消。

那彥成上任初期積極整頓海防，同時大大增加經費支出。按照他的估計，單是軍隊糧餉每年就需要七至八萬兩銀。另外，由於要放寬修理戰船，連同定期補充的槓棋篷索、火藥、鉛彈、弓箭，每次維修費用都需要過千兩，而且因為大規模修造戰船，工料需求大大增加，物價亦隨之上漲。第三，因為軍隊調動需要提供口糧，加上僱用舵工、水手、製造武器的費用，每年又需要銀二十三餘萬兩。結果，那彥成唯有請求暫時動用廣東收納監生銀，用以加強海防，直至平定海盜為止。[74]

73〔清〕曹振鏞等奉敕修：《仁宗睿皇帝實錄》，《清實錄》，第 28、31 冊，卷 70、273，嘉慶五年六月庚辰，嘉慶十八年九月戊辰，頁 94、707-708。

74〔清〕那彥成撰、容安輯：《那文毅公（彥成）兩廣總督奏議》，《近代中國史料叢刊》，卷 10，嘉慶十年二月二十四日，頁 1260-1267。

吳熊光、百齡在籌集海防經費上，都是採用強迫商人捐獻的手段。嘉慶十一年（1806），吳熊光就曾經兩次上奏，指廣東的鹽商、洋商願意捐獻三十二萬両，而且是「情詞懇摯，出於至誠」，得到嘉慶帝的批准，由省的庫存及粵海關稅墊支，商人要在四年內全數歸還款項。換句話說，地方政府並不是沒有經費，只是不願承擔更多支出，強行向商人發債。百齡的做法更進一步，在澳門設立專營防守時，向商人捐獻的款項投資收取利息，以支付士兵的糧餉。非但如此，商人還要負責平定海盜後的善後經費，清廷在恢復海運後，加派戰船為鹽船護航，每年都要八萬両銀，支付巡洋兵丁所需的口糧。另外，百齡亦提出增加鹽價，令地方政府每年有約二十萬両的額外收入，直接投入作剿盜經費。[75] 事實上，那彥成在加建海岸防禦設施時，亦曾鼓勵士紳捐獻，吳熊光、百齡都是師法前人，利用民間力量加強海防。然而，「鼓勵」商人長期捐獻，始終不是有效辦法，嘉慶帝亦擔心官員從中取利，連累平民百姓多交稅款，所以亦下令必須登記造冊，方便日後追查。[76]

---

75 〔清〕盧坤、鄧廷楨主編，王宏斌等校點：《廣東海防彙覽》，卷 11（石家莊：河北人民出版社，2009），〈財用二〉，頁 334-336。

76 嘉慶六年（1801），兩廣總督吉慶（?-1802）提出在廣東、廣西兩省籌措50,000 両銀犒軍，便被嘉慶帝訓示：「況朕屢經降旨，嚴諭內外臣工，不得稍涉言利，蓋深有鑒於利國之事，多系病民，即目前暫開捐例，亦系不得已之舉……且伊等借此捐輸之名，派及兩省，督撫司道，勢必取之各府州縣，各府州縣，勢必取之百姓，層層派累，仍不過朘削閭閻，所謂捐輸者，初非出自己賞，其名為捐銀五萬，而攤派之項，諒不止此，種種情形，豈能逃朕洞鑒」。參〔清〕曹振鏞等奉敕修：《仁宗睿皇帝實錄》，《清實錄》，第 29 冊，卷 88，嘉慶六年十月丙午，頁 163。

第一章

關天培全面翻新虎門防禦體系，要在每年春秋兩季操練廣東水師，經費支出非常龐大。據關天培估計，需要預備的火藥、操練士兵的口糧、各種武器及輔助用具，加上預備賞犒銀 1,000 兩，以後每年約需銀 6,700 兩。[77] 最終，關天培想到動用抄家案所得的財產支付。當時廣東巡撫祁貢（1777-1844）抄查逸犯姚九、區寬等人的家產變賣，獲得五萬餘兩銀，關天培隨即建議投資放貸，加上裁減部份內河巡船士兵的口糧及關鹽盈餘，應付春秋兩季操練的支出。[78]

林則徐在籌措經費上亦仿效前人，採取調兵不增餉及鼓勵商人捐獻的方式。將大鵬營提升為「協」後，林氏便在東路營汛抽調兵源，增加大鵬協的兵力，維持全省兵力不變。銷毀鴉片後，林則徐認為有需要長期固守，不能即時撤走已調動的守軍，於是要再籌備口糧及增添重型火炮。[79] 但當時因為連州及防夷軍需，廣東省的財政支出大大增加，所有官員的養廉銀每年已被扣減三成。幸好，洋商伍紹榮、盧繼光、潘紹光、梁承禧等願意捐出三年茶葉行用（所謂行用即洋商與西商交易，必須照估價，每兩捐出三分），作為查辦鴉片煙及防夷經費，幫補海防支出。[80]

---

77 〔清〕關天培：〈春秋訓練籌備一十五款稿〉、〈議添協濟臺兵汛兵爬桅等兵口糧稿〉，《籌海初集》，卷 4，道光十五年十月十一日、道光十六年七月初二日，頁 523-539、759-761。

78 〔清〕關天培：〈籌備生息長資練習以嚴守禦奏稿〉，《籌海初集》（北京：智慧財產權出版社，2011），卷 4，道光十六年三月初七日，頁 674-676。

79 〔清〕林則徐：〈洋商呈請捐繳三年茶葉行用以充防英經費折〉，〔清〕林則徐撰、林則徐全集編輯委員會編：《林則徐全集》，第 3 冊（福州：海峽文藝出版社出版發行，2002），道光二十年四月十三日，頁 349-350。

80 同上，頁 350。

在十九世紀上半葉的兩次危機中，無論是那彥成、吳熊光、百齡、關天培或林則徐，都為籌措經費而大費周章。然而，他們始終認為國家經費有常，解決危機後，海防支出將回復至承平狀態時的水平。地方政府在平時不大可能獲得額外資源，所以廣東海防長期只能在有限經費下運作，很難有大的發展。

本章總結

由於清廷是少數民族政權，所以會時刻防範漢人的力量，又厲行中央集權，嚴格限制地方的政治、財政權力，雖然可以防止地方坐大，但同時亦削弱了海防應對強敵的能力。

滿洲的人口遠不及漢族，清廷在管治時自然需要漢人的協助。為了鞏固滿洲的力量，清廷在地方佈防上，把綠營軍分散派駐不同據點防守，而且只配備次級的武器裝備，又安排多項任務，來保障八旗的武力優勢，此做法削弱了地方防守，特別是在滿洲人不擅長的海防上。

鴉片戰爭前的廣東海防領導，不管是兩廣總督，還是廣東提督都受到制度的限制。兩廣總督的平均任期只有三年時間，又要同時管理民政、軍政，本身卻沒有接受系統性軍事訓練，令海防長期欠缺專職管理。另一方面，總督又受到巡撫監察，嘉慶朝的廣東省便發生了督撫相爭，中止行之有效的招撫政策，結果令海防付出沉重代價。廣東提督受到的政治制約相對較少，但要長期兼顧陸防和海防。直至平定海盜後，清廷才復設水師提督，專責

管理海防。而清代的武官培訓制度，亦缺乏水師與海洋知識的傳授，他們只能依靠自己的努力，積累海防經驗，令清廷長期面對人才不足的問題。在嘉慶朝的海盜危機中，便暴露出廣東提督統領水師能力不足的弱點，更遑論在鴉片戰爭對抗英國海軍。

因為財政權力被限制，地方財政長期面對經費不足的問題。由於要按照清廷的指示，將財政盈餘運到其他省份或上繳中央，所以廣東省的財政並不理想，官員要挪用公款，才能應付日常開支，亦導致海防經費有限。在對抗海盜、英國時，那彥成、吳熊光、百齡、關天培及林則徐，都要幾經艱辛才能籌措經費，地方財政制度的缺陷，大大打擊廣東海防的建設。

第二章

嘉慶、道光兩朝停滯的海防

中央處處設限的體制，令清代前期的廣東海防，飽受水師人才不足與及財政匱乏之苦，只能建立保守而被動的海防設施。若仔細研究明代至清中葉的廣東海防佈局，就會發現無論在設計和理念上，居然無甚進步，這種停滯是廣東特殊地理環境和長期的政策造成。

廣東省的海岸線闊長曲折，有太多據點需要防守，難以整體規劃。清廷只能將兵力分散駐防各個據點，導致防守力量薄弱分散。再者，為免民間武力坐大，清廷實行一系列禁防措施，嚴格規定武器、戰船的製造與修理，令海上武備的發展更為緩慢。

另一方面，廣東海防長期跟隨前朝的海防體制，即是嚴守海岸、截斷物資供應的戰略，地方志中的〈海防卷〉就是最明顯的例證。書中反覆引用明人的著作，重點不離防患於未然，嚴格實行「澳甲制」，定時巡查海岸，禁止內地物資流出，目的是要讓敵人坐困海上。這些戰略對應大型的海盜事變尚且不足，但兩世紀後面對西方衝擊時，兩廣總督竟然效法明朝，暫停貿易迫令對方退兵。

第 1 節　被動保守的海防佈置

清代前期廣東的海防沒有太大發展，在討論軍事佈置前，首先要了解廣東海防在清代統治者眼中，究竟有怎樣的地位。道光朝《廣東通志》的〈海防略〉內，就曾解釋廣東海防應該如何運作：

我朝行伍整肅，遠邁前明，水師各營尤為周密，間
有鼓鱗鬣於洪濤巨浸中者，旋即灰滅，共慶安瀾，故粵
東雖為澤國，而海濱之民恬然安枕，然而杜漸防微，昔
賢垂訓，所以常持桑土之謀，永鞏金湯之固。[1]

在清代統治者心目中，海防根本就是「治安」，而非國防問題，
最主要威脅是來自海盜，但他們的規模有限，所以清廷只須將水
師分散佈防，以及推行各種禁防政策，就能有效打擊海上敵人，
確保海防安全。

　　廣東海防財政資源本來就不充裕，更不幸受到地形影響，只
能採用保守的體制，軍事科技和戰術進步不大。被稱為中國「南
大門」的廣東，由於背靠大陸，前迎南海，海防是不可忽略的一環，
清代著名地理學家顧祖禹（1631-1692）對此亦有同樣見解。[2]可是，
廣東的海岸地形卻非常複雜，極難防守。

　　清代廣東海防將重點放在陸地，亦是迫不得已，因為海上作
戰有太多困難。曾經跟隨水師出戰的程含章（?-1832）就形容：

　　是故海上之兵，無風不戰，大風不戰，大雨不戰，
逆風逆潮不戰，陰雲蒙霧不戰，日晚夜黑不戰，暴期將
至，沙路不熟，賊眾我寡，前無收泊之地，皆不戰。及

1　〔清〕阮元：《廣東通志（道光）》，《續修四庫全書》，第 671 冊，〈海防略二〉，
　　卷 123，頁 697。
2　顧祖禹形容：「粵省介在荒服，控帶峒獠，而防海為尤要」，參〔清〕顧祖禹：《讀
　　史方輿紀要》，第 9 冊（北京：中華書局，2005），卷 100，頁 4587-4588。

> 其戰也，勇力無所施，全以大相轟擊，船身簸蕩，中者幾何。幸而得勝。我順風而逐，賊亦順風而逃，一望平洋，非如陸地之可以伏兵獲也。東西南北，惟其所之，非如江河之可以險阻扼也。[3]

由於戰船依靠風力驅動，海上戰鬥必須視乎天氣才可以進行，在惡劣情況下就要停止。另一方面，海洋環境闊大，對方可以在失利時隨時順風撤退，令水師難以追蹤捕獲。由於海上作戰始終不如陸戰有把握，加上水師人才不足，在當時的科技條件下，難怪清廷會採用陸上防禦模式。

然而，廣東卻擁有全國最長的海岸線。東部由饒平縣大埕灣頂起，至西部遂溪英羅港為止，全長 4,314.1 公里，而全省島嶼又有 4,135.2 公里的海岸線，這數字尚未包括海南島，它也有 1,584.8 公里的海岸線。[4] 廣東的海岸線不但闊長，而且非常曲折，當中又有不少內河、島嶼，方便海盜匿藏發展，令廣東清軍必須兼顧多個據點。從現代軍事角度觀察，廣東海岸地勢較為平坦，即使有不少島嶼、低山可以倚托防禦，但由於縱深不足，極度不利抗登陸作戰。[5] 無論是海岸線的長度、地形和地勢都不利防守，要維持日常治安已經不容易，面對實力更強的敵人時，就更

---

3 〔清〕程含章：〈上百大司馬籌辦海匪書〉，〔清〕程含章：《月川未是稿》，《清代詩文集彙編》，第 473 冊（上海：上海古籍出版社，2010），頁 575。
4 劉琦、魏沛泉：《廣東省地理》（廣州：廣東人民出版社，1988），頁 1-2。
5 廣東省地方史志編纂委員會：《廣東省志·軍事志》（廣州：廣東人民出版社，1999），頁 93。

難有勝算。

如何在長達 4,000 公里的海岸線設防是一大難題。若果在整條海岸線處處設防，只會令兵力過於分散。若然是選擇式設防，又會顧此失彼，所以廣東海防面對的是兩難式選擇。清廷自立國後，就承襲明代的海防觀念，將廣東劃分作三路，再選擇重點式防守。所謂三路即是「左為惠、潮，右為高、雷、廉，而廣州為中」，左中右三路又稱為東、中、西三路，通常以後一種說法較常被採用。[6] 雖然清軍選擇重點式防守，但由於兼顧的地方甚多，導致兵力不敷應用。

東、中、西三路佈防

東路

東路泛指潮州、惠州二府（參圖 3 及表 2），因為明鄭盤踞台灣，令東路在清初受到重視。潮州與福建省接壤，無論是使用陸路或海路往來兩地，都必須經過此地，難怪被顧祖禹形容是「嶺東第一雄藩」。[7] 而惠州府在東部廣東海防考慮中，地位稍次，但不等於可以被忽視，當中又以碣石、平海兩地最重要。[8]

6　明代抗倭名臣胡宗憲（1512-1565）於《籌海圖編》指：「嶺南濱海諸郡，左為惠、潮，右為高、雷、廉，而廣州中處」。參〔明〕胡宗憲：《籌海圖編》（北京：中華書局，2007），卷 3，頁 244；而清人仍承襲此一觀念，參〔清〕顧祖禹：《讀史方輿紀要》，第 9 冊，卷 100，頁 4585。

7　〔清〕藍鼎元：《鹿洲初集》，沈雲龍主編：《近代中國史料叢刊續編》，第 403 冊，（台北：文海出版社，1977），卷 12，〈潮州府總圖說〉，頁 855。

8　同上，頁 31。

圖 3：廣東海防東路圖

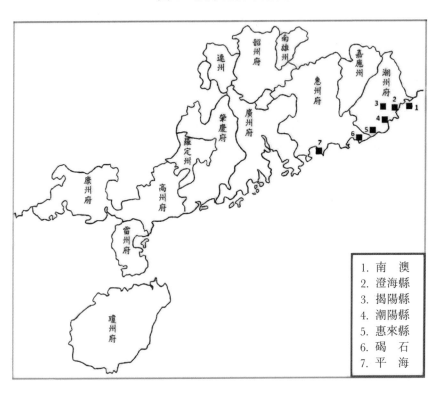

1. 南　　澳
2. 澄海縣
3. 揭陽縣
4. 潮陽縣
5. 惠來縣
6. 碣　　石
7. 平　　海

表 2：東路重要海防據點列表

南澳	娘宮、雲蓋寺、隆澳及錢澳 [9]
澄海縣	樟林港、鹽竈、東隴、蓬州所、東港、沙汕頭口、水吼、大萊蕪 [10]
潮陽縣	炮臺、門辟炮臺、磊石門、達濠、河渡、海門、潯洄山、角石、廣澳、蓮澳及錢澳 [11]
揭陽縣	北炮臺、青嶼汛 [12]
惠來縣	神泉港、靖海港、石井澳、沿錫澳、赤山澳、石牌澳、大泥澳、濠口港、華清港、甲子港、牌角 [13]
陸豐縣	烏坑、大平、劍門坑、羅溪、旗頭嶂 [14]
海豐縣	甲子門、硃砂門、羊蹄嶺、墩下寨、五雲峒、黃峰河、田北坑、新田、南塘、三合嶺、西甘澳、東甘澳、湖東港、湖西臺、崎石港、淺澳、小情汛、烏墩港、大德港、灣鎮海口，羅溪、平營、葵潭 [15]

---

9 〔清〕盧坤、鄧廷楨主編，王宏斌等校點：《廣東海防彙覽》（石家莊：河北人民出版社，2009），卷 2，〈險要一〉，頁 49-50。
10 同上，頁 50-54。
11 同上，頁 55-57。
12 〔清〕盧坤、鄧廷楨主編，王宏斌等校點：《廣東海防彙覽》，卷 2，〈險要一〉，頁 58。
13 同上，頁 58-59。
14 同上，頁 60。
15 同上，頁 60。

第二章

中路

　　中路只有廣州府，但因為是省會，所以海防地位是最重要（參
圖 4 及表 3）。廣州位處東、西、北三江匯合處，土地肥沃，適合
農、商業的發展，得力於蓬勃的商業，早於秦、漢（前 202-220）
時期，嶺南已掌握一定造船技術，廣州憑海上貿易，成為海上絲
綢之路的起點。[16] 頻繁的商船往來，自然吸引海盜劫掠，難怪明代
的胡宗憲形容：「環郡大洋，風濤千里，皆盜賊淵藪，帆檣上下，
樓船屯哨，可容緩乎」。[17]

16　葉顯恩主編：《廣東航運史》（北京：人民交通出版社，1989），頁 24-37、44-
　　51；楊萬秀、鍾卓安主編：《廣州簡史》（廣州：廣東人民出版社，1996），頁 1、
　　42-47；黃啟臣：《廣東海上絲綢之路史》（廣州：廣東經濟出版社，2003），
　　頁 32-53；劉漢東：〈海上絲綢之路與中西文化交流的關係〉，趙春晨、何大進、
　　冷東主編：《中西文化交流與嶺南社會變遷》（北京：中國社會科學出版社，
　　2004），頁 16-31。
17　〔明〕胡宗憲：《籌海圖編》，卷 3，頁 244。

圖4：廣東海防中路圖

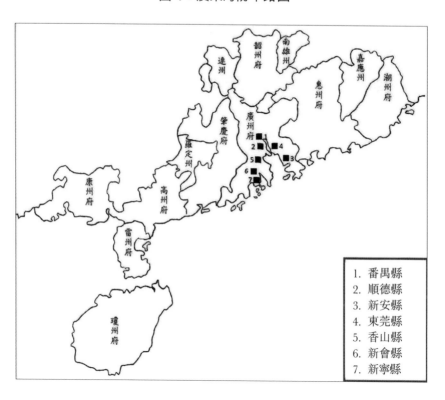

1. 番禺縣
2. 順德縣
3. 新安縣
4. 東莞縣
5. 香山縣
6. 新會縣
7. 新寧縣

表 3：中路重要海防據點列表

番禺縣	茭塘：獅子塔、琵琶洲、聖塘、南箕、黃埔、赤沙、赤勒崗及雙對崗 沙灣：龍灣、古垻、紫泥、市橋、烏洲、神頭、韋涌及石棋 [18]
順德縣	石金剛口、新窖海口、太平海口 [19]
新安縣	急水門、佛堂門、獨鼇門、大奚山、磨刀山、老萬山、虎門、南頭寨 [20]
東莞縣	橫檔山、南山、武山、澳門、三門、赤灣、屯門灣、龍穴山、九洲洋及獅子洋 [21]
香山縣	黃梁都、雞頸、浪白、銅鼓、荷包、高闌、大小虎、澳門 [22]、東洲門、桅夾門 [23]
新會縣	厓門 [24]
新寧縣	廣海寨、小金門 [25]

---

18 〔清〕盧坤、鄧廷楨主編，王宏斌等校點：《廣東海防彙覽》，卷 3，〈險要二〉，頁 65。
19 同上，頁 66。
20 〔清〕盧坤、鄧廷楨主編，王宏斌等校點：《廣東海防彙覽》，卷 3，〈險要二〉，頁 67-70。
21 同上，頁 71-74。
22 同上，頁 74。
23 同上，頁 91-93。
24 同上，頁 94。
25 同上，頁 96。

西路

相對東、中兩路，西路（參圖 5 及表 4）海防比較受忽視。明代胡宗憲形容：「三郡逼近占城、暹邏、滿剌諸番，島嶼森列，遊心注眄，防守少懈，則變生肘腋，滋蔓難圖矣」。[26] 結果，此句一語成讖，西路日後成為海盜的活動場所。廣東西路包括肇慶府、高州府、雷州府、廉州府、欽州及瓊州府。肇慶府偏處內陸，而高州府東南一面向海，在海防考慮中重要性稍高。雷州府東、南、西三面都面對大海，東接高州，西通欽州、廉州，南達瓊州，在西路海防中最受重視。廉州府南面是大海，西邊接壤安南，但海防形勢尚算不俗。[27] 欽州與廉州府一樣，都是接壤安南，面臨大海，最後的瓊州府獨立於海中，是廣東省西南部的重要屏障，由於四面環海，有多處地方須要注意。[28]

26〔明〕胡宗憲：《籌海圖編》，卷 3，頁 245。
27〔清〕顧祖禹：《讀史方輿紀要》，第 10 冊，卷 104，頁 4753。
28〔清〕顧祖禹：《讀史方輿紀要》，第 10 冊，卷 105，頁 4766。

圖 5：廣東海防西路圖

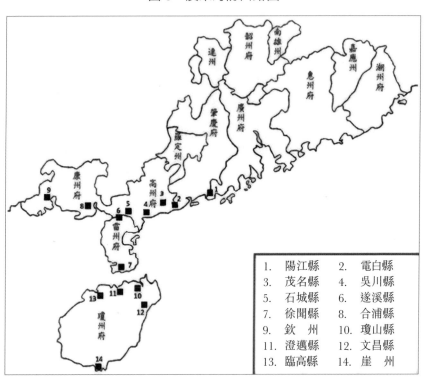

1.	陽江縣	2.	電白縣
3.	茂名縣	4.	吳川縣
5.	石城縣	6.	遂溪縣
7.	徐聞縣	8.	合浦縣
9.	欽　州	10.	瓊山縣
11.	澄邁縣	12.	文昌縣
13.	臨高縣	14.	崖　州

表 4：西路重要海防據點列表

肇慶府	陽江縣：北津寨 [29]
高州府	茂名縣：蓮頭港、汾洲山、兩家灘、廣州灣 電白縣：蓮頭港、赤水港、山後港、南門港、博賀港 [30] 吳川縣：硇州、石門港、梅菉鎮 [31] 石城縣：兩家灘、龍頭沙、急水港、佛子港、官寨港、零祿港 [32]
雷州府	遂溪縣：東山營、樂民港、調郎灣、博里港、官場港、澗洲、海頭港、庫竹港、曾家河、調神港 [33] 徐聞縣：海安、錦囊、海安港、錦囊港、青灣港、那黃港、白沙港、博餘港、討綱港、東場港、鵝豆港、青銅港、博臘港、黃塘港及侖頭港 [34]
廉州府	合浦縣：武刀港、珠場港及大觀港 [35]
欽州	南港、牙山港、大觀港、漁州坪、龍門海 [36]

---

29 〔清〕盧坤、鄧廷楨主編，王宏斌等校點：《廣東海防彙覽》，卷 4，〈險要三〉，頁 102-104。

30 同上，頁 105。

31 同上，頁 106-107；〔清〕顧祖禹：《讀史方輿紀要》，第 10 冊，卷 104，頁 4744。

32 〔清〕盧坤、鄧廷楨主編，王宏斌等校點：《廣東海防彙覽》，卷 4，〈險要三〉，頁 106。

33 同上，頁 111-113。

34 同上，頁 113-114。

35 〔清〕盧坤、鄧廷楨主編，王宏斌等校點：《廣東海防彙覽》，卷 4，〈險要三〉，頁 115。

36 同上，頁 116-117；〔清〕阮元：《廣東通志（道光）》，《續修四庫全書》，第 671 冊（上海：上海古籍出版社，1995），卷 124，〈海防略二〉，頁 720。

瓊州府	瓊山縣：海口港、牛始港、小英港、鹽竈港、烈樓港、麻錫港、芒蓼港、博茂港、北洋港及神應港 澄邁縣：東水港、澄東港及石礫港[37] 文昌縣：鋪前、白崎澳、木蘭澳、急水門、抱虎灣、抱陵港、銅山角、清瀾港、三亞港、長歧港、陳村港、石欄港及鋪前港 臨高縣：博鋪港、博述港、石碑港、黃龍港、博頓港、呂灣港、博白港、新安港及馬嫋港[38] 崖州：狼牙石、頭利洞、玳瑁 儋州：頓積港、莪蔓港、黃沙港、新英港、田頭港、大村港、煎茶港、大員港及小員港[39]

　　清廷雖然劃分廣東海防為三路，在險要地方設防，但根本沒有能力保護整條海岸線。每個據點都有不少港口、島嶼及海上通道，需要再分兵看守，否則便有被偷渡的危險。所以海岸兵力便進一步分散，每個據點的兵力都不充裕，防守一方往往處於被動，難以主動出擊。

兵力分散

　　清廷雖然在廣東海防投入兵力高達 42,410 人，仍無法防守所有據點（參圖 6）。為了增加兵源，清廷除了建立外海和內河水師外，更將部份陸軍納入海防系統，截擊登岸的敵人。整體而言，廣東三路兵力大致相若，但因為地形環境差異，配備的兵種亦有

---

37 〔清〕盧坤、鄧廷楨主編，王宏斌等校點：《廣東海防彙覽》，卷 4，〈險要三〉，頁 124-126。

38 同上，頁 127-129。

39 同上，頁 129-133。

所不同。三路中以中路的部署最嚴密，在珠江口附近便有 11 座軍營，保護進入廣州的道路。整個中路的兵種以外海和內河水師為主，包括滿洲水師旗營 604 人、外海水師 6,613 人、內河水師 5,215 人，陸路近海各營 805 人，總共有 13,237 人（參表 5）。在東路的佈置上，清廷主要安排外海水師和陸路近海各營駐防，截擊從福建南下的海盜，共有兵力 13,357 人（參表 6），其中外海水師有 5,882 人（缺碣石鎮標中營），陸路近海各營則有 7,475 人。[40] 而西路地域最廣闊，兵力稍多於東、中兩路，有外海水師 7,463 人，內河水師 919 人，陸路近海各營 7,434 人，共有 15,816 人（參表 7）。[41] 從清代廣東海防駐軍圖中所見，中路、東路的佈防都非常嚴密，而西路則因為範圍大，海岸線迂迴曲折，雖然安排最多兵力防守，仍然顯得非常空疏，日後海盜正是在這裏興起。另一方面，雖然每路的兵力都超過 10,000 人，但因為分營數目多，每個分營的兵力只有 200-1,000 人，而營之下又分設「汛」，兵力進一

40　東路海防未能堵截海盜西下，便由中路處理的想法，在清代是非常明顯：「三四月東南風汛，日本諸島入寇，多自閩趨廣。拓林為東路第一關鎖，使先會兵守此，則可以遏其衝，而不得泊矣。其勢必越於中路之屯門、雞棲、佛堂門、冷水角、老萬山、虎頭門等澳，而南頭為尤甚。或泊以寄潮，或據為巢穴，乃其所必由者。附海有東莞大鵬戍守之兵，使添置往來預為巡哨，遇警輒敵，則必不敢泊此矣。其勢必歷峽門、望門、大小橫琴山、零丁洋、仙女澳、九竈山、九星洋等處而西，而浪白澳尤甚，乃番泊等候之所也。附海有香山所戍守之兵，使添置往來預為巡哨，遇警輒敵，則必不敢泊此矣。其勢必歷厓門、寨門、萬斛山、網州等處而西，而望峒澳為尤甚，乃番泊停留避風之門戶也。附海有廣海衛、新寧海朗所戍守之兵，使添置往來預為巡哨，遇警輒敵，則又不敢泊此矣。夫其來不得停泊，去不得接濟，則雖有濱海居民，且安枕而臥矣，況會城乎」，參〔清〕盧坤、鄧廷楨主編，王宏斌等校點：《廣東海防彙覽》，卷 3，〈險要二〉，頁 63。
41　〔清〕盧坤、鄧廷楨主編，王宏斌等校點：《廣東海防彙覽》，卷 9，〈營制二〉，頁 281-304。

步被分散。舉例來說，廣東東路的碣石鎮右營只有 836 人，就要分防 12 個汛，每個汛平均只有幾十人，在平時尚可防備一般海盜的襲擊，但面對大規模進襲時，防守就難免吃力。而「汛」的兵力約佔全軍的三分之一，負責維持地方治安，意味能出戰的兵士亦是有限。[42]

表 5：中路各營兵數表 [43]

名稱	兵力（人）	代號
滿洲水師旗營（駐廣州城歸德門內）	604	1
大鵬左營（外海水師）	505	2
大鵬右營	482	3
水師提標中營（駐東莞縣南 74 里）	1,081	4
水師提標左營（駐新安縣）	1,000	5
水師提標右營（駐東莞縣南 74 里）	1,101	6
香山協左營（駐香山縣）	849	7
香山協右營（駐香山縣）	849	8
廣海寨（駐廣州府西南 500 里）	746	9
順德協左營（內河水師）（駐順德縣）	982	10
順德協右營（駐順德協北）	901	11

42 〔清〕盧坤、鄧廷楨主編，王宏斌等校點：《廣東海防彙覽》，卷 5、9，〈道里〉，頁 150；羅爾綱，《綠營兵志》，頁 269。
43 〔清〕盧坤、鄧廷楨主編，王宏斌等校點：《廣東海防彙覽》，卷 9，〈營制二〉，頁 281、285-287、292-293、299。

新會左營（駐新會縣）	820	12
新會右營（駐新會縣）	822	13
水師提標前營（駐東莞縣）	600	14
水師提標後營（駐增城縣新塘）	717	15
前山營（駐香山縣南 130 里）	373	16
永靖營（陸路近海各營） （駐廣州府東南 90 里）	805	17
總計	13,237	

表 6：東路各營兵數表 [44]

名稱	兵力（人）	代號
南澳鎮右營（外海水師） （駐南澳城）	1,026	18
澄海協左營（駐澄海縣城）	649	19
澄海協右營（駐澄海縣城）	642	20
達濠營（駐潮陽縣東 30 里）	382	21
海門營（駐潮陽縣東南 20 里）	866	22
碣石鎮中營（駐惠州府東 420 里）	不詳	23
碣石鎮左營（駐惠州府東南 480 里）	794	24
碣石鎮右營（駐惠州府東南 280 里）	836	25

---

44 〔清〕盧坤、鄧廷楨主編，王宏斌等校點：《廣東海防彙覽》，卷 9，〈營制二〉，
　　頁 282-285、294-298。

第二章

平海營（惠州府東南 160 里）	687	26
黃崗協左營（陸路近海各營）	550	27
黃崗協右營（駐黃崗城）	548	28
饒平營（駐饒平縣城）	469	29
潮州鎮標中營（駐潮州府城）	785	30
潮州鎮標左營（駐潮州府城）	783	31
潮州鎮標右營（駐潮州府城）	783	32
潮州城守營（駐潮州府城）	667	33
潮陽營（駐潮陽縣城）	745	34
惠來營（駐惠來縣城）	664	35
惠州協左營（駐惠州府城）	848	36
惠州協右營（駐歸善縣城）	633	37
總計	13,357	

表 7：西路各營兵數表 [45]

名稱	兵力（人）	代號
陽江鎮標左營（外海水師） （駐陽江縣城）	919	38
陽江鎮標右營（駐高州府東南 160 里）	805	39
吳川營（駐吳川縣城）	582	40

---

45 〔清〕盧坤、鄧廷楨主編，王宏斌等校點：《廣東海防彙覽》，卷 9，〈營制二〉，
頁 288-291、299-304。

硇州營（駐硇州）	578	41
東山營（駐東山墟）	291	42
海口營（駐瓊山縣海口城西北 10 里）	962	43
海安營（駐雷州府東南 210 里）	796	44
龍門協左營（駐欽州南水路 10 里）	823	45
龍門協右營（駐欽州南水路 10 里）	810	46
崖州協（駐瓊州府最南）	897	47
督標肇慶水師營（內河水師）（駐肇慶城外）	919	48
那扶營（陸路近海各營）（駐肇慶府南 370 里）	259	49
陽春營（駐陽春縣城）	357	50
化石營（駐石城縣城）	597	51
廉州營（駐廉州府城）	802	52
欽州營（駐廉州府東 220 里）	734	53
雷州左營（駐雷州府城）	573	54
雷州右營（駐遂溪縣白沙塘）	576	55
徐聞營（駐徐聞縣城）	242	56
瓊州鎮標左營（駐瓊州府城）	876	57
瓊州鎮標右營（駐瓊州府城）	884	58
儋州營（駐瓊州府西南 300 里）	767	59
萬州營（駐瓊州府東南 360 里）	767	60
總計	15,816	

圖 6：清代廣東海防駐軍圖[46]

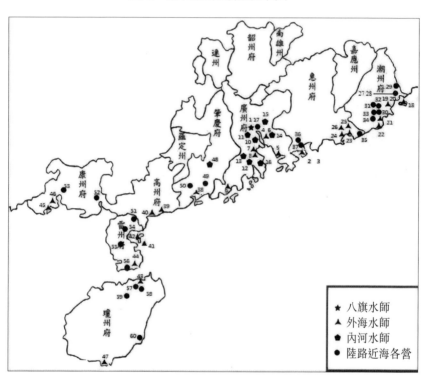

★ 八旗水師
▲ 外海水師
⬟ 內河水師
● 陸路近海各營

46 〔清〕盧坤、鄧廷楨主編，王宏斌等校點：《廣東海防彙覽》，卷 5、9，〈道里〉、〈營制二〉，頁 148-176、281-304。

廣東海防的戰船同樣是分散佈置，主要負責巡邏、定時搜索及清除海盜。三路中以中路的戰船最多，擁有 169 艘戰船，82 艘屬外海水師，76 艘屬內河水師，11 艘屬陸路近海各營（參附錄 9）。東路有 77 艘戰船，43 艘屬外海水師，34 艘屬陸路近海各營（參附錄 10）。西路有戰船 85 艘，63 艘屬外海水師，20 艘屬內河水師，2 艘屬陸路近海各營（參附錄 11）。[47]與兵力配置一樣，每個分營擁有的戰船不多，最少只有 2 艘，最多亦不過 30 艘，但並非全部能出洋作戰，部份只可以在內河行駛。另外，這 328 艘戰船亦只是賬面上的數字，因為有不少戰船都在修理中，而不能夠使用。更重要的是戰船分散於各地，難以集結成一支大艦隊主動出擊，日後在迎戰海盜時，廣東省便經常面對戰船不足的問題。

炮臺分佈的問題與戰船差不多。清廷在十八世紀開始，在沿海建立上百座炮臺，但分佈疏落，控制範圍有限，造成不少漏洞。東路有炮臺 39 座（參附錄 12），間距大約為 5 里至 10 里。中路有炮臺 56 座（參附錄 13），間距大約為 20 至 45 里。西路有炮臺 59 座（參附錄 14），間距大約為 50 里以上，防守的嚴密程度明顯較弱。[48]另一方面，不少炮臺都在空曠之處，附近缺乏支援設施，兩廣總督那彥成後來便積極興建碉堡哨卡，與炮臺互相支援。

綜觀兵力、戰船和炮臺的部署，廣東海防部署是以珠江口為重心，進而兼顧兩邊，於南澳、龍門佈下多個巡防營，形成沿海

---

47 〔清〕盧坤、鄧廷楨主編，王宏斌等校點：《廣東海防彙覽》，卷 14，〈船政三〉，頁 406-419。

48 曾小全：〈清代前期的海防體系與廣東海盜〉，《社會科學》2006 年第 8 期，頁 149-150。

陸基防禦為主體，輻射近陸島嶼，配以近海巡哨及外洋緝捕的海防體系。[49] 非常明顯的是，中路才是清代廣東海防體系的重心，而西路重要性並不突出，難怪有評論直指當地防守存在漏洞，容易成為反抗勢力的活動場所。[50]

巡哨制度

由於駐軍、戰船和炮臺分佈疏落，為了彌補海防缺陷，清廷唯有實行各種削弱政策，令潛在的對抗勢力無法壯大。這些政策包括巡哨和澳甲制度，限制船隻的大小及攜帶物品的種類及數量。

清廷首先實行巡哨制度確保航道安全，主動尋找反抗勢力，掃除匿藏於小島的海盜。康熙五十七年 (1718)，廣東省確立每年兩班巡查制。東路以南澳至平海營分界，由碣石總兵、澄海水師副將，輪流帶領本部的「協」、「鎮」和「標」，以及海門、達濠和平海等營巡邏。中路以大鵬營至廣海寨為界，由虎門、香山兩協水師副將，輪流率領本協及大鵬、廣海二營巡邏。西路由春江協至龍門協為界，由春江、龍門協水師副將，帶領本協及電白、吳川、海安和硇州等營巡邏。乾隆元年 (1736)，清廷分拆西路為西上、西下兩路。前者以春江、電白、吳川、硇州為界，由春江協副將、吳川營游擊巡防放雞洋至硇州。後者以海安至龍門為界，由海安

---

49 陶道強：〈「制賊」與「防夷」——以清代前期廣東海防為中心的觀察〉，《棗莊學院學報》2010 年 6 月第 3 期，頁 25。

50 陳齊指：「東、中二路為督臣、提臣駐紮之區，耳見親近，兵力亦較強盛，該匪（天地會）等尚有顧忌。惟西路僻在一隅，聞見難周，兵力亦薄」。參〔清〕盧坤、鄧廷楨主編，王宏斌等校點：《廣東海防彙覽》，〈險要三〉，頁 102。

營游擊、龍門協副將巡邏瓊州及所屬洋面。[51] 另一方面，為免水師敷衍巡哨，清廷在乾隆十五年（1750）規定每兩個月會哨一次，上班期限為三月十日至五月十日，下班則為七月十日至九月十日，考慮天氣的變化，每次可以寬限十日。會哨時雙方交換照票，記錄會哨時間及地點，完成巡哨後交回統轄鎮協，方便日後查證。[52] 然而，這些規定並不能確保巡哨效果，部份水師在出洋時，竟然打鼓作樂、開炮示威，通知附近的海盜躲避。[53] 雖然水師表現備受批評，但最低限度在嘉慶朝前，廣東海防沒有出現嚴重的威脅。[54]

禁防政策的實施

學者王宏斌指出清代海防政策方針是「重防其出」，因為清廷認為海上反抗勢力都依賴內地供給，只要截斷物資供應，反對勢力就會不戰而敗。[55] 廣東海防同樣實行禁防政策，嚴格管制沿海居民，防止他們加入或與反對勢力聯絡，為敵人提供各種支援。

首先，實行澳甲制度，管理沿海居民。澳甲制度類似保甲制，同樣是要民間互相監察。具體情況為，每 10 艘船為一甲，每 100 艘船為十甲，設立澳長一名負責管理。即使不足 100 艘漁船也編成一甲，若超出 150 艘，則設立澳長二名，分別管理雙、單桅船，

---

51 〔清〕盧坤、鄧廷楨主編，王宏斌等校點：《廣東海防彙覽》，卷23，〈巡哨一〉，頁 661。

52 同上，頁 661-663。

53 〔清〕藍鼎元：〈論海洋弭盜捕賊書〉，《鹿洲全集》，上冊（廈門：廈門大學出版社，1995），卷 1，頁 36。

54 陶道強：〈清代前期廣東海防研究〉，暨南大學碩士論文，2003 年，頁 44-48。

55 王宏斌：《清代前期海防：思想與制度》（北京：社會科學文獻出版社，2002），頁 45-47。

第二章

其餘的小罟船、蛋（疍）船則另外設立一保甲。[56]澳長每五年換一次，擔任者必須身家殷實，無犯罪紀錄，其姓名、年籍及管理船甲、船數，全部登記造冊，以便隨時追查。若其中一船匿藏罪犯，而無人檢舉，整個澳甲都將會受罰。在澳甲制度下，漁民活動幾乎被全面監察，即使買賣船隻，都必須經澳甲、地保查明，並在船側刻印編號。[57]此外，清廷又嚴禁私造船隻、私自出洋貿易，即使是知情不報都屬犯罪。若沿海居民出洋後不回國，將被視為天朝棄民。[58]澳甲制度注重身份上的束縛，卻忽略了漁民的經濟需要，例如捕魚季節的限制、財務困難，並不能真正禁止他們參與海盜活動，而這亦是日後海盜大興的重要因素。

其次，限制出洋船隻規格，保障水師的武力優勢。康熙四十二年（1703），清廷規定商船可採用雙桅，樑頭不可過 1 丈 6 尺，舵工、水手不能超過 28 人；漁船只能採用單桅，樑頭不得過 1 丈，舵工、水手不超過 20 人。[59]當然，各省的標準不一，廣東省漁船的樑頭不得過 5 尺，舵工、水手不超過 5 人。深海捕魚是當時漁業的主要生產方式，不少漁民都違規私造網繒漁船，並賄賂

---

56 〔清〕盧坤、鄧廷楨主編：《廣東海防彙覽》，卷 33，〈保甲〉，頁 860-861。

57 〔清〕寧立悌等撰：《粵東省例新纂》，第 2 冊（台北：成文書局，1968），卷 6，〈嚴查澳甲〉，頁 539。

58 雍正帝明言：「朕思此等貿易外洋者，多係不安本份之人……嗣後應定限期，若逾限不回，是其人甘心流移外方，無可憫惜」，參〔清〕紀昀：《欽定皇朝文獻通考》，《景印文淵閣四庫全書》，第 632 冊（台北：台灣商務印書館，1984），卷 33，頁 704。

59 〔清〕托津等：《大清會典（嘉慶朝）》，沈雲龍主編：《近代中國史料叢刊三編》，第 674 冊（台北：文海出版社有限公司，1992），卷 507，〈兵部職方司海禁〉，頁 3658。

地方弁兵隱瞞。雍正七年（1729），清廷放寬規定，網繪船樑頭不能超過 8 尺，不准安裝蓋板，並納入澳甲監察系統內。[60] 由於船隻的大小決定其航行範圍，限制船隻規格，就等同為出洋船隻劃定了無形的邊界。[61] 這種措施消極地保障廣東水師戰船的優勢，因為民船大小、速度都受到限制，清廷就不需要定時研發新船，保持武力上的優勢，海防經費亦不會大幅度增加。[62]

最後，又嚴格限制出海船隻攜帶物品。清廷規定各船按海道距離及人數，每人每日限帶米 1 升 5 合，出洋前須報關領照，供各營汛覆核。如偷運米石接濟匪徒，判絞立決，出售圖利則按數量充軍、流徙、杖責或枷號等。[63] 此外，清廷嚴禁內洋船隻攜帶軍械，而外洋每船限帶炮 1 位，鳥槍 8 桿，腰刀 10 把，弓箭 10 副，火藥 20 斤。[64] 商人若想在商船安裝火炮，必須向地方官申請，由官方製造，並在火炮鑿上使用人資料，於照內注明攜帶火炮大小，出洋時供海關和守口官查驗。火炮平日必須由官方保管，只准在出洋時攜帶。[65] 除了米糧和武器外，清廷又禁止銅鐵出口，防止潛

---

60 〈署理廣東巡撫楊文乾奏陳廣東沿海漁船事〉，中國第一歷史檔案館編：《雍正朝漢文硃批奏摺彙編》，第 8 冊，頁 304。

61 楊培娜：〈「違式」與「定制」──清代前期廣東漁船規制的變化與沿海社會〉，《清史研究》2008 年第 2 期，頁 74-87。

62 李其霖：《見風轉舵：清代前期沿海的水師與戰船》，頁 345。

63 〔清〕盧坤、鄧廷楨主編，王宏斌等校點：《廣東海防彙覽》，卷 35，〈禁奸二〉，頁 883。

64 〔清〕托津等：《大清會典（嘉慶朝）》，《近代中國史料叢刊三編》，第 674 冊（台北：文海出版社有限公司，1992），卷 507，〈海禁一〉，頁 3658。

65 〔清〕盧坤、鄧廷楨主編，王宏斌等校點：《廣東海防彙覽》，卷 35，〈禁奸二〉，頁 885。

第二章

在反對勢力得到製造武器的材料。[66] 另外，船隻出洋難免會損壞，清廷只准船隻酌量帶備鐵釘、油灰、棕絲作修理之用，並於照內注明，供岸口汛兵查核，若違規多帶，即使是絲斤、錢文，都會按例治罪。[67] 但海盜往往以高價吸引漁民參與交易，這些規定並不能真正限制物資流出。

第 2 節　進步有限的裝備與戰術

受制於有限的財政資源，廣東海防配備的武器並沒有大進步，仍然是冷熱兵器並用，而且裝備維修又有嚴格限制，影響了武器的保養。清軍使用的冷兵器，包括藤牌、木棍、腰刀、大刀、鉤鐮槍、鐵鑹、鐵盔和弓箭等，而熱兵器則有鳥槍、火罐、火箭、大小生鐵炮、熟鐵砂炮及子母炮等。[68] 事實上，我國自雍正朝以後，火器發展緩慢，少有創新發明。[69] 而清軍在實戰中，主要使用鳥槍與火炮，其他燃燒性火器只是輔助。[70] 那彥成在攻擊海盜時便

---

66 清廷規定：「南販出洋貿易，如有私將銅斤、鐵斤並銅鐵器攜帶貨賣圖利者，按照斤數，分別首從，治罪。貨物、銅斤、船隻入官」，參同上，頁 891。

67 同上，頁 887-892。

68 〔清〕盧坤、鄧廷楨主編，王宏斌等校點：《廣東海防彙覽》，卷 20，〈戎器三〉，頁 531-566。

69 我國火器發展於此時放緩原因有四：一為小手工業生產方式，無法轉化成大工場，技術難以提升。二是受封建制度束縛，統治者嚴密控制生產，局限了火器的研究。三乃政府輕視發明，挫傷火器研究者。四為依賴舊理論，少有引入西方研究理論。五為清軍入主中原後，火器數量擁有巨大優勢，使其忽視研究創新。參王兆春：《中國火器史》（北京：軍事科學出版社，1991），頁 277-285。

70 槍、炮發展至清代，終被明顯區分，大者為炮，小者則為槍、銃，參劉旭：《中國古代火藥火器史》（鄭州：大象出版社，2004），頁 159-169。

提及，火炮按規定只能每十五年修理一次，三十年重新製造，而火藥每年都可以補充，但必須於年底計算用量，再向有關部門報銷製造。[71] 這種規定在承平時或許不出問題，然而在戰爭狀態時，武器的維修及火藥的使用若被限制，則會削弱廣東海防的戰力。

水師作戰最重要的武器是火炮，其次就是火器及其他冷兵器，但與海盜相較，卻是遠遠不如。

火炮是海洋作戰最重要的武器，而子母炮（參圖 7）更是廣東海防駐軍最倚重的。子母炮即是由明代傳入中國的佛郎機銃，但最精良的火炮都是由八旗掌握，綠營包括廣東水師在內，都只能使用較次的裝備作戰。在嘉慶朝攻剿海盜期間，廣東水師通常使用 2,000-3,000 斤火炮，然而有時候會失靈，而海盜的火炮則重達 4,000-5,000 斤。在明清時代，火炮大多是以重量衡量其性能優劣，廣東水師明顯處於劣勢。[72]

71 〔清〕那彥成：《那文毅公（彥成）兩廣總督奏議》，嘉慶十年四月二十日，卷 10，頁 1271-1273。

72 〔清〕程含章：〈上百大司馬籌辦海匪書〉，頁 577；張建雄、劉鴻亮著：《鴉片戰爭中的中英船炮比較研究》（北京：人民出版社，2011），頁 118-119；劉旭：《中國古代火藥火器史》（鄭州：大象出版社，2004），頁 189；周維強：《佛郎機銃在中國》（澳門：澳門特別行政區政府文化局，2013），頁 174；劉鴻亮：〈關於 16-17 世紀中國佛郎機火炮的射程問題〉，《社會科學》2006 年第 10 期，頁 185-192。

第二章

圖 7：子母炮 [73]

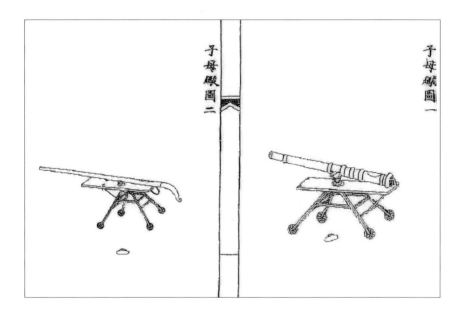

73〔清〕崑岡等修，劉啓端等纂：《欽定大清會典圖》，《續修四庫全書》，第796冊，
  卷100，頁130。

鳥槍（參圖8），又名為鳥銃，可以讓士兵在單兵作戰時使用，在敵船稍為接近時施放。

圖8：鳥槍⁷⁴

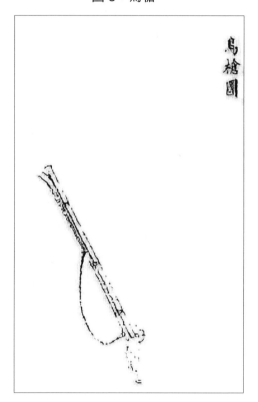

---

74 〔清〕崑岡等修，劉啓端等纂：《欽定大清會典圖》，《續修四庫全書》，第796冊，卷99，頁123。

第二章

火磚（參圖9），形狀像磚，內藏火藥，以拋擲方式使用，其威力較小，主要針對的是敵兵。[75]

圖9：火磚[76]

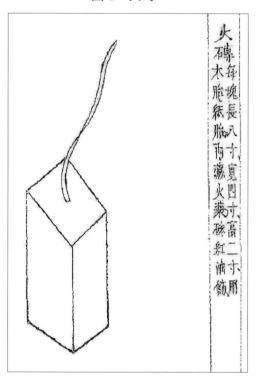

75 李其霖：《見風轉舵：清代前期沿海的水師與戰船》，頁438-439；張建雄：《清代前期廣東海防體制研究》（廣州：廣東人民出版社，2012），頁243。
76〔清〕盧坤、鄧廷楨主編，王宏斌等校點：《廣東海防彙覽》，卷21，〈戎器四〉，頁609。

火罐（參圖 10），內藏毒性藥物，藥信縛在罐外，點燃後必須快速拋擲，否則會危及本船。廣東水師所用的火罐裝藥只有 2-3 斤，而海盜的卻達到 5-6 斤。[77]

圖 10：火罐[78]

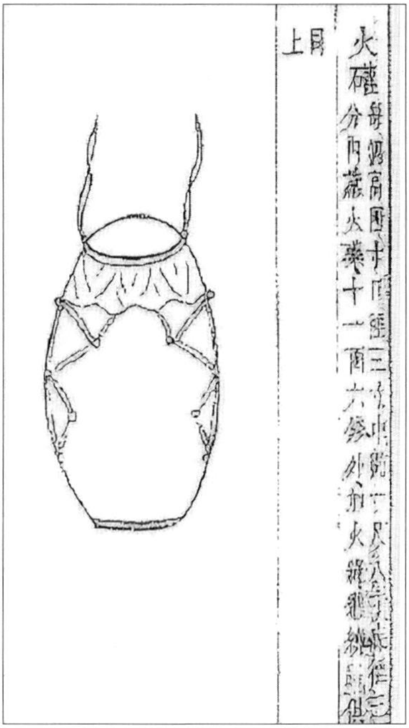

---

77 〔清〕程含章：〈上百大司馬籌辦海匪書〉，頁 578；李其霖：《見風轉舵：清代前期沿海的水師與戰船》，頁 439-440；張建雄：《清代前期廣東海防體制研究》，頁 243。
78 〔清〕盧坤、鄧廷楨主編，王宏斌等校點：《廣東海防彙覽》，卷 21，〈戎器四〉，頁 610。

第二章

噴筒（參圖 11），用於近身攻擊，噴出火苗，燒傷敵人或引發火災，甚至產生煙霧，令敵人不能辨別方向。[79]

圖 11：噴筒[80]

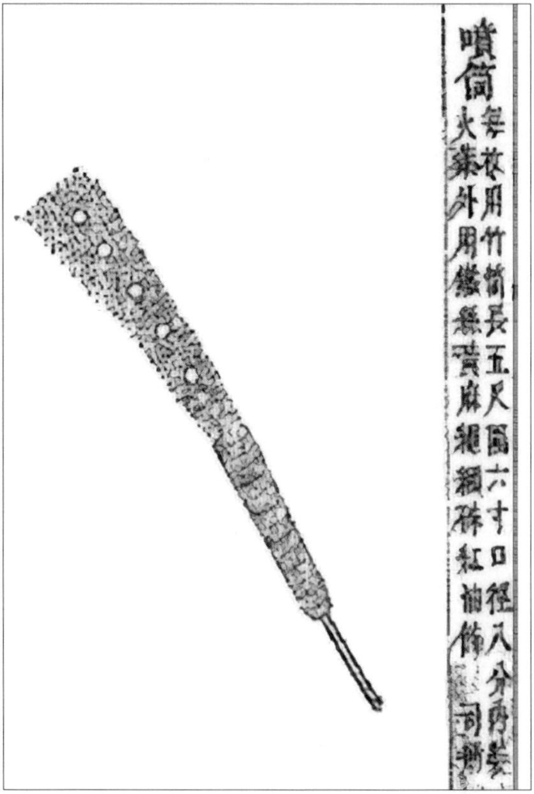

噴筒：每枝用竹筒長五尺圍六寸口徑八分再裝火藥斗用鐵絲青麻細碎紅油條刷蘸

79　李其霖：《見風轉舵：清代前期沿海的水師與戰船》，頁 440。
80　〔清〕盧坤、鄧廷楨主編，王宏斌等校點：《廣東海防彙覽》，卷 21，〈戎器四〉，頁 601。

鈎鐮槍（參圖 12），除了用於刺擊，還可以割斷敵船的篷繩。

圖 12：鈎鐮槍 [81]

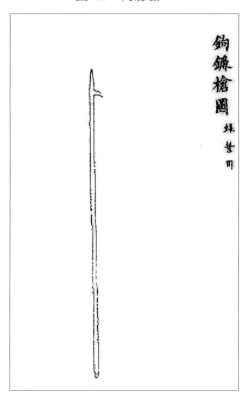

---

81 〔清〕崑岡等修，劉啓端等纂：《欽定大清會典圖》，《續修四庫全書》，第 796 冊，
卷 102，頁 149。

第二章

挑刀、藤牌（參圖 13、14），與敵軍短兵相接時使用，是廣東水師必備的冷兵器。

圖 13：挑刀 [82]　　　　　圖 14：藤牌 [83]

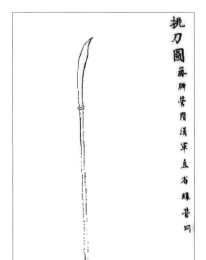

廣東水師使用的戰船，包括米艇、撈繒船、趕繒船、艍船和槳船，不少都是從漁船和商船改造而成。

---

82 〔清〕崑岡等修，劉啟端等纂：《欽定大清會典圖》，《續修四庫全書》，第 796 冊，卷 101，頁 141。
83 〔清〕崑岡等修，劉啟端等纂：《欽定大清會典圖》，《續修四庫全書》，第 796 冊，卷 103，頁 167。

米艇是廣東水師的主力，擅長在近岸作戰，特別適合征剿海盜。[84] 乾隆末年，因為征剿海盜的需要，兩廣總督福康安（1753-1795）首先建議改造戰船，開始大量使用米艇，但由於是從民間漁船改造而成，戰鬥力被質疑。後來，因為米艇在戰爭中發揮良好功效，所以布政使吳俊在乾隆五十八年（1793），建議打造 93 艘，使其成為主力戰船。米艇是廣船的一種，廣船頭尖尾大，可以乘風破浪，船身低無虞射擊，可以使用槳櫓幫助行駛，能夠同時在內河、海洋作戰。[85] 而米艇的特點是航速快而且靈活，船身、桅桿特別堅固，特別適合廣東水師使用。它分為大、中、小三種類型，大米艇長 30.4 米，寬 6.6 米，深 2.9 米；中米艇長 27.5 米，寬 5.9 米，深 2.7 米；小米艇長 24.3 米，寬 5.3 米，深 2.8 米。[86]

---

84 Valetin A. Sokolff 亦提及米艇長 106 尺、寬 30 尺、長 12 尺，有 3 個水密艙及無數船肋骨，並以乾的填絮及蠔殼灰與桐油合成的油灰填縫，使用開孔舵，龍骨有開孔。參黃潔嫻：〈澳門木船建造——廣東傳統造船工藝之傳承〉，上海中國航海博物館編：《航海——文明之迹》（上海：上海古籍出版社，2011），頁 122-123； Valentin A. Sokoloff, *Ships of China* (San Bruno, Calif.: V.A. Sokoloff, 1982), p. 31.

85 〔清〕丁寶楨：〈整頓山東水師購造船礮摺〉，《丁文誠公奏稿》，《續修四庫全書》，第 509 冊，〈海防略二〉，卷 8，頁 240。

86 〔清〕慶桂等奉敕修：《高宗純皇帝實錄》，《清實錄》，第 25、26 冊，卷 1336、1361，乾隆五十四年八月壬戌、五十五年八月丙寅，頁 1113-1114、242-243；〔清〕吳俊：〈請建米艇狀〉，《皇朝經世文編》，第 713 冊，卷 85，頁 3074-3075；大米艇長 9 丈 5 尺，寬 2 丈 6 寸，深 9 尺 3 寸，中米艇長 8 丈 6 尺，寬 1 丈 8 尺 5 寸，深 8 尺 6 寸，而小米艇長 7 丈 6 尺，寬 1 丈 6 尺 4 寸 8 分，深 6 尺 5 寸 1 分，參〔清〕盧坤、鄧廷楨主編，王宏斌等校點：《廣東海防彙覽》，卷 12，〈船政一〉，頁 364-367；張建雄、劉鴻亮著：《鴉片戰爭中的中英船炮比較研究》，頁 41。

撈繒船亦是由漁船改造而成，可以在外洋、淺水及沿海地區作戰，是米艇以外廣東水師使用較多的戰船。其船頭長 7.04 米，面寬 2.8 米，底寬 1.9 米，深 1.5 米；中間部份長 7.04 米，面寬 4.5 米，底寬 2.7 米，深 1.9 米；尾部長 8.3 米，面寬 3.8 米，底寬 2.3 米，深 1.7 米，總共有 22 個艙。[87] 但在征剿海盜的戰役中，撈繒船的重要性遠及不上米艇。

趕繒船（參圖 15），意思是追趕漁網的船，可作遠洋航行，所以商人、漁民和水師都會使用。與米艇一樣，趕繒船亦分大、中、小三類型，大趕繒船可以運載 80 名士兵，42 桿排槍；中趕繒船運載 60 名士兵，30 桿排槍；小趕繒船運載 50 名士兵，25 桿排槍。[88] 趕繒船通常會使用雙篷，非常高大，特別適合「犁衝戰術」，然而它只擅長在深水作戰，若受到風潮影響，便難以泊岸，要使用小船接渡，廣東海防只有滿洲水師旗營配備，未參與征剿海盜和虎門之戰。

---

87 「撈繒船頭長二丈二尺，面寬八尺八寸，底寬五尺八寸八分，深四尺八寸；中長二丈二尺，面寬一丈四尺，底寬八尺四寸，尾長二丈六尺，面寬一丈一尺九寸，底寬七尺一寸四分，深五尺四寸，計二十二艙」，參〔清〕盧坤、鄧廷楨主編，王宏斌等校點：《廣東海防彙覽》，卷 12，〈船政一〉，頁 367；張建雄、劉鴻亮著：《鴉片戰爭中的中英船炮比較研究》，頁 41。

88 〔清〕崑岡等修，劉啓端等纂：《欽家大清會典事例》，《續修四庫全書》，第 808 冊（上海：上海古籍出版社，1995），卷 710，頁 835。

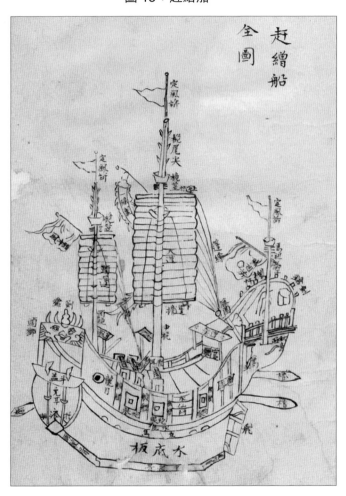

艍船（參圖 16），都是民用船隻，由於是尖底海船，所以不畏風浪，可以在大洋中作戰。它的特點與趕繒船相似，但艍船船頭稍低，「口張無獅頭，尾部高聳」，在廣東海防亦只有滿洲水師旗營配備。[90]

圖 16：雙篷艍船 [91]

---

90 《閩省水師各標鎮協營戰哨船隻圖説》，不分卷。
91 同上。

槳船（參圖 17），是廣東水師另一種配備較多的船隻，但並非用來作戰，只能巡邏沿海及內河，維護治安。此船分為大小兩種，大者使用六槳，小者使用八槳，風順時可以揚帆，風止時則搖槳。槳船的槳設在船的兩側，船身頭尖尾方，雖然便捷快速，但不能出外洋作戰。[92]

圖 17：八槳船 [93]

---

92 《閩省水師各標鎮協營戰哨船隻圖說》，不分卷。
93 同上。

同樣,清廷嚴格規定戰船的建造和修理,卻不能保障戰船的質量。鴉片戰爭前,廣東共有五間船廠,分別為不同軍區造船(參圖18)。省城河南船廠承造廣州、惠州和肇慶三府戰船,庵埠船廠承造潮州府戰船,高州、雷州和廉州三府戰船修造於高州芷蓼廠,龍門協戰船修造於龍門子廠,瓊州府戰船修造於瓊州海口廠。[94] 但部份軍工廠如芷蓼廠,附近卻缺乏木料,所以廣東省必須靈活調配,才能製造所分配的戰船。[95] 按照當時的規定,戰船由建造年份起計算,三年進行小修,五年進行大修,使用十年才重新拆造,而小修期限為四個月,大修、拆造則為六個月。如果不能在期限前完成,或戰船不夠堅固,則會按照違規程度,處分承修、監修官、將軍、督撫及提督。[96] 然而,戰船、武器的質量並不能得到保證。因為承修官通常都會委派佐貳官員購買材料,再僱用工匠造船。由於修造時間緊迫,價格亦是固定,承造者想要獲得更多利潤,就必須減少投入的工料成本,即使清廷如何加強監管,仍然不能解決戰船質量下降的問題。後來,程含章便指廣東水師的戰船經常滲水,情況沒有改善。[97]

---

94 《閩省水師各標鎮協營戰哨船隻圖説》,卷13,〈船政二〉,頁402-404;〔清〕慶桂等奉敕修:《高宗純皇帝實錄》,《清實錄》,第11冊,卷196,乾隆八年七月丙戌,頁520。

95 李其霖:《見風轉舵:清代前期沿海的水師與戰船》,頁398-399。

96 同上,卷13,〈船政二〉,頁390。

97 〔清〕程含章:〈上百大司馬籌辦海匪書〉,《月川未是槀》,卷6,頁577;王宏斌:《清代前期海防:思想與制度》(北京:社會科學文獻出版社,2002),頁111-121。

圖 18：清代廣東造船廠分佈圖

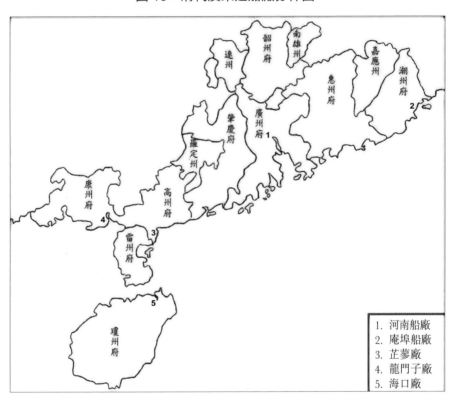

連州
韶州府
南雄州
嘉應州
潮州府
惠州府
2
肇慶府
廣州府
1
羅定州
廉州府
高州府
4
雷州府
3
5
瓊州府

1. 河南船廠
2. 庵埠船廠
3. 芷蓼廠
4. 龍門子廠
5. 海口廠

另一方面，廣東水師操練一直強差人意。現時的資料顯示，廣東水師操練應該是以陣式演習為主，其中又包括船操及水兵操練。船操是以船隻順序排出「萬派朝宗陣」、「雙鳳穿花陣」、「一統昇平陣」和「海洋肅清陣」，而水操主要是模擬水師下水作戰，排出「水軍泅水陣」、「龍遊陣」、「三才陣」、「偃月陣」、「一氣渾元陣」、「四夷拱服陣」及「凱旋收隊陣」（將在第四章討論）。根據電白縣的回報，當地水師通常在每月的一、四、七日操演爬桅、泅水，二、五、八日操演技藝、三、六、九日合練水操。在特定的年份，提督更會親自檢閱。儘管清廷三令五申，水師操練卻經常被批評欠認真，問題並未有真正解決。[98]

在作戰戰術上，廣東水師主要使用接舷、火攻、犁衝及鑿船四種方法，當中卻有不少細節要注意。

接舷是水師最常使用的戰術，在己方船舷接近敵船船舷後，士兵躍上對方船隻與敵軍格鬥。廣東水師提督的李增階在《外海紀要》中，就指出水師在拒敵時，應該如何使用武器。當敵船開始接近時，首先發射火炮，距離稍近時就使用鳥槍、噴筒和鑽箭攻擊，再接近時就拋擲火罐、火斗和石塊，到達最近距離則發射全部火器。使用火器後，水師又要準備鈎鐮槍、挑刀和藤牌過船殺敵，同時繼續拋擲火罐焚燒敵船，讓士兵在火勢的掩護下過船。

---

98 乾隆帝曾批評水師：「……水師演練則不過將演就陣法塞責了事。其操舟破浪之法，官弁兵丁茫然不知，以為此水手之事，漫不留意、即至舵工、水手，其能熟練者亦屬寥寥。平日操演之時，各船進退尚且參差，往來間斷，苟其臨敵，何以致用？」參〔清〕盧坤、鄧廷楨主編，王宏斌等校點：《廣東海防彙覽》，卷22，〈操練〉，頁627-651。

在過船攻擊時，舵手必須讓船穩定地靠攏敵船，並預留兵力防守本船。[99]

火攻，配合風勢方向，利用火進攻，而在眾多火攻手段中，火攻船是最有威力的武器，使用時必須有戰船輔助，否則難以靠近敵船，或是靠近後未及點火，讓敵船乘機逃脫。根據李增階所指，水師應該用數艘米艇拖動火攻船，火攻船上安裝兩支鐵杆，並收藏藤牌、鈎鐮槍和挑刀等裝備，由20-30名擅長潛水的士兵負責駕駛，船舵附近用篷弓網紗水厚厚覆蓋，船頭和艙面排列多桶松香及火藥。為了加強火勢，會在空心長竹裏面放入火藥引，打通船內至舵尾。火攻船在進攻時，用兩支鐵杆插入敵船，駕駛士兵立即點燃藥引，再乘杉板船離開，然後審時度勢，在水面擒拿落水的敵兵，或通知己軍在有利位置進攻。若第一次火攻船沒有效果，可以再次使用火攻船，加強前一次的火勢。[100]

犁衝，即是用己方的船隻撞擊敵人的船隻，而且可以配合火攻，加強破壞力。然而，戰船必須有堅硬的外殼及撞角，而且要配合潮汐、水流和風向。[101] 廣東水師在對抗海盜和英軍時，卻少有使用犁衝戰術，這可能與戰船質素不佳有關。

鑿船，顧名思義，即是派出擅長潛水的士兵，在水下鑿穿對方的船。這種戰術要在海水混濁的情況下使用，廣東水師在鴉片

99〔清〕李增階：《外海紀要》，《續修四庫全書》，第860冊（上海：上海古籍出版社，1995），頁397-398、402。

100〔清〕李增階：《外海紀要》，頁397-398、402-403。

101 李其霖：《見風轉舵：清代前期沿海的水師與戰船》，頁449-450。

戰爭中曾經嘗試鑿船，但士兵未接近敵船，便被英軍用槍射退。[102]

以上幾種戰術都需要配合潮汐、水流和風向發動，因此對船上的捕盜、舵工、繚手、斗手和碇手都有一定要求。捕盜即是戰船的指揮官，負責安排分工，所以必須熟悉船上運作，處事公平成熟。舵工操縱船舵，必須熟悉海洋環境，通常由年長練達的人擔任。繚手要操縱風帆，與舵工通力合作，必須手足靈活，及時收放風帆。斗手平時負責瞭望，作戰時則會使用火磚、弓箭等武器，由於要上落桅杆，所以一般會選擇手足靈活，而且年齡在二十至四十歲、精力強壯的人。碇手是操縱船碇，固定船隻，必須清楚下碇的地點。[103]然而，不少好手都在民間，在攻剿海盜期間，廣東地方政府便要提高工價，與海盜競爭僱用好手，加強水師戰力，足以反映廣東水師缺乏優秀的操作人員。[104]

第3節　僵化的海防觀念

清代前期廣東海防並沒有發展出新觀念，無論敵人是海盜或英國，清廷所採用的辦法都是師法明代。明代的海防著作累積了前人的經驗，具有一定的參考價值，但當中有些已不合時宜，亦有很多問題一直無從解決，清代廣東海防領導者在二百年後，仍然沿用來對付當時的海患。

---

102 李其霖：《見風轉舵：清代前期沿海的水師與戰船》，頁 454。
103〔清〕林君陞：《舟師繩墨》，《續修四庫全書》，第 967 冊（上海：上海古籍出版社，1995），頁 5-13。
104〔清〕曹振鏞等奉敕修：《仁宗睿皇帝實錄》，《清實錄》，第 29 冊，卷 137，嘉慶九年十一月己酉，頁 869-870。

因循明代的防海之道

正如第一章所言，當時的水師極多缺陷，令人才捉襟見肘，自然難以發展出新海防觀念，而地方通志內海防卷的內容就是最佳反映。有清一代，曾經三次編撰《廣東通志》，其中雍正年間郝玉麟（?-1745）所監修的《廣東通志》，第一次出現海防卷，及後道光年間阮元（1764-1849）監修的《廣東通志》都繼承此一做法，並大幅度增加前人言論，解釋海防觀念。在鴉片戰爭前夕，兩廣總督盧坤（1772-1835）因為律勞卑（William John Napier, 1786-1834）事件的發生，深感海防危機迫近，於是組織梁廷楠（1796-1861）等知名學者，編修《廣東海防彙覽》，為後世提供參考，並於道光十八年（1838）出版。三者其實都是引用明人的著作，解釋本朝的海防思想，內容大同小異，強調要阻止海上敵人與內地的聯繫，具體做法就是避免在海上禦敵、注重海岸防守、加強巡邏會哨及加強軍隊訓練。以下即通過比較當中的內容，顯示清代前期至鴉片戰爭時，海防觀念沒有甚麼進步。

無論是郝版《廣東通志》、阮版《廣東通志》以及《廣東海防彙覽》，都認定嚴行洋禁、控制沿海居民，是最好的預防措施（參附錄4），嘉慶朝廣東對付海盜的方法正是一例。當時的海盜招募沿海漁民加入，補充兵源和物資，並從他們身上收集情報，向廣東水師發動襲擊。所以從戰略來看，廣東政府若能有效控制沿海漁民，就可以削弱海盜的補給與後援。而控制沿海漁民的辦法，不外乎實行保甲、澳甲制，限制船隻的大小及攜帶的物品。

當中澳甲制最受重視，因為可以嚴格管制漁民活動。[105] 然而，措施嚴重忽視沿海居民的經濟需求。那彥成日後便感嘆大量沿海居民與海盜貿易，清廷堅信禁令能完全切斷內陸與海上的聯繫，結果自然是適得其反。

在海上出現強敵時，政府不應在海上禦敵。無論是郝版《廣東通志》或阮版《廣東通志》，都引用明人說法，解釋進行海戰所面對的難處（參附錄 5）。他們不約而同指出，在海上作戰要面對諸多困難，天氣變化及地形問題尤為艱鉅。其中《廣東海防彙覽》引用程含章的說法，指海戰必須在風平浪靜時進行，但海岸有暗沙、礁石等地形，危害戰船航行。在寬闊的海洋環境下，海盜更可以隨時退走，水師難以追蹤及完全剿滅敵人。所以清廷不主張在海上禦敵，反而多派哨船打探敵情，並在近岸或內洋打擊反對勢力。嘉慶、道光兩朝總督的對手，不管是海盜或英國，實力都強於廣東水師，故此他們篤信「自古有海防而無海戰」，主力佈置海岸防守，等待適當時機出擊。[106] 反對海上禦敵的想法雖然不無道理，但亦反映清政府的保守心態，不願投入資源研發新船，克服種種自然障礙，寧可長期避免出洋作戰。

其次，為確保海岸安全，規定內陸和海岸部隊必須互相支

---

105 〔清〕郝玉麟：《廣東通志》，第 562 冊，《四庫全書》，（上海：上海古籍出版社，1987），卷 9，〈海防〉，頁 355-356；〔清〕阮元：《廣東通志》，《續修四庫全書》，〈海防略一〉，卷 123，頁 699-700；〔清〕盧坤、鄧廷楨主編，王宏斌等校點：《廣東海防彙覽》，卷 33，〈保甲〉，頁 853。

106 〔清〕郝玉麟：《廣東通志》，〈海防〉，頁 356-357；〔清〕阮元：《廣東通志》，〈海防略一〉，頁 701；〔清〕盧坤、鄧廷楨主編，王宏斌等校點：《廣東海防彙覽》，卷 12，〈通論船政一〉，頁 356。

援（參附錄 6）。郝版和阮版《廣東通志》均引用明代唐順之（1507-1560）的說法，指出陸海聯防的必要，而《廣東海防彙覽》則引述清廷規定，警告各鎮守官，要時刻準備援救被海盜攻擊的地方。這些主張當然合理，廣東省擁有闊長、曲折的海岸線，因為兵力分散，無論在沿線如何設防，仍容易被海盜突破，再闖入內地搶掠。在嘉慶征剿海盜時，程含章亦只能提議增加沿海跑役，加快信息傳遞的速度，強化內陸和海岸部隊的配合，但如何快速集結軍隊應戰，卻沒有清晰的答案。[107]

第三，嚴格執行會哨制度，定時巡查海面（參附錄 7）。三者都強調會哨的重要性，而阮版《廣東通志》及《廣東海防彙覽》更詳細列出會哨路線及日期，以供後人參考。[108] 為免潛在反對勢力壯大，清廷實行巡哨制度，主動尋找海盜，將他們消滅於萌芽時。清政府又規定水師要在指定地點會哨，避免他們敷衍了事。百齡在平定廣東海盜後，對廣東海防的最大補救，就是恢復巡哨制度，將東路拆分為東上和東下兩路，防止海盜再次崛起，卻不能真正解決敷衍巡哨的問題。

第四，注重平時操演，以免臨陣時張皇失措，延誤剿盜機會（參附錄 8）。郝版《廣東通志》、《廣東海防彙覽》，都提及要注意平時操練，而阮版《廣東通志》則未在〈海防略〉中提及，反而

---

107 〔清〕郝玉麟：《廣東通志》，〈海防〉，頁 357；〔清〕阮元：《廣東通志》，《續修四庫全書》，〈海防略一〉，頁 700；〔清〕盧坤、鄧廷楨主編，王宏斌等校點：《廣東海防彙覽》，卷 29，〈軍政二〉，頁 783。

108 〔清〕阮元：《廣東通志》，〈海防略一〉，頁 709-711；〔清〕盧坤、鄧廷楨主編，王宏斌等校點：《廣東海防彙覽》，卷 23、24，〈巡哨一〉、〈巡哨二〉，頁 652-698。

第二章

在〈海防略二〉部份提及所用戰船。《廣東海防彙覽》同樣繼承這種做法,並且在〈操練〉一卷中列舉操練陣式。[109] 然而,水師在征剿海盜期間暴露的問題,嘉慶和道光兩朝的總督及提督都沒有好好檢視,依舊演練舊陣式,無法拉近與英國海軍戰術水平的距離。

「澳門模式」

在應對西方入侵上,嘉慶、道光年間的總督們都將澳門納入防衛系統,但在實際操作上,也只是師法明代,暫停貿易迫令對方退兵。學者霍啟昌稱之為「澳門模式」,指明清兩代都將澳門融入廣東海防體系內,強化海岸防守,而這種模式亦是一種不成文的特殊外貿政策,用以處理對外關係,以外貿經濟價值作為防衛國土的手段。[110] 在明末英國進攻虎門、1808 年澳門危機及林則徐處理英國問題時,廣東省政府都是沿用這一做法。

早在崇禎十年(1637)的虎門危機中,明朝已經使用「澳門模式」來處理中英間第一次衝突。當時,英國繼葡萄牙、西班牙及荷蘭後東來,期望開通與中國的貿易,所以在 1635 年派遣約翰‧韋德爾(John Weddell, 1583-1642)率領船隊來華。由於澳門總督拒絕協助,船隊於是獨自前往珠江,要求中國給予與葡人一樣的待遇,但沒有收到回覆。英軍在 8 月 12 日行動,南頭寨守軍抵抗

---

109 〔清〕阮元:《廣東通志》,〈海防略二〉,卷 124,頁 771-773;〔清〕盧坤、鄧廷楨主編,王宏斌等校點:《廣東海防彙覽》,卷 12-17、22,〈船政一〉、〈船政二〉、〈船政三〉、〈船政四〉、〈船政五〉、〈船政六〉、〈操練〉,頁 339-483、627-651。

110 霍啟昌:〈淺談「澳門模式」與明清港澳地區海防〉,澳門大學社會科學及人文學院中文系中國文化研究中心:《明清廣東海運與海防》(澳門:澳門大學社會科學及人文學院中文系中國文化研究中心,2008),頁 1-8。

半小時後，放棄亞良鞋島炮臺。英國不但拒絕退出虎門的要求，反而要求廣東政府准許貿易。及後，明軍出動火船進攻失敗，炮臺再次被攻佔。明廷最終傳諭澳門葡人，退回英國的貿易投資，釋放被捕者，並代表英人擔保不再重返中國，事件擾攘近半年才結束。[111] 兩廣總督張鏡心在衝突後，總結出應對西方入侵的方法。第一是斷絕接濟，使入侵者坐困澳門，並應該準備火船，隨時發動進攻。其次是以夷制夷，利用澳門的葡萄牙人，制服其他入侵者，因為中國掌握貿易的主動權，只要斷絕貿易，就可以迫令葡萄牙屈服，處理其他入侵者。[112] 在另一份奏疏中，張氏再次強調以夷制夷的重要性，以貿易制服對手，而這正是「澳門模式」的精髓所在，因為他們認為中國掌握商業利益，等於掌控對方的生命泉源。[113]

---

111 萬明：〈明代中英的第一次直接碰撞──來自中、英、葡三方的歷史記述〉，中國社會科學院歷史研究所學刊編委會：《中國社會科學院歷史研究所學刊》，第3集（北京：社會科學文獻出版社，2003），頁421-437。

112 張氏認為：「濠鏡彈丸，紅夷一二艇泊外洋，非能為中國大害。若中國絕接濟，則守可困；備火攻，則戰可勝，粵閩已事不居然在乎」及「澳名屬夷，紅為化外，以法諭澳，以澳拒紅，中國安無事，夷種自為羈縻，亦不治之治」，參〔明〕張鏡心：〈答陶嶺西虎溪崇道〉，〔明〕張鏡心：《雲隱堂文錄》，第3冊（清光緒庚寅〔十六〕年〔1890〕家刊本），卷7，頁19-20。

113 張氏認為：「夫互市之制，不有澳但為夷所厭，原未為漢法所拒，且澳固肘腋之寇也，與紅市則必與澳絕，與澳絕則必將肆螫於紅，而反噬於我，干戈相尋，大亂之道，又安知紅夷今日以得利而為搖尾之憐後，不以失利而語瞋目之難乎？臣固有以知其皆不可也。夫紅之離志於澳，已成矛盾，澳安則紅安，紅安則中國安，計莫若以漢禦澳，以澳禦紅。仍市之舊，還澳之嘗，而後夷與奸之局破，與奸之局破而後紅與澳之局亦破」，參〈兵部題「失名會同兩廣總督張鏡心題」殘稿〉，國立中央研究院歷史語言研究所編輯：《明清史料》，乙編，第8冊（上海：商務印書館，1936），頁756。

清代廣東海防亦採用「澳門模式」應付西方入侵。在 1808 年的澳門危機中，吳熊光除了調兵遣將外，亦以斷絕接濟的做法，迫使英國人退兵。他在初時只是封鎖澳門，暫停柴米供應，後來再將禁令擴展，禁止買辦為貨船提供食物，並停止貿易。[114] 三十年後，林則徐處理鴉片危機時，仍然使用相同手法，下令澳門的葡人驅逐英人，否則停止貿易，做法與以前沒有分別。[115]

無論是防海之道或應付對外關係的手段，清代前期的觀念與做法，都沒有大發展。鴉片戰爭前夕的廣東水師提督關天培就是最佳例子，他在《籌海初集》的序中說道：

> 守備為本，以逸待勞，以靜制動，嚴防出入，禁絕內奸。震之以威則懼而逸，示之以怯則驕而聚，⋯⋯然必寓經營於鎮靜之中，慮禍患於未萌之日，此備禦之所以不可刻緩者也。[116]

---

114 〔清〕吳熊光：〈奏為夷兵尚未退出澳門遵旨用兵驅逐未即攻剿情形〉，《宮中檔嘉慶朝奏摺》，嘉慶十三年十月（下）冊，第 21 輯，嘉慶十三年十月二十七日，頁 630 下 -631 下。

115 林則徐指：「蓋馭夷不外操縱二端，而操縱只在貿易一事，夷性靡常，不得不以此為把握。自責令西夷驅逐英夷之後，義律已即出澳，而尚有英夷堅厘、臣擔二名逾期未去。臣等當將西夷貿易示諭暫停，一俟英夷全逐出境，仍即照常通市。緣西洋夷人在澳內者，有天朝聲威可恃，而其出洋之船一至夷界，則畏英夷之強，顧後瞻前，情所難免。臣等責其容留英夷，停其澳中貿易，則西夷有詞可有借，而英夷遂無地可容。迨其逐去而貿易復開，仍無損西夷生計」，參〔清〕林則徐：〈責令澳門葡人驅逐英人情形片〉，《林則徐全集》，第 3 冊，道光二十年二月初四日，頁 289-290。

116 〔清〕關天培：《籌海初集》，頁 13-15。

其實這就是嚴守海岸、斷絕對方物資供應的戰略，關天培的海防觀念較前代差別不大。

本章總結

清廷設下各種規矩，防止地方坐大，但也令廣東海防只能使用有限資源，在極長的海岸線上設防和承襲前朝觀念。

由於財權備受限制，海防獲得資源的有限，清廷在地形複雜的海岸，只能建立保守、被動的海防設施。在保守海防的格局下，清廷堅持「重防其出」的方針，從削弱對方的角度出發，設計廣東海防，防止潛在反對勢力崛起。[117] 在兵力分佈上，由於廣東海岸線極長，要設防的地方極多，清廷承襲明代三路海防做法，於沿岸重要地區修築炮臺，建立營汛，駐軍防守，盡力保衛海岸，但又導致守軍處於被動，力量過於分散。所以清廷實行多項政策，設法削弱海上的敵人，如定時派遣水師巡查海面，主動攻擊海盜，又於沿海實行澳甲制，限制船隻大小及出洋攜帶的物資，截斷反對勢力的物資供應。但漁民的經濟需求卻被忽略，不能真正禁止海盜活動。在一系列規定下，清廷便可以如李其霖所指，無須大幅度增加海防開支。但換來的代價卻是水師的武器、戰船與戰術，進步幅度有限，亦難以應付大型叛亂。

---

117 王宏斌：《清代前期海防：思想與制度》，頁 29-33；陶道強亦指廣東海防是以禁、防為主，參陶道強：〈清代前期廣東海防研究〉，頁 6、8-9。

另一方面，欠缺完善的培訓制度，廣東海防不但缺乏水師人才，亦發展不出新的海防觀念，總是強調嚴守海岸、截斷物資供應的方法。從大型地方志中有關海防部份的內容來看，後修者全盤吸收前作的海防思想，強調切斷海陸聯繫、反對海上禦敵、注重海岸防守、加強巡邏會哨及操演。在應對西方入侵上，總督們都使用「澳門模式」，即是暫停商業貿易，迫令對方退兵，清政府始終沒有發展出新方法，處理海防問題。

第三章

二十年對抗海盜的慘痛經歷

十八、十九世紀之交，我國東南海域風起雲湧，步入中國海盜史上的第三次高潮。[1] 其實，廣東海盜規模本來有限，經常是旋起旋滅，乾隆帝曾經在 1793 年得意洋洋地説道：

> 廣東海疆現無緊要事件，其海洋盜匪節經福康安搜
> 拿整頓，漸已斂迹。[2]

但海盜在嘉慶年間大規模進犯，廣東海防幾乎全面淪陷，更打出「紅旗飄飄，好漢任招，海外天子，不怕天朝」的口號，與清廷分庭抗禮，迫得兩廣總督那彥成不得不在奏章中，承認「粵東之患，莫大於洋盜」。[3] 海盜本來難以依靠自身力量崛起，然而越南的內亂給予他們機會，西山政權在 1802 年覆亡，海盜失去強大後援，唯有重返故鄉，並在 1805 年組成大聯盟，肆虐廣東海洋。[4] 廣東海防的種種弱點，在二十多年的海上戰鬥之中完全暴露。更令人嘆惋的是，海盜之禍稍歇後，廣東海防領導沒有，也許沒能積極經營海防。至英國海軍在鴉片戰爭壓境時，廣東水師又再以對抗海盜尚且無功的艦隊和戰術對應。

---

1 Antony, *Like Froth Floating on the Sea: The World of Pirates and Seafarers in Late Imperial South China*, Berkeley, Calif.: Institute of East Asian Studies, 2003, pp. 19-53.
2 〔清〕慶桂等奉敕修：《高宗純皇帝實錄》，《清實錄》，第 27 冊，卷 1434，乾隆五十八年八月辛未，頁 172。
3 〔清〕那彥成：《那文毅公兩廣總督奏議》，第 203 冊，嘉慶十年八月初十日，卷 12，頁 1616。
4 Murray, *Pirates of the South China Coast, 1790-1810*, Stanford, Calif.: Stanford University Press, 1987, p. 9.

面對強大的海盜，廣東的海防形勢非常被動，只能用非軍事手段平定這場叛亂。整場戰爭中，清廷都堅持嚴守海岸的戰略，斷絕物資供應，破壞海盜日常運作，再出師征剿或招撫分化，從而擊敗遠較自己強大的對手。嘉慶朝廣東海防的政策，因為皇帝的態度變化，經歷一次大循環。那彥成在上任初期，先加強海岸防守，重新組裝水師，意圖一舉殲滅海盜，但對方人數眾多，無法全部消滅，唯有推行招撫政策，率先瓦解東路海盜。不料，招撫被巡撫孫玉庭批評是濫賞，獲嘉慶帝認同，並撤換那彥成，更下令以後不可以再招撫。繼任的吳熊光雖然獲得浙江、福建兩省水師南下支援，卻要按指令先捕獲蔡牽，忽略了本地海盜的興起，結果水師屢次被擊敗。最後上任的百齡，面對如日中天的海盜，更實行全省封港，導致海盜大規模內犯。然而，海盜在這時發生分裂，百齡在得到嘉慶帝同意後，先後招降較強的黑、紅旗幫，消滅殘餘的海盜勢力，終於平定為患近二十年的廣東海盜。

第 1 節　嘉慶朝海盜崛興的原因及其實力

西山政權的援助

在清廷各種措施下，廣東海盜原本沒有壯大的機會，但清廷未料到越南的亂事竟然造就廣東海盜崛起。1771 年，越南後黎朝（1428-1789）衰微，阮文岳（?-1793）、阮文侶（1787-?）、阮文惠（1753-1792）三兄弟於西山邑發難，連取歸仁、富安，並於迪

美－羨墨戰役擊敗後黎朝官軍。1786年，西山軍攻克昇龍府（河內），立黎愍帝（黎維祁，1765-1793；1786-1789在位），但阮氏兄弟發生內訌，黎愍帝向清廷請援。乾隆五十三年（1788），兩廣總督孫士毅（1720-1796）率軍進入越南，卻大敗於市球江，提督許世亨（?-1789）、總兵李化龍（?-1789）陣亡，清軍退返鎮南關，無奈之下，清廷唯有承認西山政權。[5]然而，西山政權未能真正統一全國，南方的阮福映（1762-1820）攻取嘉定後反攻中北部，終於在1802年統一全國建立阮朝（1802-1945）。[6]

在連番作戰下，西山政權出現財政困難，於是在中國東南方招募漁民打劫中國沿海，順道將他們編入海軍。[7]西山政權為海盜提供以下援助，首先是收編海盜並授以官爵，著名的海盜首領陳添保被擄劫入夥時，便受封「保才侯統善艚道各支都督」，及後鄭七（1760-1802）、烏石二（1765-1810）、莫觀扶（?-1801）、梁文庚等人亦加入。其次是提供軍事武器，幫助海盜對抗清廷水師。嘉慶十二年（1807），錢夢虎出洋追捕海盜，發現繳獲的

5　趙爾巽等撰：《清史稿》，第12冊，卷330，〈孫士毅傳〉，頁10926；王鍾翰點校：《清史列傳》，第7冊（北京：中華書局，1987），卷26，〈孫士毅傳〉，頁2010-2012。

6　越南社會科學委員會編、北京大學東語系越南語教研室譯：《越南歷史》（北京：北京人民出版社，1977），頁367-439；郭振鐸、張笑梅主編：《越南通史》（北京：中國人民大學出版社，2001），頁508-537。

7　〔清〕魏源：《聖武記》，《近代中國史料叢刊》，第102冊（台北：文海出版社，1967），〈嘉慶東南靖海記〉，卷8，頁662；據《大南寔錄》記載：「西賊阮文惠結齊桅海匪船四十艘，令沿從康順以內海渚擾掠居民」，參〔越〕阮朝國史館：《大南寔錄》，第2冊（東京：慶應義塾大學語學研究所；橫濱：有隣堂，1961），卷6，頁93。

5,000 及 2,000 斤大炮是從越南得來。[8] 最後又提供避風港，當中江坪更成為海盜的主要基地。[9] 這三種援助令海盜變得有號召力，吸納更多漁民，又有武器對抗水師和後援基地休養生息，戰力不斷增強。

有利海盜發展的各方面因素

當然，除了西山政權的協助，尚有許多因素造就廣東海盜興起。從自然環境來看，廣東坐擁全國最長的海岸線，[10] 外形迂迴曲折、支離破碎，當中黃埔、湛江、汕頭、香港、澳門、廣州灣等地環境優良，屬於「華南式海岸」，是世界三大優良港灣之一，非常適合登陸作戰。[11] 廣東省獨特的海岸環境為軍事防務帶來極大困難，程含章就指出：

> 顧不講乎守之道，瀕海四千餘里，可勝守乎？擇地而守之，則顧此失彼，逐段而守之，則備多力分，兵家所忌，恐非萬全之計。[12]

8　〔清〕曹振鏞等奉敕修：《仁宗睿皇帝實錄》，《清實錄》，第 30 冊，卷 189，嘉慶十二年十二月己巳，頁 495。
9　兩廣總督倭什布（?-1810）分析：「盜賊有經年之糧，歸有消贓窩頓之所……其自安南駕船而來也，一由白龍尾而入廉雷各洋面，緣白龍尾附近江坪，江坪其消贓之所也。一由順化港而入瓊州洋面，緣順化港為安南富春門戶，富春其國都也……及其飽掠而歸，仍由原船駛入江坪富春」，參〔清〕倭什布：〈籌辦洋匪疏〉，《皇朝經世文編》，第 713 冊，卷 85，頁 3056。
10　劉琦、魏沛泉：《廣東省地理》，頁 1。
11　曾昭璇、黃偉峰主編：《廣東自然地理》（廣州：廣東人民出版社，2001），頁 4。
12　〔清〕程含章：〈上百大司馬籌辦海匪書〉，卷 6，頁 576。

沿線設防會導致兵力分散，重點防守則可能顧此失彼，無論採用哪一種佈防模式，都無法確保防線萬無一失。何況，廣東水道縱橫交錯，方便盜匪匿藏，亦為海盜提供理想的發展環境。

廣東的經濟發展不均衡，大量漁民下海為盜，是海盜壯大的另一原因。乾隆、嘉慶和道光三朝，中國在生產技術和自然資源有限的情況下，人口增長已達到了飽和點。清廷自從平定三藩之亂及消滅明鄭後，中國內部大致昇平，人口數量急增。順治十八年（1661），廣東省大約有 1,000,771 人，至乾隆三十二年（1767）已升至 6,937,747 人。人口密度亦由 4.29 人／平方公里，增至 29.74 人／平方公里。[13] 而廣東省因為接納不少移民，所以人口增長率在 1761-1850 年間遠高於其他省份。[14] 更不幸的是，清代廣東早就出現缺糧，在龐大的人口壓力下，糧食供應更為緊張。[15] 貧苦人民不是遷徙，就是投身盜賊，造成社會混亂。漁業雖然是廣東經濟生產的重要方式，但不能每個季節都進行，而且漁民經常被

---

13 就廣東一省而言，人口激增主因有三。一為生產力及耕作技術提高，如珠江三角洲普遍實行桑基魚塘的綜合性經營，既保持生態環境，又充份利用土地及生物資源。其次，清廷於乾隆年間實行保甲制，編造《煙戶冊》，加強控制人口。其三，廣東最早實行「攤丁入畝」政策，起鼓勵生育作用。參梁仲方編：《中國歷代戶口、田地、田賦統計》（上海：上海人民出版社，1980），頁 272；李龍潛：《明清廣東社會經濟研究》（上海：上海古籍出版社，2006），頁 264-267。

14 全漢昇、王業鍵：〈清代的人口變動〉，中央研究院歷史語言研究所：《中央研究院歷史語言研究所集刊》，第 32 本（台北：中央研究院歷史語言研究所，1961），頁 139-180。

15 譚棣華：〈試論清朝廣東的缺糧問題〉，譚棣華：《廣東歷史問題論文集》（台北：稻禾出版社，1993），頁 275-306。

炮臺弁兵勒索，生活非常艱苦，促使他們投身海盜。[16] 另一方面，廣東自明代起迅速發展，為福建輸送米糧，福建則經廣州出口茶葉，而海路運輸正是重要途徑。[17] 作為海上絲綢之路的起點，廣東貿易發展非常蓬勃，自然吸引海盜垂涎海上財富。[18] 在經濟不景氣時，漁民難免會投身海盜經營副業，加速海盜的發展。

美國學者穆黛安（Dian H. Murray）指出，漁民特別容易加入海盜。由於廣東土地、商業大多被本地人控制，迫使客家人、福佬遷移到邊緣地區靠海生活，漁民則長期流居於海上，家庭成員數目有限，沒有大血緣組織依附，難以對某地產生感情依戀。他們在社會上被歧視，與知識界缺乏聯繫，令政府難以協助。而捕魚活動受季節限制，漁民在經濟困難時唯有借貸度日，容易陷入長期負債的窘境，必須投身海盜經營副業，難怪穆氏會以「水上世界」形容當時的環境。[19] 而在嘉慶五至十年（1800-1805）間，廣

---

16 兩廣總督吉慶（?-1802）曾言：「從前濱海州縣，往往借給船照陋規；而炮台弁兵及海口巡檢，復以稽查驗照為名，到處勒取規銀；運鹽船隻，硬要魚蝦。擾累多端，以致窮苴所得漁價，除應付規費外，所剩無多，不足以供養活，不免飢寒，遂起盜心，竟有出海為盜」，參〔清〕盧坤、鄧廷楨主編，王宏斌等校點：《廣東海防彙覽》，卷 29，〈軍政二〉，頁 779。

17 徐曉望：〈明清廣東與福建的區域經濟活動〉，澳門大學社會科學及人文學院中文系中國文化研究中心：《明清廣東海運與海防》，頁 227-242。

18 吳建華：〈海上絲綢之路與粵洋西路之海盜〉，《湛江師範學院學報》2002 年第 2 期，頁 24-28。

19 Murray, *Pirates of the South China Coast, 1790-1810*, pp. 12-17；有關沿海經濟生態美國學者安樂博亦有精彩論述，參 Robert J. Antony, *Like Froth Floating on the Sea: The World of Pirates and Seafarers in Late Imperial South China*, pp. 54-105；有關廣東海盜與經濟之關係，請參曾小全：〈清代嘉慶時期的海盜與廣東沿海社會〉，《史林》2004 年第 2 期，頁 57-59。

東會黨更復興並與海盜合作，[20] 例如陸豐縣的李崇玉，與海盜朱濆（1749-1808）勾結，藉保護海港村莊，勒索沿海居民。此外，海盜又聯絡土豪，向各商港代收贖金。[21]

最後，廣東水師的腐化，亦為海盜崛起提供便利，兩者的消長顯而易見。當時廣東水師的武備和作戰態度，都急速敗壞。首先，水師戰船經常滲水，例如提督孫全謀在嘉慶八年（1803）追剿海盜的過程中，帶領戰船 58 艘出戰，但部份船隻因航行日久出現滲漏，最終只有 39 艘船能參與作戰。其次，部份水師刻意迴避作戰，未有盡力對抗海盜。嘉慶九年（1804），海盜劫掠外海村，搶奪石獅炮臺，外委楊耀竟然率先逃跑，放棄炮臺。[22] 更可怕的是，在搜捕海盜的過程中，竟然發現水師出租過山鳥槍、噴筒、火藥等軍事武器、物資給他們。[23] 海盜又在省城開設賭局二百餘處，名為「番攤館」，吸引官兵娛樂，甚至賄賂各衙門的吏役，務求掌握水師出征的時間，令軍事行動失去保密性。[24] 但從另一方面觀察，

---

20 雷冬文：《近代廣東會黨：關於其在近代廣東社會變遷中的作用》（廣州：暨南大學出版社，2004），頁 16；又參秦寶琦：《中國地下社會》（北京：學苑出版社，2009），第 1 卷，頁 537。

21 〔清〕那彥成：《那文毅公兩廣總督奏議》，嘉慶十年五月二十日，卷 14，頁 1881；〔清〕曹振鏞等奉敕修：《仁宗睿皇帝實錄》，《清實錄》，第 30 冊，卷 164，嘉慶十一年七月癸丑，頁 126。

22 〔清〕曹振鏞等奉敕修：《仁宗睿皇帝實錄》，《清實錄》，第 29 冊，卷 129、130，嘉慶九年五月庚子、六月己卯，頁 743-744、764。

23 〔清〕盧坤、鄧廷楨主編，王宏斌等校點：《廣東海防彙覽》，卷 29，〈軍政二〉，頁 776。

24 〔清〕曹振鏞等奉敕修：《仁宗睿皇帝實錄》，《清實錄》，第 29 冊，卷 142，嘉慶十年四月壬戌，頁 940-941。

水師即使沒有上述行為，也不過是一支海岸巡邏隊，與身經百戰的海盜接戰，亦不可能有多大勝算。

組成海盜聯盟

乾隆五十四年至嘉慶七年（1789-1802），海盜經常穿梭於越南與廣東間，尚未對廣東海防造成極大威脅。此時，部份重要首領如鄭七、烏石二相繼加入，活動範圍集中在西路。清廷要求越南助剿，西山政權亦出動軍隊攻擊，並將海盜、船隻、武器移送清廷處理，但未能打擊主要的海盜。嘉慶元年（1796），廣東實行分路巡洋，兩廣總督吉慶（?-1802）起用林國良、黃標、錢夢虎、魏大斌、許廷桂分別巡防東、中、西三路，再以提督孫全謀指揮，當中堪稱為「全粵保障」的黃標是較可靠的水師將領。[25] 與此同時，西山軍於內戰接連失利，部份重要海盜如陳添保於嘉慶六年（1801）投降，一度令海防形勢有所改善。[26]

然而，海盜活動並未平息，更由低谷回復，成為廣東海防的大患。嘉慶七年，西山政權的滅亡，令海盜失去後援，首起的廣東海盜亦逐漸滅亡。鄭七於安南港被擊斃，莫官扶、樊文才、梁文庚均被安南俘獲，送交清廷處理。[27] 但鄭一繼起領導後，使海盜

---

25 趙爾巽等撰：《清史稿》，第 37 冊，卷 117，〈黃標傳〉，頁 11261-11262。

26 〔清〕曹振鏞等奉敕修：《仁宗睿皇帝實錄》，《清實錄》，第 29 冊，卷 90，嘉慶六年十一月丁亥，頁 199-200。

27 〈刑部「為行在刑部寄到兩廣總督覺羅吉慶等奏」移會〉，中央研究院歷史語言研究所編：《明清史料庚編》，第 3 本（台北：中央研究院歷史語言研究所，1960），頁 212。

第三章

形勢轉危為安。[28] 鑑於失去越南的支援，鄭一重返廣東海洋，經過短暫內戰後，至嘉慶十年（1805）訂立合約，組成海盜大聯盟。鄭文顯（一）（1765-1807）、麥有金（烏石二）、吳知清、李尚清（金石養）、鄭流唐（鄭老童）、郭學顯（郭婆帶）及梁寶（總兵寶）七人協定：

> 為會同眾議，以肅令公事。竊聞令不嚴不足以儆眾，弊不革不足以通商，今我等合眾出單，誠為美舉。然必始末清佳，方能遞遍取信，凡我各支快艇，良惡不齊，奸強各異，苟非約束有方，勢必抗行弗願。茲議後開款條，各宜遵守，矢志如一，無論權勢高底，總以不阿為尚。倘有持強不恤、抗行例約者，合眾究辦。今恐無憑，立合約七紙，每頭船各執一張為照。

聯盟確定了各幫派勢力的權限及交易程序，雖然組織實際鬆散，但入盟者可以靈活調節人數、規模，有利海盜發展。[29] 及後，鄭流唐歸降清廷，所以海盜只分為六大股，鄭一、郭婆帶和梁寶佔據中路，烏石二、蝦蟆養和東海伯則盤據西路。而在廣東東路，尚

---

28 鄭一名文顯，出身海盜世家，先世為鄭成功部將鄭建，因未及遷台退入廣東大鵬，後代鄭連昌為新安海盜，據鯉魚門惡魔山，參許劍冰：〈獅子嶺與清初香港九龍新界之遷海與復界〉，羅香林：《一八四二年以前之香港及其對外交通》（香港：中國學社，1959），頁 138-141。

29 葉志如整理：〈乾嘉年間廣東海上武裝活動概述——兼評麥有金等七幫的《公立約單》〉，《歷史檔案》1989 年第 3 期，頁 98；Murray, *Pirates of the South China Coast, 1790-1810*, pp. 57-60.

有朱濆（1749-1808）、林亞發、鄭亞鹿、黃正嵩、袁亞明及潮州六幫，但與大聯盟沒有合作關係。[30]

在六大股海盜中，以鄭一掌領的紅旗幫實力最強，其妻石氏（1775-1844）是粵東名妓，並與藍旗幫麥有金合作，倡導海盜大聯合。麥有金，海康烏石鄉人，兄弟有貴、芝吉都是海盜，接受西山軍官爵，俘擄生員黃康為謀士，代為撰寫勒索財物的告單。因為麥氏願意出高價收購，高、廉、雷、瓊四府的沿海居民，都樂於進行交易。吳知清，又號東海八、東海伯、東海霸，為黃旗幫幫主，旗下有李宗潮。李尚清，又稱金石養、蝦蟆養，掌管青旗幫。郭婆帶原為番禺漁家子，年少時被鄭一俘擄，由於全家都成為人質，所以被迫加入海盜，在鄭一死後自成一股，領導黑旗幫，旗下有馮用發、張日高、郭就喜，有戰船百餘艘，每艘船有70-100人。梁寶掌白旗幫，又稱總兵寶，後來被許廷桂所敗，其子亞康率領餘部投靠張保（1786-1822）。當時的海盜以瀾州、硇州為基地，二地孤懸海外，人跡罕至，方便聚集物資修理船隻（參圖19）。[31]

30 陳啟漢：〈清中葉粵海烽煙〉，《明清廣東海運與海防》，頁 307。

31 〔清〕朱程萬：〈記己巳平寇事〉，吳道鎔撰、張學華增補、李棪改編：《廣東文徵》，第 5 冊（香港：中文大學出版社，1973），頁 336-337；〔清〕袁永綸，蕭國健、卜永堅箋注：《靖海氛記》，頁 9-10；劉佐泉：〈清代嘉慶年間「雷州海盜」初探〉，《湛江師範學院學報（社會科學版）》1999 年第 2 期，頁 26-28；〔清〕鄭夢玉等修：《南海縣志》（台北：成文出版社，1967），卷 25，〈雜錄上〉，頁 427。

第三章

圖 19：海盜基地位置圖

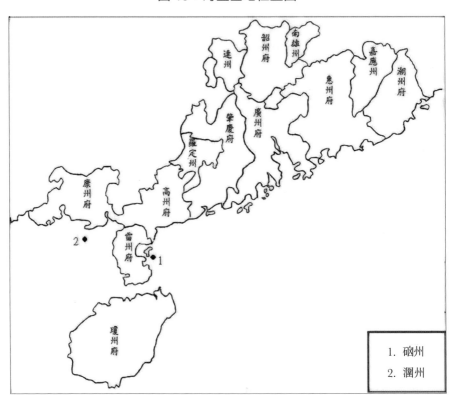

韶州府
南雄州
連州
嘉應州
潮州府
惠州府
肇慶府
廣州府
羅定州
廣州府
高州府
雷州府
● 1
2 ●
瓊州府

1. 硇州
2. 潿州

張保崛起

嘉慶十二年，海盜發展更上一層樓。因為鄭一遇上颱風身亡，妻子鄭石氏繼起領軍。鄭石氏，世稱鄭一嫂，頗知事理，特別提拔新秀張保為輔。張保，世稱張保仔，新會江門人，十五歲時被擄，鄭一因其聰明、有口才和俊朗而「嬖之」，因此在海盜中快速晉升。鄭一死後，其姪兒安邦懦弱，張保地位日益重要，他對鄭一嫂亦非常忠誠，每事都稟命而後行，據說兩人只是名義上的主僕，實則上卻有不可告人的關係。張保定下三條規矩，維持海盜軍的紀律。第一不准私自上岸，第二不准私自保留搶奪物資，所獲物資兩成歸搶奪者，八成收入公庫。第三，不許姦污擄掠得來的婦女，全部要隔艙分住。因為張保紀律嚴明，沿海居民均樂於進行交易，提供所需物資，海盜又以兩倍價錢收購火藥和糧食。張保雖然是後起之秀，但統領實力最強的紅旗幫，手下包括蕭稽蘭（香山二）、梁皮保、蕭步鰲等猛將，成為新一代海上霸主。[32]

海盜的組織與武裝

經過西山政權的指導及長時間戰鬥後，廣東海盜已發展出一套完善的組織。他們分為六大部，幫主在旗內擁有自主權，部下稱為大老闆，又被清廷稱為總盜首。其行動大多以「股」進行，由大頭目管轄，統領船隻 30-40 艘。戰船上人員分工亦非常明確，

---

32 〔清〕朱程萬：〈記己巳平寇事〉，頁 336；〔清〕袁永綸，蕭國健、卜永堅箋注：《靖海氛記》，頁 10、16。

第三章

甚至制定了指揮官陣亡後的安排。每艘船都會設立一個「頭目」，負責戰鬥指揮，如果頭目陣亡，通常會以其中一位炮手代替，此外還有「先鋒頭目」、「副頭目」，負責其他任務。船內尚有「舵工」負責駕駛船隻，再有 3-4 名「火長」、2-4 名炮手，並有負責拋錨、祭拜的人，又有「司筆墨」的隨庫，其餘人負責升篷降帆、搖櫓划槳。[33] 由此可見，海盜已不再是以往的烏合之眾，而是一支專業部隊，日後屢屢戰勝水師並不是偶然。

在武器裝備上，海盜更勝廣東水師。海盜的戰船大多是搶掠得來，再加以改裝。例如張保的旗艦「鵬發」號，原本是一艘大商船，在越南東京裝貨返回途中被俘，經過改裝後，僅一面甲板便安裝火炮 38 門，清廷甚至形容海盜得到這艘船後，更是「所向無前」。除了商船外，海盜亦喜歡搶奪米艇，因為它方便快捷、艙面寬大。據在 1806 年被俘的英國人端拿（Turner）估計，當時海盜有 25,000 人，船隻達 500-600 艘，大多重 75 至 200 噸之間。至 1809-1810 年，另一名英國俘虜格拉斯普爾（Richard Glasspoole, 1788-1846）估計，海盜已有 70,000 人，800 艘大船、1,000 艘小船。戰船經海盜改造後，兩側佈置漁網和牛皮，阻止對方攀爬及長矛攻擊。較大的海盜船更有 25 門火炮，火炮都安裝在臺架上而沒有車輪，也沒有後膛的拉索及滑車。炮口全部橫向兩側，不會放置

---

33 〔清〕那彥成：《那文毅公兩廣總督奏議》，嘉慶十年九月三十日、十月初二日，卷 13，頁 1717、1733、1741-1742；〔清〕袁永綸，蕭國健、卜永堅箋注：《靖海氛記》，頁 10；Murray, *Pirates of the South China Coast, 1790-1810*, pp. 60-61.

於船前或船後。進行攻擊時，必須轉動船隻，讓炮口對準目標，兩舷火炮全部發射後，船隻會暫時撤退，重新裝炮作戰。每艘船後又拖帶小船 1 艘，可以容納 18-30 人，安裝 6 至 8 門小炮，預備在夜間進襲不肯就範的村莊。海上作戰最重要的武器是火器，除了有西山政權提供外，海盜亦搶掠沿海炮臺，或向沿海土豪購買私鑄火炮。所以每部海盜都擁有數量非常可觀的武器，單是紅旗幫旗下的黃正嵩一部，便有開波、拖風、流繪大小船隻 36 艘，20 門 600-3,000 斤鐵炮、30 門 60-500 斤柴炮、141 門大小百子炮、13 門斑鳩炮，鳥槍、鈎鐮、藤牌、長短刀共 1,270 餘件。[34] 從兩位英國俘虜的記載看來，海盜相對水師，不只在人數上佔優勢，武器裝備亦同樣如是。他們的戰船經過精心改裝，既能防備水師攻擊，也可以在不同環境作戰。

海盜的優勢

海盜通過多次戰爭的洗禮後，已成長為一股強大的武裝力量，遠非平時負責巡哨的廣東水師可比。第一，海盜的戰船量遙遙領先，容易集結成大艦隊，而廣東水師分別駐防各地，往往只能以

---

34 嘉慶十二年，兩廣總督吳熊光上奏，在盜船上發現「一千斤以下炮位內有鐫嘉慶年份製造字樣」，參〔清〕曹振鏞等奉敕修：《仁宗睿皇帝實錄》，《清實錄》，第 30 冊，卷 189，嘉慶十二年十二月己巳，頁 495；〔清〕袁永綸，蕭國健、卜永堅箋注：《靖海氛記》，頁 11；嘉慶十年，廣東巡撫孫玉庭，查得海陽縣楊咱吃、陳阿斗及澄海縣林泮、林五均私鑄火炮，並供應海盜使用。參〔清〕那彥成：《那文毅公兩廣總督奏議》，嘉慶十年六月二十六日、十一月二十八日，卷 12、13，頁 1501-1517、1783；Murray, *Pirates of the South China Coast, 1790-1810,* p. 94；*The Chinese Repository* (Boston, Mass.: Elibron Classics, 2005), Vol. III, pp. 70, 82.

數十艘戰船出戰，對陣過百艘海盜船隻，數量大幅落後。第二，海盜的兵員配置、火炮及戰船都較優勝。接舷是當時最主要的戰術，海盜大船配置 120 人、中船 80-90 人、小船亦有 60-70 人。但水師的大、中、小戰船，分別只配置 60-70、50、49 人。而且，船上需要 6-7 人掌舵，8-9 人管頭篷，10 餘人管大篷，3 人操作每門火炮（各船配炮多則 17-18 位，少亦 12-13 位），令士兵無法兼用火罐、藤牌、鳥槍等武器，過船攻擊人數不足，反而被海盜乘虛進攻。此外，海盜使用的火炮、戰船，都較水師的重型及大，自然在戰場上佔優。[35] 第三，海盜的指揮能力極強，特別是張保經常使用誘敵、突襲戰術，令水師防不勝防，麾下猛將梁皮保更被郭婆帶譽為「勇冠海上」，能夠在數丈距離內躍上敵船。相反，廣東提督孫全謀多次在關鍵時刻指揮失誤，失去擊敗海盜的黃金機會。另一方面，海盜可以在廣東省闊長的海岸線上，自由地選擇出擊地點，突然上岸搶掠物資，然後迅速撤退，掌握了戰爭主導權。

海盜集團既有出色領導、良好組織，部隊又有豐富的戰鬥經驗，戰力早已在廣東水師之上。而且他們有內地接濟，物資供應源源不絕，掌握戰爭主動權，令嘉慶朝的廣東水師難以匹敵。

---

35 署任封川縣知縣的程含章，向百齡的建議中，就提出廣東水師的兵員配置、武器不及海盜，應該學習對手製造武器。參〔清〕程含章：〈上百大司馬籌辦海匪書〉，頁 577-579；當時的廣東提督孫全謀指：「賊勢之鴟張，由於我兵之不集。賊徒眾，我兵寡；我舟小，賊舟大；彼以合隊而聚，我以分統而散。眾寡殊形，強弱異勢。以故近日交鋒，師徒不捷」。參〔清〕袁永綸，蕭國健、卜永堅箋注：《靖海氛記》（香港：華南研究會華南研究資料室，2007），頁 15。

第 2 節　勉力而為　謹慎出戰 (1804 年 12 月－1805 年 9 月)

　　1804 年 12 月，那彥成出任兩廣總督，原想大規模征剿海盜，但由於雙方實力有明顯差距，所以實行謹慎出戰的策略，成功攻破海盜的廣州灣基地。那彥成出任兩廣總督前，曾經以欽差大臣的身份往陝西督軍，卻因為決策失誤被降職。[36] 但他仍然得到嘉慶帝的信任，肩負起重新整頓軍備，緝捕海盜和會黨的重任。[37] 那彥成首先專注整頓沿海防務及水師，當時廣東海防軍備不足，未有足夠條件發動攻擊，所以他首先重組水師，強化內地防守，彌補水師戰力不足的問題，最後才集中兵力，進攻海盜根據地廣州灣。

重整水師武裝

　　當時廣東水師缺乏足夠的戰船、火炮，那彥成試圖建造新戰船，放寬製造火炮的規定，增加武器裝備數量，但與海盜的力量差距仍然懸殊。由於廣東水師只剩下 87 艘米艇可以出戰，所以那彥成決定再建造 33 艘，並要求船廠設法修復損壞的米艇。[38] 然而，

36　那彥成雖然在五郎、攏山擊敗冉學勝，但其後沒有南下追擊餘黨高天升、馬學禮，令叛軍入川後勢力大振。參趙爾巽等撰：《清史稿》，第 38 冊，卷 367，〈那彥成傳〉，頁 11458-11460；王鍾翰點校：《清史列傳》，第 9 冊，卷 33，〈那彥成傳〉，頁 2525-2537；〔清〕李桓輯：《國朝耆獻類徵初編》，第 21 冊，卷 107，〈那彥成傳〉，頁 147325-147352。

37　〔清〕曹振鏞等奉敕修：《仁宗睿皇帝實錄》，《清實錄》，第 29 冊，卷 137，嘉慶九年十一月己酉，頁 868-870。

38　乾隆末年，布政使吳俊曾建造米艇 93 艘，經多年征戰後只剩下 83 艘，當中 26 艘受不同程度損傷，僅餘 57 艘可用。那彥成的前任總督倭什布再增建 30 艘，合計 87 艘。參〔清〕吳俊：〈請建米艇狀〉，《皇朝經世文編》，第 713 冊，卷 85，頁 3074-3075；〔清〕那彥成撰、容安輯：《那文毅公（彥成）兩廣總督奏議》，第 203 冊，卷 10、11，嘉慶十年二月二十四日、二月二十一日，頁 1255、1435-1436。

第三章

水師有各種任務，120艘米艇不能同時出戰，實力仍然遠遠落後於海盜。另外，由於與海盜衝突頻繁，無論是戰船、沿海炮臺都需要大量火炮、火藥。然而，清廷對火炮、火藥的製造有嚴格規定，火炮在損壞後，不能即時修理或更換。因此，那氏放寬有關規定，在部隊報告後，即時更換受損、時間久遠及不合規格的火炮。他又主張大量鑄造火炮，平時儲備於省局，準備隨時替換。[39] 放寬製造火炮、火藥的規定，讓廣東水師獲得更充足的補給，無疑是有針對性。但新鑄造的大炮都在3,000斤或以下，面對海盜4,000-5,000斤的火炮時，仍然處於下風。另外，海盜的火罐、噴筒都較優勝，難怪當時有意見認為，水師應該學習海盜的武器製造。[40]

嘉慶十年初，那彥成分派水師繼續三路巡防。當時海盜集中於東西兩路活動，烏石二率領80-90艘盜船，竄擾瓊南一帶；鄭一帶領盜船60-70艘，活動於惠潮一帶；朱濆亦有盜船40-50艘，游弋於閩、粵交界。那彥成在中路安排43艘米艇巡邏。在東路安排21艘米艇、14艘貨船、料船巡邏，西路則只有10餘艘米艇巡防。[41] 從當時局勢來看，那彥成的巡防策略偏向保守，在形勢稍緩

---

39 那彥成要求鑄造170門生鐵大炮，包括3,000斤需要10門，2,000、1,500、1,200斤各20門，1,000斤大炮30門，500斤大炮40門，每門火炮配備封口50個，群子250個。又需80門熟鐵子母炮，配備鉛子6,000個，每門配備連子4個。參〔清〕那彥成：《那文毅公（彥成）兩廣總督奏議》，嘉慶十年四月二十日，卷10，頁1271-1273。

40 〔清〕程含章：〈上百大司馬籌辦海匪書〉，頁577-578。

41 〔清〕那彥成：《那文毅公（彥成）兩廣總督奏議》，卷11，嘉慶十年二月二十一日，頁1431-1433、1436。

的中路，安排最多米艇巡邏。相反，在形勢緊張的東路，只安排
35 艘船巡邏，當中還有近一半不是米艇，而範圍最廣闊的西路，
獲分配戰船數量更是最少。雖然有學者認為那彥成的策略為「先
東後西」，但從戰船的分配來看，廣東地方政府最重視的還是中
路。[42]

　　那彥成亦試圖改善水師紀律，卻始終不能解決問題。他首先
請嘉慶帝撤換不諳水戰的署任提督魏大斌，由高廉羅鎮總兵許文
謨（?-1824）接任。[43] 其次，針對水師出洋後行蹤不定、信息傳遞
不易，容易讓官兵編造藉口等問題，那彥成決定委派文員隨同出
海，逐日登記水師情況，每十日向省城報告途經之處、灣泊地點、
有否遇上海盜、征剿海盜數量等，而各口岸和州縣亦須定時查探
海盜及水師行蹤。[44] 但這些措施治標不治本，日後向百齡上書的程
含章，仍然建議派遣監察委員上船，記錄將士功過，反映水師紀
律仍然存在問題。[45]

---

42 陳啟漢：〈清中葉粵海烽煙〉，《明清廣東海運與海防》，頁 309。
43 那彥成曾詢問魏大斌，有關海洋情形、應如何平剿海盜兵船增添多少、營伍中何
　　人最為得力，魏氏毫不知曉。更嚴重的是，魏氏在嘉慶九年底，帶領兵船 40 艘、
　　兵 2,000 名，帶備足一個月費用的錢糧，出巡沱濘洋，途中遇風回港修理。其巡
　　洋範圍不出 500 里內，又不知風汛令戰船損壞。戰船修理完成後，魏氏又藉口五
　　至八月間風暴將至，須待秋季方可起航，令那彥成認為他在糜費糧餉。參〔清〕
　　那彥成：《那文毅公（彥成）兩廣總督奏議》，卷 11、12，嘉慶十年四月二十日，
　　頁 1434-35、1473-1476；中國第一歷史檔案館編：《嘉慶道光兩朝上諭檔》，
　　第 10 冊，嘉慶十年五月十二日，頁 231。
44 〔清〕那彥成：《那文毅公（彥成）兩廣總督奏議》，卷 11，嘉慶十年二月二十一日，
　　頁 1436-1437。
45 〔清〕程含章：〈上百大司馬籌辦海匪書〉，頁 579-580。

加強海岸防守

廣東水師力量不及海盜，出洋作戰勝算不大，更有可能被乘虛入侵後方。翻看那彥成留下來的奏章，他總是喋喋不休地強調要嚴密防守海岸，截斷內陸物資供應，讓海盜在岸上掠不得，在海上無所食。然而，廣東省擁有極長的海岸線，清廷沒有能力處處設防，那彥成唯有通過組織保甲和團練，強化內陸防守，等待時機出擊。

那彥成首先增建沿海炮臺附近的防守設施。廣東沿海炮臺大多修建在空曠的地方，孤立無援，需要在附近增建碉堡哨卡。由於廣東海防沒有足夠經費，所以那彥成鼓勵士紳資助工程費用。陸豐縣便是最好例子，由於甲子所城出現塌缺，經常被海盜偷渡出入，而且只有港口東面建有炮臺，不足以抵擋海盜入侵。官軍於是在附近增建 2 座炮臺、3 座小臺、望樓及炮磴各 1 座，工程費用得到當地紳士李道振、李經猷等支持，因此那彥成建議給予頂戴獎勵，並調撥士兵和武器幫助防禦。[46] 對資源有限的廣東海防來說，以頂戴獎勵換取紳士協助建設炮臺，降低經費的支出，絕對是成本小效益大。

其次，那彥成嚴密封鎖海岸，下令沿海官軍盡力巡防，阻止日用物資輸出。他首先命令海岸各州縣調查奸商和土匪，勸導各村團勇幫忙巡防廣東各處港口，再由沿海道員、各炮臺的千總、把總、都司和守備，不定期檢查出入民眾。各鎮總兵、副將、參將

---

46 〔清〕那彥成：《那文毅公（彥成）兩廣總督奏議》，卷 10，嘉慶十年十一月十一日，頁 1276-1280。

負責定時巡查炮臺，更換可疑的士兵。最後，那氏下令州縣加緊緝捕陸路會黨，阻止他們與海盜聯絡。[47] 那彥成特別針對米糧、棕麻及蒲包出口，因為米糧是每日必須食用，而棕麻和蒲包則用作修理戰船，特別是製作篷帆的材料，大約每 3 個月便要更換一次。

然而沿海居民貧困，海盜用高於市場數倍的價格購買物資，所以參與交易的人數眾多。那彥成將違規標準定於 10 兩，重辦交易達 10 兩以上者，10 兩下則按照洋盜接贓例處理，但如果是有心接濟，依然會嚴格處罰。[48] 限制物資出口並不是新政策，此前的廣東海防亦一直實行，然而那彥成仍然忽略沿海居民的經濟需求，始終不能解決根本問題。

此外，那彥成還約束管理沿海漁民，更想招攬他們加入征戰隊伍。當時廣東漁民通常會合作捕魚，並以紅單船裝運漁獲及貨物，因此船隻非常堅固，亦特別為海盜垂涎。[49] 船隻被俘獲後，海盜會按人貨數量勒索贖金，強逼舵工和水手在盜船上服役。所以，那彥成認為廣東海防應該吸納漁民，即使不能增加軍力，亦要避免他們加入海盜。按照那彥成的設計，漁民應以數艘至十數艘船為一組，推舉家道充裕及辦事明幹的人擔任領導，向所屬府廳州

---

47 〔清〕那彥成：《那文毅公（彥成）兩廣總督奏議》，卷 11，嘉慶十年二月二十一日，頁 1437-1439。

48 同上，卷 12，嘉慶十年七月十八日，頁 1587-1588。

49 紅單船為廣東沿海的運輸船。《江浦埤乘》說：因「商人造船，稟海關給紅單，以備稽查」而得名。此船行駛快捷，艙面寬敞，便於裝置火炮，大者可安三十餘炮位，小者也可安二十餘炮位，清軍視「為水師中之最剽捷者」。參《水運技術詞典》編輯委員會：《水運技術詞典》，古代水運與木帆船分冊，（北京：人民交通出版社，1982），頁 32。

縣申請，登記船中舵工和水手的姓名、地址、軍械和器具，出洋時應該聯合行動，回港後則集體停泊。那氏相信漁民熟悉水性和地形，甚至較水師更能夠追蹤海盜，為防被報復，在剿捕後不須再參與行動。但那彥成對漁民又不放心，規定他們查獲海盜蹤跡，必須等待官府發出牌照，才可以參與追捕。[50] 重新編查漁民及船隻，其實亦是老調重彈，程含章日後也提出類似建議，更進一步要求加入處死、毀船等懲罰加強阻嚇性，反映措施的成效並不顯著。[51]

為了調查海盜與內地的聯繫，那彥成又設立軍工局，再清剿內地的會黨和土匪。然而，他也認為難以完全杜絕內地與海盜間的聯繫：

> 海上之賊即係岸上之人，岸上有人窩盜為之接銷贓，
> 則今日海中殺千百之賊，則明日岸上又逃下千百之匪。

那彥成於是仿效軍機處設立軍工局，專門審訊內河和外洋盜案，負責查出犯人是否與海盜有聯繫、與哪一派盜幫聯繫、有甚麼人幫忙聯繫和提供物資。[52] 當時土匪、會黨充斥省河州縣，每次搶掠可動員超過百人，成為內地防守的最大隱憂。沿海人民加入會黨是因為害怕被本地人壓迫以及官兵勒索，而那彥成只能勸喻各鄉

---

50 〔清〕那彥成：《那文毅公（彥成）兩廣總督奏議》，卷13，頁1828-1832。
51 〔清〕程含章：〈上百大司馬籌辦海匪書〉，頁581-582。
52 〔清〕那彥成：《那文毅公（彥成）兩廣總督奏議》，卷12，嘉慶十年八月初十日，頁1617-1619；〔清〕曹振鏞等奉敕修：《仁宗睿皇帝實錄》，《清實錄》，第29冊，卷151，嘉慶十年十月庚寅，頁1073。

村互相約束。[53] 在搜捕會黨的過程中，經過潮州知府朱爾賡額的努力，終於捕獲首要目標李崇玉，沉重地打擊東路海盜。[54]

穩固內地防守

截斷物資供應，打擊海盜生計，勢必令他們大舉撲向沿海州縣搶掠，而廣東海岸線擁有太多出入口，清廷根本無法穩守，唯有借助民間力量彌補防線缺陷。在海盜登陸後，由於通報需時，那彥成鼓勵沿海組織團練，於短時間內堅守，等待官軍救援，並從兵營借出火炮，或由紳耆申請，按官方規定出資製造，但必須在亂事平定後歸還，政府亦會不定期查察。[55] 按照那彥成的設計，各地應於沿海數十里分出段落，計算該處有多少村莊，記錄人口數目。再按村落的規模和人數組團，較少者由三條或以上的村落

---

53 那彥成曾言：「僑寓孤單，客民懼土單之欺凌，苦差胥之滋擾，交結夥伴共相幫助，漸次訟棍爛崽均入其中，倡為添弟會，名邑以為夥黨既多，可以不畏強禦。而土著之民，懼外民黨羽日眾，亦復煽引有田廬之人結會相抗。到官則互相詞證，在鄉則分棚毆鬥，山陬海澨到處皆然，竟成不可解之惡習」。參〔清〕那彥成：《那文毅公（彥成）兩廣總督奏議》，卷 11、12，嘉慶十年二月二十一日、七月初一日，頁 1417-1418、1440、1572。

54 〔清〕那彥成：《那文毅公（彥成）兩廣總督奏議》，卷 14，嘉慶九年十一月二十四日、十年正月二十五日、五月二十日、十一月十一日，頁 1843-1844、1851-1855、1922-1924、1959-1962。

55 清代團練的興起乃因八旗、綠營兩大經制軍衰落，朝野於是自古代遺制尋找辦法，力倡寓兵於農，以民兵保衛鄉土，而其產生亦自保甲制度上衍生出來，川楚白蓮教之亂為萌芽之始。團練的功能主要為防守地方、維持治安，亦負責任行政及社會福利。台灣學者鄭亦芳認為兩廣地區團練在軍事上頗成功，排外行動實為一大特色，而嘉慶年間團練建立的目的則在於防禦海盜。參〔清〕那彥成：《那文毅公（彥成）兩廣總督奏議》，卷 11，嘉慶十年二月二十四日，頁 1448-1449；鄭亦芳：〈清代團練的組織與功能——湖南、兩江、兩廣地區之比較研究〉，《國立台灣師範大學歷史學報》1978 年第 5 期，頁 293-334。

組成，大型者由一兩條村合組。然後於紳士耆民中，推選「殷實明幹」者，擔任正副團總管理。村內任何人都必須參與，一家有三位壯丁，須要出一人服役，一家人數不足，則由兩家或三家合計，抽出一丁服役，由甲長擔任教練，日間派人偵探，夜間則輪流巡邏，並於緊要地方建立碉樓，方便登高監察。各團練又需預備信號炮，當發現賊蹤，發第一炮傳信，通知各村戒備。第二炮代表確認敵人行蹤，團總領全團持械出擊。第三炮則表示賊匪接近，團練馬上出擊，分別扼守緊要地方。與此同時，那彥成還要求村莊、團練間互相支援，而州縣官員亦要定時巡查，按表現作出賞罰。[56]

　　另外，那彥成勸喻商民自行開濠築堡加強防守。由於廣東近處海濱，土質不如西北堅實，無法直接興建城堡，但可以依山建寨、傍水築城，周圍開廣 2 丈、深 1 丈 2 尺的陸濠，在內岸排種木條作塹，並於濠中儲水。土塹水濠約高 2-3 丈，平時用橋出入，使海盜或賊匪不能攀越堡門。當受到攻擊時，村民應該將橋收起，並在地基附近遍栽木竹，增加進攻難度。如果經濟條件許可，更可以用大窟磚封砌約厚 1 尺，高 1 丈 2 尺的圍牆。此外，那彥成又責成口岸各文武官員協助各村，即使當地未有官員，紳士亦應在緊要之處建築濠堡，再向地方官申報。[57]

　　由於無法確保海岸安全，所以那彥成鼓勵沿海組織團練，彌補防守缺陷。他甚至借出火炮，提議開濠築堡，這些方法雖然短

56 〔清〕那彥成：《那文毅公（彥成）兩廣總督奏議》，卷 11，頁 1453-1454。
57 同上，頁 1461-1463。

期放寬管制民間武力，但不會增加海防開支，又可以加強防守力，絕對合乎當時廣東海防的需要。

進攻廣州灣

1805 年 9 月，那彥成謹慎地發動攻勢，取得廣州灣戰役的勝利，但無法完全消滅海盜（參圖 20）。廣州灣是海盜基地，位處廣東西路，亦是重要的交通樞紐，可以南下瓊州劫掠，或駛向東、中兩路。另外，這裏有穩定的淡水供應，是優良的避風場所，鄰近的湛川、赤坎都出產米糧，資源非常充足。此前，廣東水師曾經兩度進攻，均無功而還。[58] 所以那彥成作出精心部署，派知府陳鎮赴赤坎堵截米糧供應，以左翼鎮總兵林國良為主帥，率領署香山協副將許廷桂及海口營參將何英，帶領兵船八十餘艘從海路進攻。最後派重兵駐守西、北兩岸，防止盜賊脫逃上岸，又調派吳川、遂溪兩縣兵勇防守碉堡哨卡。[59]

---

58 嘉慶八年底，提督孫全謀（1714-1816）領戰船 58 艘進攻，但寡不敵眾。次年，又與黃標再攻，因分兵太少錯失良機。兩次失敗，孫全謀都有直接責任。據〈黃標傳〉記載：「八年，偕孫全謀出海捕賊，賊遁廣州灣。標議合兵守隘，俟賊糧盡可盡殲。全謀慮持久有風濤患，乃分兵，賊得突圍逸出」。標嘆曰：「此機一失，海警未已」。未幾，黃氏憂憤病亡。此役敗後，提督孫全謀又諉過於標，後又於赤瀝角之役失機。故後人批評「聞者謂孫全謀前縱敵於廣州灣，而傾黃標，後失機於赤瀝角，而違彭昭麟，粵東之禍，孫全謀釀之」。參趙爾巽等撰：《清史稿》，第 37 冊，〈黃標傳〉，卷 350，頁 11261-11262；《香山縣鄉土志》，第 1 冊，〔出版地缺：中山市地方志編纂委員會辦公室，1988〕，卷 3，〈張保之亂〉，頁 15。

59 〔清〕那彥成：《那文毅公（彥成）兩廣總督奏議》，卷 12，嘉慶十年九月初二日，頁 1652-1653。

圖 20：廣州灣位置圖

戰役開始時，水師迫近廣州灣，海盜馬上開炮迎擊，數十艘海盜船駛出灣內支援，廣東水師以火器攻擊，擊沉盜船 7 艘、俘虜 3 艘及燒燬 2 艘。由於時近黃昏，而且風勢增強，海盜放棄廣州灣，廣東水師乘勢攻入，燒燬所有海盜的建築、棄船，而廣州灣隘口守兵亦俘殺鄭三（鄭一弟），廣東水師傷亡只有 42 人。然而海盜馬上發動反攻報復，首先攻破龍門牙山炮臺，擄走守備，焚燬營房。而在電白一地的攻勢更加猛烈，過百艘海盜船長驅直進，但不少船隻被火炮擊中起火，守軍乘勢追擊，海盜逃出蓮頭外洋。[60]

由於有完善的準備，廣東水師取得廣州灣戰役的勝利，這亦反映重整武裝的措施取得了一定成效。雖然水師攻破廣州灣基地，初步滿足了嘉慶帝的期望，但海盜仍然有強大力量發動反攻，而且遍佈於各地，單靠攻剿是不可能消滅他們，那彥成只好改變策略，實行招撫政策，用來瓦解東路的海盜。

第 3 節　征伐無成　招撫分化 (1805 年 9 月 – 1805 年 12 月)

廣東水師雖然拿下廣州灣，但海盜數量眾多，根本沒有能力徹底消滅，海盜聲勢浩大，又擁有強大的武裝力量，即使集合全省水師進攻，亦沒有取勝把握。堅守海岸雖然起到一定作用，然

60　〔清〕那彥成：《那文毅公（彥成）兩廣總督奏議》，卷 12，嘉慶十年九月初二日，頁 1653-1661。

而闊長的海岸線遍佈登陸點，實行團練亦無法彌補所有防守漏洞，所以那彥成轉而使用招撫策略，招降被迫加入海盜的人，使他們互相生疑，引發內訌。[61] 招撫政策雖然發揮作用，但嘉慶帝的目標是消滅，而不是招降海盜，他在孫玉庭的游說下，下令中止招撫，令一度好轉的形勢又再惡化，而那彥成亦黯然下台。

分化海盜

那彥成首先派出大量間諜，呼籲海盜船上的水手和舵工殺死海盜統領，上岸向官府領取重賞。投誠者只要向當地的保正和鄉長報案，就能夠獲得豁免，即使是平日聯絡海盜的居民，亦可以合謀擒拿海盜，或及時通知官府海盜停船位置，引導官兵及團練圍剿海盜，事後更可以獲得賊贓作報酬。那彥成同時亦接納海盜投降，但必須經里長及保正帶領，再由親戚、鄰居負責擔保，酌量發給口糧，送到適當地方安頓。如果海盜能生擒或勸導大頭目投降，或本身是大頭目，能夠生擒其他大頭目來降，都會授予官職，甚至准許有志者從軍，提供口糧護票予願意回鄉者。[62] 為防海盜重操故業，那彥成亦將他們的家眷搬上岸居住，嚴禁地方士兵、書吏和差役敲詐勒索，而且沒收所有大炮、船隻，並登記人口，查明原有產業及親戚，由他們保領回家。如果是無業可歸，則安

---

61 〔清〕那彥成：《那文毅公（彥成）兩廣總督奏議》，卷 12、13，嘉慶十年七月初一日、十一月二十二日，頁 1579、1803。

62 〔清〕那彥成：《那文毅公（彥成）兩廣總督奏議》，卷 13，嘉慶十年十一月二十二日，頁 1803-1804、1814-1816、1820-1823。

排在衙門任職，或提供生財工具，仍然派人每月監察。[63]

事實上，那彥成的考慮頗為周全，以利益引誘海盜內部分裂，並為他們安排日後生計，在遠離海邊的地方生活。當然，實行招撫必須配合封鎖政策，否則單純的利益引誘，難以吸引海盜投誠。自從那彥成嚴格封鎖海岸後，根據投降者的報告，海盜已出現糧食不足，甚至自相殘殺的情況，為水師出擊東路，創造有利條件。[64]

東路海盜的瓦解

招撫政策很快便發揮作用，成功瓦解東路海盜。嘉慶十年五月，鄭亞鹿不滿被朱濆奪走賊贓，集合船隊報復，大戰於南粵洋面，結果損失戰船數艘，最後被海門營乘勢俘斬而滅亡。[65] 朱濆雖然擊敗鄭亞鹿，但處境亦非常困難，只能游走於粵閩邊界。當時，潮州知府朱爾賡額積極推行團練，並分兵駐守沿海地區，截斷海

---

63 〔清〕那彥成：《那文毅公（彥成）兩廣總督奏議》，卷 12、13，嘉慶十年八月二十八日、十月初二日、十一月二十八日、十一月二十五日，頁 1640-1642、1747、1782、1809。

64 據投降者的報告，當時海盜已出現缺糧情況：「至五月後，米糧絕少，然尚有船內餘糧，近日漸有不給之勢，每日人僅得饘粥一餐，因而互相怨尤。現在偷販出口者，雖不能盡絕，偶有一二十石偷出者，其初尚出貴價爭買，至此時急切不能待買，往往爭先劫奪，以致私販不能獲利亦絕稀少。又盜首擁資自給，夥匪窮餓，因而忿怨爭殺；又近日各盜或因劫食上岸，其被擄之人多布乘勢逃散，其人心已不能自固；又向來各著名大盜分佔地界行劫，今因謀食過急，因而踰界行劫，互相爭併者亦有之」，參〔清〕那彥成：《那文毅公（彥成）兩廣總督奏議》，嘉慶十年九月初四日，卷 13，頁 1673-1674。

65 〔清〕那彥成：《那文毅公（彥成）兩廣總督奏議》，嘉慶十年七月初一日，卷 12，頁 1550-1551。

第三章

盜的物資供應。由於糧食嚴重不足，朱濆與潮州六幫改變作戰模式，下令部隊乘坐小艇，強行登岸搶奪物資，結果被擊敗。由於無法突破岸上防衛，他迫不得已轉赴台灣活動。東路形勢立時好轉，朱爾賡額繼續推行招撫，黃茂高、許雲湘、王騰魁、楊勝廣、黃德東、關兆金、袁亞明及林亞發等部相繼受撫。[66] 黃正嵩與鄭流唐部發生衝突後亦投降，東路海盜全部被平定。[67] 每名海盜在投降後，都可以獲得 10 兩賞銀，善於操控船隻的舵工更可以加入水師。有產業或親戚投靠者可以回歸故土，沒有產業者亦能獲得資斧銀，進入衙門工作。[68] 對在海上久經風雨，組織不太緊密，又缺乏足夠糧食的海盜來說，無疑是非常吸引。清廷只需加固海岸防線，等待海盜上岸投降或攻擊，而不必派水師冒險遠征，算是勞少功多。

招撫爭論

招撫政策雖然發揮作用，廣東巡撫孫玉庭卻激烈反對，更直接向嘉慶帝上奏參劾，最終令那彥成下台。從履歷來看，進士出

---

66 〔清〕包世臣：〈朱爾賡額行狀〉，〔清〕李桓：《國朝耆獻類徵初編》，第 159 冊，卷 213，頁 55-56；陳啟漢：〈清代乾嘉時期朱濆海上起事考辯〉，《廣東社會科學》2010 年第 3 期，頁 109-111；〔清〕那彥成：《那文毅公（彥成）兩廣總督奏議》，嘉慶十年九月初四日、十月初二日，卷 13，頁 1675-1682、1732-1741。

67 〔清〕那彥成：《那文毅公（彥成）兩廣總督奏議》，嘉慶十年十一月初六日，卷 13，頁 1777-1787。

68 〔清〕那彥成：《那文毅公（彥成）兩廣總督奏議》，嘉慶十年八月二十八日，卷 12，頁 1633-1643。

身的孫玉庭主要都是出任文職。[69] 面對日益強大的海盜，孫玉庭認為只要堅守海岸，就可以困死海盜。由於海洋範圍太大，可以讓海盜隨時逃走，水師分兵出擊恐怕力量不足，合兵進攻又怕顧此失彼，加上海洋天氣變化不定，又要顧慮後方防守，出洋征戰勝算不高，只會令剿捕經費持續增加，所以他認為「從來只有海防而沒有海戰」。[70] 既然海上作戰不能取勝，唯一可做的就是嚴守海岸，禁絕內地與海盜的聯絡，阻止糧水供應。一旦海盜缺乏物資，必然登岸劫掠，但他們只可以用三板小船登陸，而船隻的載人量有限，無法安裝火炮。只要守軍發現賊蹤，馬上整裝戰船與武器，再通知各村鄉勇內外夾擊剿滅海盜。[71] 後來的百齡也曾實行類似策略，但無法阻擋海盜進犯，更令內地承受極大傷亡。

撤換那彥成

由於在第一章已經陳述孫玉庭的反對理據，所以不再重複，而那彥成盡力反駁。他認為投降者雖然身份未明，但收繳武器、船隻後，再也無力出洋作惡。其次，因為海盜數量太多，不可能全部征剿，卻可以藉招撫分化敵人，使其自相殘殺。第三，如果每名海盜投降時，都要大量時間處理銷案問題，就無法吸引他們，

---

69 孫玉庭先後出任廣西鹽法道、按察使、湖南、安徽、湖北布政司等職，參趙爾巽等撰：《清史稿》，第 38 冊，卷 366，〈孫玉庭傳〉，頁 11443-11444；王鍾翰點校：《清史列傳》，第 9 冊，卷 34，〈孫玉庭傳〉，頁 2624-2626。

70 〔清〕孫玉庭：〈奏為粵東防剿洋匪情形〉，〔清〕孫玉庭：《延釐堂集》，《清代詩文集彙編》編纂委員會：《清代詩文集彙編》，第 438 冊（上海：上海古籍出版社，2010），頁 32。

71 同上，頁 33。

第三章

海防情況仍然惡劣。海盜雖然沒有產業，但安置在遠離海邊的廣西，可以定時監察，確保他們不會再作亂。最後，給予海盜的只是千總、把總等下級官職，不能因為民間不滿而停止。[72] 所以即使招撫有副作用，那彥成仍然堅持實行。

結果，嘉慶帝否定招撫政策，並撤換那彥成。他狠批那彥成為求速成實行招撫，帶來巨大弊端，特別是容許海盜加入水師，讓他們有機會與海盜通訊，與孫玉庭意見一致。此外，嘉慶帝對軍工局的批評亦值得注意，那彥成仿效專屬皇帝的軍機處，將其他官員指派入內，負責審訊海盜，明顯破壞地方行政體制。最終，吳熊光取代那彥成出任兩廣總督，嘉慶帝更下令只可以攻剿不准招撫，令海防政策失去了靈活性。[73] 這次撤換兩廣總督，中止招撫政策，直接彰顯皇帝的意志。清廷走回嚴守海岸，再派水師出戰的老路，在戰力和財政匱乏情況下，勉強和海盜作戰，廣東海防很快又陷入險境。

第 4 節　錯誤攻剿　傷亡慘重 (1805 年 12 月－1808 年 12 月)

吳熊光接任兩廣總督後，按照嘉慶帝的指令，連番向海盜發動進攻，卻是屢戰屢敗。過往史學界對吳熊光的海防政策，並不

---

72 〔清〕那彥成：《那文毅公（彥成）兩廣總督奏議》，卷 13，嘉慶十年十月初二日，頁 1750-1759。

73 〔清〕曹振鏞等奉敕修：《仁宗睿皇帝實錄》，《清實錄》，第 29 冊，卷 151，嘉慶十年十月庚寅，頁 1073-1074；中國第一歷史檔案館編：《嘉慶道光兩朝上諭檔》，第 10、11 冊，嘉慶十年十月二十二日、嘉慶十年十一月十一日、嘉慶十一年初九日，頁 645-648、695、24。

熱切關注，即便是穆黛安也只有短短三頁的描述，提及吳氏攻剿失敗，沒有作詳細探討。他的背景與那彥成相似，但軍事經驗相對成功。[74] 這段時期，嘉慶帝對廣東海防的影響更明顯，他首先要求加緊巡邏海岸，杜絕物資流出，再出兵攻擊海盜，而當中的首要對象是蔡牽和朱濆，更調動浙江和福建兩省水師南下支援。然而，吳熊光亦因此忽略本地的海盜，廣東海盜雖然失去首領鄭一，但鄭一嫂提拔張保後，順利渡過危機，並乘勢坐大，更在孖洲洋之戰大敗水師，廣東政府醒悟過來時已經太遲。[75]

繼續嚴守海岸

這時段嚴守海岸的政策，主要目標仍是防止內地物資流出，較新穎的構想是放寬對船隻攜帶武器的規定，讓平民可以參與戰鬥。

防守方面，吳熊光首先派兵駐守西路海岸重要地區，阻止海盜獲得物資供應。吳熊光在上任初期，曾經下令巡查海岸，但無法完全斷絕海盜的物資供應，所以他再進一步分兵駐防西路沿海據點，禁絕米糧出口，截查與海盜的交易。[76] 此外，他又試用同知、

---

74 趙爾巽等撰：《清史稿》，第 37 冊，卷 357，〈吳熊光傳〉，頁 11321-11325；王鍾翰點校：《清史列傳》，第 8 冊，卷 30，〈吳熊光傳〉，頁 2327-2336。

75 〔清〕曹振鏞等奉敕修：《仁宗睿皇帝實錄》，《清實錄》，第 30 冊，卷 192，嘉慶十三年二月戊寅，頁 539；Murray, *Pirates of the South China Coast, 1790-1810*, pp. 119-121.

76 〔清〕吳熊光：〈奏報添派文武員弁駐箚要隘地方嚴查接濟情形〉，國立故宮博物院編：《宮中檔嘉慶朝奏摺》（台北：國立故宮博物院印製，1993-1995），第 17 輯，嘉慶十三年二月（上）冊，嘉慶十三年二月十三日，頁 689 下 -690 下。

通判和知縣加強監察次要地帶，禁止火藥、硝磺、樟板、油蔴、蒲包、篷索及鐵釘等物資出口。[77]

為免海盜藉打劫船隻獲得補給，吳熊光准許內地商船和鹽船出洋時，配備火炮自衛。當時，西方商船可以自行攜帶火炮，但中國船隻不獲准，面對海盜毫無反抗能力。有見及此，政府暫准許船隻攜帶火炮，而配備火炮的數量則視乎船隻大小。樑頭在 1 丈 3 尺可以攜帶 3 門火炮，1 丈 5 尺許則可以攜帶火炮 4 門，最多可帶 8 門。除此以外，吳熊光還准許船隻按大小，配備火藥、鳥槍、弓箭和腰刀，但全部由商人出錢，官方製造並編列號碼，在離開口岸時向州縣申請，並要得到澳甲、廣糧通判或埠商的保證。無論船隻進口或出口，武器都必須逐件查明，回岸後十天全部歸還，待平定海盜後，措施便會取消。[78]

與此同時，吳熊光亦支持民間組織團練，但態度相對消極。前總督那彥成勸諭沿海居民興辦團練，甚至提供組織方法，建議開濠築堡，預防海盜入侵。而吳熊光認為廣東民風剽悍好鬥，團練恐怕會被氏族用作械鬥，所以只勸諭紳士帶領鄉人守衛本村。[79]他的態度亦反映官方不信任地方武力，就如商船攜帶火炮一樣，放寬管制民間武力只是臨時措施，危機消失後就會取消。

77 〔清〕吳熊光：〈奏報添派文武員弁駐箚要隘地方嚴查接濟情形〉，國立故宮博物院編：《宮中檔嘉慶朝奏摺》（台北：國立故宮博物院印製，1993-1995），第 17 輯，嘉慶十三年二月（上）冊，嘉慶十三年二月十三日，頁 690 下 -691 上。

78 〔清〕吳熊光：〈奏為酌定商鹽船戶配帶砲械章程〉，《宮中檔嘉慶朝奏摺》，第 21 輯，嘉慶十三年十一月冊，嘉慶十三年十一月初四日，頁 704 下 -707 上。

79 〔清〕吳熊光：〈奏陳條奏海洋情形五條事〉，《宮中檔嘉慶朝奏摺》，第 19 輯，嘉慶十三年閏五月（上）冊，嘉慶十三年閏五月初九日，頁 412 下 -413 上。

追剿蔡牽、朱濆

因為嘉慶帝的指令，這段時期廣東海防的主要征剿目標是蔡牽、朱濆，忽略了海盜大聯盟的發展，埋下水師日後屢次失敗的伏線。嘉慶十二年，蔡牽奪取台灣失敗，卻成功在廣東黑水洋擊斃浙江提督李長庚（1752-1807），但只剩下 3 艘船，唯有南下越南重整勢力。由於蔡牽高舉「反清復明」的旗號，所以嘉慶帝指令要先剿滅他，更調動浙江和福建水師南下支援。因此，吳熊光全力預防蔡牽自越南返回，由錢夢虎、張見陞（?-1813）及王得祿（?-1842）率領廣東、福建及浙江三省水師巡防西路，碣石鎮總兵黃飛鵬（?-1811）及南澳鎮總兵孫全謀巡防東路，防止蔡牽繞開西路返回福建，並順道搜捕朱濆。[80] 此時，廣東本土海盜乘勢興起，嘉慶十三年（1808）五月，張保於孖洲洋大破林國良，但吳熊光還是以「土匪」形容張保，甚至將新僱用的 30 艘紅單船，交予錢夢虎東上追擊蔡牽。直至十三年底，吳熊光才開始改變目標，下令黃飛鵬往佛堂門截擊張保，但仍然要查探蔡、朱二幫下落。[81] 事實上，蔡牽和朱濆的實力早已大不如前，清廷全力防止二人捲土重來，水師幾乎完全跟隨他們而行動，嘉慶帝的指令明顯影響了

---

80 〔清〕吳熊光：〈奏為接奉諭旨並據報現在洋面情形〉，《宮中檔嘉慶朝奏摺》，第 18 輯，嘉慶十三年三月（上）冊，嘉慶十三年三月初五日，頁 70 下-71 下。

81 〔清〕吳熊光：〈奏報總兵林國良在洋追捕盜匪受傷並調副將前往詳查搜捕事〉、〈奏報審辦海洋疊次擄盜匪情形〉、〈奏報被擄難民殺辭投首並現在堵剿洋匪情形〉，《宮中檔嘉慶朝奏摺》，第 19 輯，嘉慶十三年閏五月（下）冊，嘉慶十三年閏五月廿五日，頁 585 下-586 上、第 19 輯，嘉慶十三年六月（下），嘉慶十三年六月十五日，頁 803 上、第 22 輯，嘉慶十三年十二月（中）冊，嘉慶十三年十二月十七日，頁 426 上-426 下。

吳熊光的判斷。

雖然吳熊光花盡心思，卻始終沒有捕獲蔡、朱二人，但成功攻破灘洲，破壞海盜的基地。灘洲又名西海，被環山圍繞，土地肥沃，與東海相對，地理位置靠近越南，水師少有巡防至此，所以海盜在此建立基地生產糧食。嘉慶十三年，吳熊光命令錢夢虎掃蕩，燒毀所有設施。[82] 摧毀海盜基地，打擊他們的後援補給，配合封鎖政策，長遠作用不容忽視。

此外，吳熊光亦提議增建 40 艘登花戰船，他認為米艇由漁船改造而成，不適合出洋剿捕，應該全數防守口岸，由於財力不足，所以決定先修造 20 艘登花戰船，但計劃最終因成本過高而作罷。[83]

更嚴重的是，廣東海盜在此期間獲得喘息的機會，聲勢再起。嘉慶十年秋，紅旗、白旗兩幫佔領珠江口，建立大嶼山基地，而西路藍、黃、青三旗仍然留在廣州灣。次年（1806），海盜更公然在各港口設立稅廠，向商船徵稅，更綁架關口書辦王洪，迫令廣東政府以 2,000 兩銀贖回。[84] 嘉慶十二年，紅旗幫首領鄭一遇風

---

82 〔清〕吳熊光：〈附奏灘洲地方匿藏盜匪情形片〉，《宮中檔嘉慶朝奏摺》，第 18 輯，嘉慶十三年三月（下）冊，嘉慶十三年三月廿一日，頁 272 下 -273 上。

83 修造登花戰船的建議，是廣東提督錢夢虎提出，他曾經參與征剿蔡牽，於福建看見登花戰船能於外洋行走。每艘登花戰船應配備 3,000、2,000 斤生鐵炮各 2 門、1,500 斤生鐵炮 5 門、1,000、500 斤生鐵炮、600 斤生鐵洗笨炮各 3 門及熟鐵劈山炮 8 門。每門生鐵炮配備 100 個生鐵封口、群子 500 個，洗笨炮配備生鐵炮子 1,000 顆，熟鐵劈山炮配備生鐵炮子 200 顆，全船需要 3,300 斤火藥。參〔清〕吳熊光：〈奏為製造登花船砲位藥彈動用款項銀兩數目〉，《宮中檔嘉慶朝奏摺》，第 19 輯，嘉慶十三年五月（上）冊，嘉慶十三年五月初九日，頁 420 下 -421 下。

84 〔清〕鄭士超：〈臚陳廣東五弊疏〉，吳道鎔：《廣東文徵》，第 5 冊（香港：中文大學出版社，1973），頁 242。

溺死，但在鄭一嫂的領導下，勢力未減。那彥成出任總督期間剿撫兼用，廣東水師才取得廣州灣戰役的勝利。而吳熊光在浙江和福建水師的支援下，雖然打擊了蔡牽和朱濆兩幫，亦能剿滅零星盜賊，但要獨立應付張保一幫，卻是有心無力。[85]

接連戰敗

這段時間，廣東水師表現尚算英勇，然而將領及武器質素決定了勝負。海盜在鄭一嫂和張保指揮下，多次使用誘敵和突襲戰術，先後於孖洲洋及亞良鞋兩戰，重創廣東水師（參圖 21）。此兩役明顯反映雙方質素的差距。在孖洲洋之戰，廣東水師陷於誘敵戰術，船隊被切割分散，雖然曾一度出現反勝機會，但仍然慘敗收場。亞良鞋之戰則反映廣東水師將領質素低下的問題，水師作戰依靠火器，必須佔據順風位置發動攻擊，但林發崗顧風向，招致大敗。

---

85 參〔清〕百齡：〈奏為密陳粵東海疆廢弛實在情形極須設法整頓緣由摺〉，《宮中檔嘉慶朝奏摺》，第 24 輯，嘉慶十四年五月（上）冊，嘉慶十四年五月初一日，頁 385 上 -385 下。

圖 21：孖洲洋及亞良鞋之戰圖

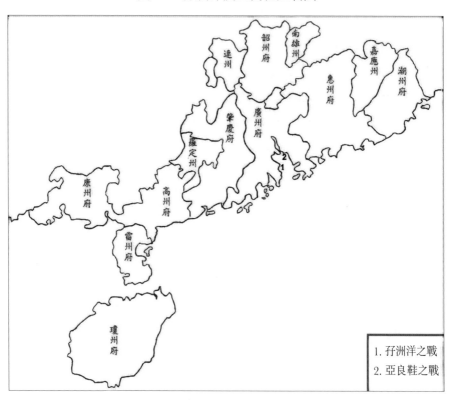

孖洲洋及亞良鞋之戰圖中標示：
- 南雄州
- 韶州府
- 連州
- 嘉應州
- 潮州府
- 惠州府
- 肇慶府
- 廣州府
- 羅定州
- 康州府
- 高州府
- 雷州府
- 瓊州府

1. 孖洲洋之戰
2. 亞良鞋之戰

孖洲洋之戰：嘉慶十三年七月，虎門總兵林國良出師，但行蹤被張保掌握。張保預先埋伏戰船於別港，再出動少數船隻誘敵，林國良帶領 25 艘戰船，窮追至孖洲洋，埋伏船隻一齊出動，廣東水師被三層包圍，戰鬥持續大半天。期間林氏見張保在船前站立，親自發射火炮攻擊，但炮彈僅在身邊擦過，張保毫髮無損並繼續指揮，海盜士氣大增。不久，海盜逼近水師戰船，先鋒梁保率先過船，林國良力盡被擒。張保原本無意加害，甚至想送還清廷，避免遭清廷重點攻擊，但其手下卻殺死林氏。廣東水師在這場戰爭，損失戰船 18 艘，只有數艘船成功逃出。[86]

　　亞良鞋之戰：孖洲洋之戰後一月，參將林發出海，遇上大量海盜，更被尾隨至亞良鞋。但林發沒有顧及風向，下令水師回轉迎戰，結果海盜順風放炮，水師又再大敗，損失戰船 6 艘，傷亡數十人。[87]

　　以上兩戰清楚反映水師，無論是戰船的數量、將領和武器的質素，均無法與海盜抗衡，戰敗幾乎是不可避免。諷刺的是，吳熊光下臺並非因為攻剿海盜失敗，反而是不夠強硬應對英國入侵澳門。由此可見，當時的嘉慶帝堅持以強硬手段解決海防問題，吳熊光與那彥成同樣是朝廷的犧牲品。

---

86 〔清〕袁永綸，蕭國健、卜永堅箋注：《靖海氛記》，頁 10-11。
87 同上，頁 11。

第三章

第5節　一籌莫展　故技重施 (1809年1月 - 1810年6月)

嘉慶十四年（1809），百齡上任兩廣總督，初時仍然實行攻剿政策，最終還是重新使用招撫，成功平定海盜。相對前兩位總督，百齡有較多海防經驗，但面對的形勢更惡劣。[88] 當時海盜勢力已經發展至頂峰，擁有 1,800 艘船隻，武力優勢更明顯，而廣東海防則因為福建、浙江兩省水師北返，又再面對戰船短缺的問題。在澳門事件後，廣東巡撫韓崶（1758-1834）曾經上奏中央，總結此前的海防政策，認為應該重新實行招撫，然而嘉慶帝仍然相信堅守口岸，斷絕物資供應，就可以令海盜勢力逐漸衰弱，對建議置之不理。[89] 所以百齡在上任初期，都是加強封鎖海岸，切斷日用物資流出，將攻擊目標鎖定在最強的張保和烏石二兩幫。[90]

嚴守海岸

針對海盜向中路推進的趨勢，百齡首先加強珠江口防衛，整頓澳門、虎門及崖門的防務。百齡首先加強對澳門的防守，提升

---

88 趙爾巽等撰：《清史稿》，第 37 冊，卷 343，〈百齡傳〉，頁 11133-11134；王鍾翰點校：《清史列傳》，第 8 冊，卷 32，〈百齡傳〉，頁 2483-2490。

89 〔清〕韓崶：〈奏為密陳粵東洋面實在情形〉，《宮中檔嘉慶朝奏摺》，第 23 輯，嘉慶十四年三月（上）冊，嘉慶十四年三月初五日，頁 491 下 -493 上；〔清〕曹振鏞等奉敕修：《仁宗睿皇帝實錄》，《清實錄》，第 30 冊，卷 208，嘉慶十四年三月丁亥，頁 797。

90 百齡認為應「先注張保仔、烏石二等大股匪船攻剿，冀得一鼓殲除，即可以次第廓清群醜」，參〔清〕百齡：〈奏報議添米艇暫時僱用鹽漁等船出洋剿青賊匪事〉，《宮中檔嘉慶朝奏摺》，第 25 輯，嘉慶十四年六月（上）冊，嘉慶十四年六月十九日，頁 141 上。

前山寨規格，設立專營防守。[91] 其次，百齡又改善虎門防務，在新涌山興建炮臺一座，又計劃在蕉門安裝兩排長 2 丈以上的木椿，沉塞裝石舊船於水底，防止被海盜偷渡。[92] 最後，百齡又在中路新建 12 座炮臺，再按形勢緩急，將炮臺分為最要和次要兩級，前者派兵 100-200 名防守，後者則派數十名駐守。[93] 海盜於同年底，屢次在珠江口附近與水師交戰，甚至大舉撲岸搶奪糧食。加強中路防守，絕對符合當時形勢，部份措施更被後人參考，水師提督關天培在加強虎門防務時，就特別注意蕉門的防守。

此外，百齡又加強巡防西路。其中雷州府遂溪縣的東海，遙對海盜基地廣州灣，戰略價值不言而喻，所以他派米艇 20 艘專責巡防東海，20 艘在西路洋面往來策應。[94] 但從日後的戰事看來，西路巡防的效果並不明顯，海盜後方不但未受騷擾，更對中路連番發動攻勢。

及後，百齡再借用民間力量，改善內河及沿海市鎮的防務。由於米艇修造需時，而東西兩路水師又有防堵任務難以支援，所以百齡僱用大量民船，協助廣東水師，同時減少海盜利用漁民的

91 〔清〕盧坤、鄧廷楨主編，王宏斌等校點：《廣東海防彙覽》，卷8，〈裁設〉，頁 265-266。
92 〔清〕百齡：〈奏為籌議控制澳門添設營汛並酌建虎門炮臺及籌堵蕉門海口各事宜摺〉，《宮中檔嘉慶朝奏摺》，第 24 輯，嘉慶十四年四月（下）冊，嘉慶十四年四月二十日，頁 199 上 -199 下。
93 〔清〕盧坤、鄧廷楨主編，王宏斌等校點：《廣東海防彙覽》，卷9，〈兵額〉，頁 279-280。
94 〔清〕盧坤、鄧廷楨主編，王宏斌等校點：《廣東海防彙覽》，卷26，〈緝捕二〉，頁 720-721。

第三章

可能。[95] 他僱用大型紅單鹽船 40 餘艘及拖風大船 50 餘艘，交予提督孫全謀統領出洋巡防。然後，以小型紅單鹽船 150 艘加巡防中路的內河，再僱用紅綠頭船及白艚大船，堵禦中、西路的重要海口。他還分派官員至沿海各村鎮會同地方官，勸喻紳士興辦團練，更准許捐造炮械，加強地方防守，並燒燬沿海居民於外島搭建的草寮。[96]

然而，這些措施未能阻止海盜推進。嘉慶十四年五月至十月間，海盜因為封鎖政策的實行，撲向內地瘋狂搶奪物資，百齡再調動陸路防軍 3,000 名，駐守沿海各處要隘、炮臺、市鎮及村莊，甚至出動廣州八旗駐防鳳崗及飛調黃飛鵬回援。[97] 當時，中路成為水師與海盜交戰最頻繁的地區，百齡雖然不斷增兵，但海盜攻入內河時，還是造成極大殺傷。

95 當時百齡仍以碣石鎮總兵黃飛鵬、南澳鎮總兵胡宇鋐，帶領兩鎮戰船在閩粵交界防堵朱濆餘部，西路則以高廉羅鎮樊雄楚、春江協副將何英征剿烏石二。參〔清〕百齡：〈附奏報電白縣地方防洋匪情形片〉、〈奏報黃飛鵬舟師剿辦賊匪情形片〉，《宮中檔嘉慶朝奏摺》，第 24、25 輯，嘉慶十四年五月（下）、六月（上）冊，嘉慶十四年五月廿八日、六月十四日，頁 739 下 -740 上、78 下。

96 〔清〕盧坤、鄧廷楨主編，王宏斌等校點：《廣東海防彙覽》，卷 14，〈船政三〉，頁 423-424。

97 〔清〕盧坤、鄧廷楨主編，王宏斌等校點：《廣東海防彙覽》，卷 9，〈兵額〉，頁 280-281；〔清〕那麟泰、張秉樞：〈奏報洋匪竄近內河酌汝官兵防範情形〉，《宮中檔嘉慶朝奏摺》，第 25 輯，嘉慶十四年七月（中）冊，嘉慶十四年七月十五日，頁 460 上 -460 下；〔清〕百齡：〈附奏報調派師船會剿洋匪情形片〉，《宮中檔嘉慶朝奏摺》，第 25 輯，嘉慶十四年五月（下）冊，嘉慶十四年五月廿八日，頁 741 上 -741 下。

封鎖升級

相對前兩位總督，百齡的封鎖力度更強，改動糧食運送路線，派員監察生產工廠，從源頭打擊海盜的物資供應，做法較嘉慶帝的指令更進一步。[98]

首先，規定全省所有米糧都改為陸運。百齡下令新安商人買米後，於廣州經內河運至東莞的太平墟，再使用陸路運回新安。而只能使用海運的地區，在運輸時必須齊集 8-10 艘船同行，每艘船配置 7、8 名鳥槍兵，加強自衛能力。為防商人私賣米糧予海盜，商戶往內地買米時，必須向地方申請牌照。[99]

其次，限制硝磺出口，並派人監察生產工廠。百齡分派人員駐於南海和順德兩縣的硝廠，隨時監察廠內情況。另外，增城縣的紫泥廠和高要縣的麒麟廠，雖然已經關閉，但仍然定時巡查，防止私自製造。[100]

最大變動的是將鹽運改為陸運。鹽船經外海運至省河，極容易成為海盜的目標，所以大多向海盜「打單」買照通行，出售淡水、米糧、船隻和炮火，甚至是互通消息，並於事後謊報遇風損失。所以百齡下令使用陸路運送，減少被搶劫的機會，直至海患平息

---

98 〔清〕百齡：〈奏為密陳粵東海疆廢弛實在情形極須設法整頓緣由摺〉，《宮中檔嘉慶朝奏摺》，第 24 輯，嘉慶十四年五月（上）冊，嘉慶十四年五月初一日，頁 385 下。

99 〔清〕百齡：〈奏覆杜絕接濟洋匪食米火藥等項情形〉，《宮中檔嘉慶朝奏摺》，第 25 輯，嘉慶十四年七月（下）冊，嘉慶十四年七月廿三日，頁 602 上 -603 上。

100 同上，頁 603 上 -603 下。

後才回復正常。[101]

將米糧和鹽改為陸運，監察硝磺生產，都反映這時廣東海防的封鎖措施較以往徹底。及後，百齡甚至實行全省封港，將嚴守海岸發揮至極點，結果令海盜生計大受影響，大舉撲岸搶奪物資，可見這次封鎖的成效非常明顯。[102]

重組武裝

經過多次慘敗後，廣東水師的戰船數量銳減，所以百齡再次下令修建新戰船。當時廣東水師只剩下米艇 135 艘、海䑦、艍船、拖風等船 51 艘，又因遇風觸礁、輪流修理及飄失，每路只有 20 餘艘戰船可用。而水師需要在三線作戰，分別於東路堵截蔡牽和朱濆餘部，在西路攻擊烏石二，再於中路應付張保和郭婆帶，明顯處於劣勢。[103] 百齡決定將修造登花戰船的經費，用作建造 40 艘米艇。因為登花戰船的舵杆桅樁，必須用外國進口的伽蘭膩木製造，而且戰船笨重不靈活，廣東本地水手舵工不熟悉駕駛方法。更重要的是，登花船每艘造價達 7,000 餘兩，而且不包括武

---

101 〔清〕百齡：〈奏覆杜絕接濟洋匪食米火藥等項情形〉，《宮中檔嘉慶朝奏摺》，第 25 輯，嘉慶十四年七月（下）冊，嘉慶十四年七月廿三日，頁 602 上 -603 上。
102 時人獻封港策：「自王（黃）標沒後，官軍少有得利者。邇年來，林國良戰沒於孖洲，孫全謀失利於渙口，二林走竄於娘鞋，今廷桂復喪敗於桅夾。銳氣頓喪，兵有畏心，以我屢敗之師，而當賊方張之勢，乃欲藉以剿滅之，誠未見其有當也。為今之計，惟是斷賊糧食，杜絕接濟，禁船出海，鹽轉陸運，俾無所掠，令其自斃。如此，或可以逞」。參〔清〕袁永綸，蕭國健、卜永堅箋注：《靖海氛記》，頁 12。
103 〔清〕百齡：〈奏為粵省鹽船現因洋氛未靖謹擬酌改陸運所有程途運費查明尚無窒礙各商民亦俱踴躍樂從應請先行試辦緣由摺〉，《宮中檔嘉慶朝奏摺》，第 26 輯，嘉慶十四年八月（下）冊，嘉慶十四年八月廿三日，頁 165 下 -168 上。

器，而大號米艇連炮械，造價僅為 4,000 餘兩。[104] 無論是造價、建造、修理速度及駕駛熟悉度而言，米艇都較登花船更適合當時的廣東海防使用。[105] 在長期實行削弱政策的情況下，廣東水師習慣使用相同的武器，在形勢危急時，即使有足夠財力，也難以使用新裝備。

屢戰屢敗的廣東水師

在任期之初，百齡繼續實行攻剿，但廣東水師實力未有顯著加強，敗仗亦愈來愈慘烈。吳熊光時代所暴露的指揮、戰術及武器問題，未有得到改善，結果水師在萬山之戰小勝，卻在廣州灣及梘夾門之戰遭受重創。在萬山之戰中，廣東水師雖然取勝，但遭遇海盜的激烈抵抗。孫全謀獲得小勝後，乘勢進攻紅旗幫，結果在廣州灣之戰中，廣東水師被海盜分割包圍，再被逐個擊破。而藤牌角之戰，雖然沒有分出勝負，但海盜服用火藥酒刺激身體，令水師難以擊敗他們。梘夾門之戰更是最大敗仗，海盜完全展現作戰指揮、戰船數量及沿海網絡上的優勢（參圖 22）。

---

104 吳氏計劃建造登花戰艦，原因是提督錢夢虎在福建剿捕蔡牽時，見登花戰艦可出遠洋作戰，故提出此建議。而登花戰艦與大號米艇的大小相若，前者「通長十丈，腰寬二丈一尺，艙深九尺」，而後者「身長九丈五尺，腰寬二丈六尺，艙深九尺三寸」，參〔清〕盧坤、鄧廷楨主編，王宏斌等校點：《廣東海防彙覽》，卷 13、14，〈船政二〉，頁 394-395。

105 〔清〕盧坤、鄧廷楨主編，王宏斌等校點：《廣東海防彙覽》，卷 13、14，〈船政二〉、〈船政三〉，頁 393-395、422-423。

第三章

圖 22：萬山、廣州灣、藤牌角及栀夾門之戰圖

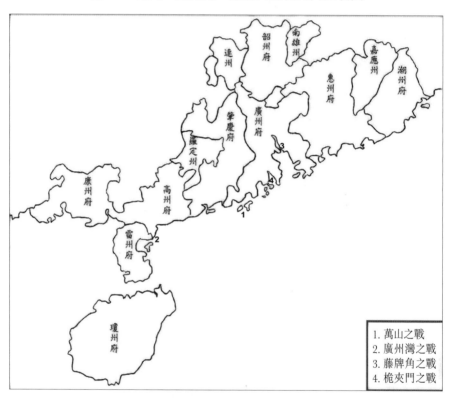

1. 萬山之戰
2. 廣州灣之戰
3. 藤牌角之戰
4. 栀夾門之戰

萬山之戰：嘉慶十四年二月，提督孫全謀帶領過百艘米艇，向萬山發動進攻，海盜擺陣迎戰。水師以火藥筒及火箭攻擊，令海盜船起火無法起動。及後，水師向海盜船潑射灰棍，再上前圍攻擒獲二百餘人，海盜雖然目眩，但仍然拼死頑抗，其中一個掌舵的婦人在敗陣後，繼續揮舞雙刀，砍傷數名士兵，最後被水師用鳥槍從後射傷，才跌下船艙被擒。[106]

　　廣州灣之戰：雖然水師在萬山之戰取勝，但紅旗幫主力尚在廣州灣，孫氏於是乘勝出擊。鄭一嫂下令張保在前面迎戰，再以梁皮保帶領十數艘船，包抄水師背後。在水師分兵拒敵時，香山二、蕭步鰲又率領數十艘船左右夾攻，水師被分割成數處，陣勢大亂，只能各自為戰。此時，鄭一嫂帶領生力軍大舉殺入，水師終於不支撤退，損失戰船 14 艘。[107]

　　藤牌角之戰：這一戰雖然不分勝負，然而海盜服用火藥酒，令自己進入興奮狀態，再投入作戰，可以看出水師要面對的敵人，殊不簡單。四月，水師護送商船出航，在藤牌角遇上總兵寶，連續接戰三日，不分勝負後才退去。當時，商船環列在旁觀戰，看見海盜在作戰前，都會喝下加入火藥的酒，人人面紅眼赤才上陣。這種提升精神狀態的方法，令海盜在作戰時變得更兇猛。[108]

106〔清〕袁永綸，蕭國健、卜永堅箋注：《靖海氛記》，頁 11。
107 同上。
108 同上。

桅夾門之戰：六月，許廷桂帶領最精銳的 60 艘戰船出洋，因大雨暫時停泊桅夾門。此時張保乘坐小船繞寨視察，水師竟然毫不察覺，仍然在原地停泊。初九日，張保自漁民處得知水師尚未下錨，親自率領戰船 200 艘突襲，水師在無法移動下勉強迎戰。許廷桂大聲疾呼，鼓勵官兵死戰，又親自發炮擊斃總兵寶。然而海盜人多船眾，而且佔據上風，乘勢使用火球攻擊。雙方相持至日中，水師逐漸不支，先鋒梁皮保躍上許氏座船，與水師短兵相接，廷桂自刎而死（另一說是被戕落海）。官軍落水死者不計其數，總共損失 25 艘戰船，只有一千餘名倖存者逃入內河。[109]

海盜入侵內地

形勢發展至此，海盜的軍事實力上已經遠超廣東水師。從林國良被殺之日起計算，水師已損失 63 艘戰船，超過那彥成主政時的一半。如果繼續攻剿，不但勝利無望，而且能否防守自保亦成問題。[110] 又由於封港沉重地打擊物資供應，海盜於是大舉內犯，而百齡準備不足，令珠江附近地區遭受頗大損失。當年五月，海盜率先侵入內河，進犯九江甘竹灘，他們「燔燕墟場，搶掠殆盡，男婦多被殺虜……沿途殘破，屍積填河」，記史者亦批評百齡未

109〔清〕袁永綸，蕭國健、卜永堅箋注：《靖海氛記》，頁 11-12；〔清〕盧坤、鄧廷楨主編，王宏斌等校點：〈事紀三〉，《廣東海防彙覽》，卷 42，頁 1040；《香山縣鄉土志》，第 1 冊，卷 3，〈張保之亂〉，頁 13。

110 Murray, *Pirates of the South China Coast, 1790-1810*, p. 124.

有小心預防。[111]

　　雖然百齡將團練推行至西路，但海盜並未停止入侵步伐，結果團練與海盜衝突不斷，中路沿海地區承受嚴重損失。海盜的擄劫手法頗為多變，喜歡偽裝鄉紳、官船巡視村落，等待村落防守鬆懈時，再突然發動襲擊。他們亦會偽裝成商人，探聽村落虛實後，再部署行動，令鄉間防守難度大增。同年七月，海盜分兵三路攻入珠江，鄭一嫂掠新會，張保攻東莞，郭婆帶往番禺和順德，團練與海盜的戰鬥異常激烈。

　　郭婆帶一路自初一起行動，過百艘戰船長驅直進，首先火燒紫泥關，船隊停泊於雞公石，迫令附近各鄉繳銀。其中三善莊集合十五至六十歲的男丁，組成鄉勇迎戰。郭婆帶首先發炮攻擊，但被松樹群所阻，於是盡斬松樹，再分兵兩路進攻，鄉勇陣勢大亂，海盜斬首八十餘級，懸掛於海旁的榕樹，婦女大多被擄於船上。此路繼續北上，攻打馬洲、平州及三山，轉而焚劫疊石墩，又攻掠東莞杜滘，殺死近千人。[112]

　　八月，張保發動攻勢，殺戮更為慘重。鄭一嫂首先領大部騷擾順德和香山，並駐泊於潭洲，下令張保率領戰船 300 艘劫掠沙亭，雖然一度被木柵阻礙，但仍然擄劫男女 400 餘名。不久，張保拔除木柵登陸陳村，3,000 名鄉勇迎戰海盜 500 人，一度不分勝

---

111 朱程萬曾批評百齡「未能嚴設內備，遽斷接濟，不知困獨猶鬥，鋌鹿走險之義，未免為千慮之失」，參〔清〕朱程萬：〈記己巳平寇事〉，吳道鎔撰、張學華增補、李棪改編：《廣東文徵》，頁 337。
112〔清〕袁永綸，蕭國健、卜永堅箋注：《靖海氛記》，頁 12。

負，鄉勇暫時退入舊墟，依靠墟外濠溝阻擋海盜。次日再戰，陳村得鄰堡派千餘鄉勇增援，擊斃海盜數十人，自身亦死傷8人。同月，張保再劫掠佛滘，獲得數萬石糧食，監生霍紹元戰死。二十六日，張保直入南海瀾石海口，奪取5艘米艇，並擊敗附近的鄉勇。二十七日，游擊林孫領戰船40艘，意圖在金崗截擊海盜，但看見對方勢大連夜退走。二十九日，張保搶劫玕滘，戰況最為慘烈。鄉人首先炮轟闖入內河的小船，海盜於是登岸報復，並分兵進攻，突破東邊海口入裏滘，與鄉勇激戰於林頭渡口，張保親自督戰，拳師周維登連續擊倒海盜十餘人後，與女兒一同戰亡。鄉勇唯有拆橋，阻擋海盜渡河，海盜使用鳥槍射擊，並乘勢渡河大破鄉勇，殺傷百餘人，再分頭搜掠，擄走男女1,140人，焚燬房屋數十間。[113]

　　九月，水師和鄉勇繼續抗拒海盜，卻沒有多大成效。十三日，孫全謀再帶領戰船80艘，與張保大戰於沙灣，但戰鬥失利。守備梁滔自焚船隻，火勢波及海盜船，孫全謀乘勢突圍，水師失去4艘米艇，死傷千餘人。二十五日，海盜劫掠香山大黃浦。武舉人何定鰲集合數十艘艍船及鄉勇，在村前守護，卻被海盜包圍，力戰一晝夜後陣亡，艍船更被全數奪走。村民再構築木柵防守，張保下令郭婆帶、梁皮保兩路夾攻，擊敗鄉勇。戰後，村民知道無法取勝，於是派代表求和，海盜才退去。[114]

113〔清〕袁永綸，蕭國健、卜永堅箋注：《靖海氛記》，頁13。
114〔清〕袁永綸，蕭國健、卜永堅箋注：《靖海氛記》，頁14；〔清〕盧坤、鄧廷楨主編，王宏斌等校點：《廣東海防彙覽》，卷42，〈事紀四〉，頁1040。

圍剿失敗

與此同時，百齡亦聯合澳門的葡萄牙人，組成清葡聯軍，6艘葡國軍艦加入廣東水師，巡防澳門經海灣至香山一帶。軍艦上一切武裝由澳門政府提供，戰利品由兩國平分，而事成後澳門將恢復以往所有特權，無論能否平定海盜，清廷都必須支付八萬両。[115]其實，百齡亦曾經與英國東印度公司接觸，但沒有達成協議，清葡兩軍共同在赤瀝角圍剿海盜（參圖 23）。[116]

---

115 吳志良、湯開建、金國平主編：《澳門編年史》，第 3 冊（廣州：廣東人民出版社，2009），頁 1314-1315；M. Teixeira, *Miguel de Arriaga* (Macau: Imprensa Nacional, 1966), pp. 65-70.

116 Morse, *Chronicles of the East India Company trading to China, 1635-1834*, pp. 118-122.

第三章

圖 23：赤瀝角、南澳之戰圖

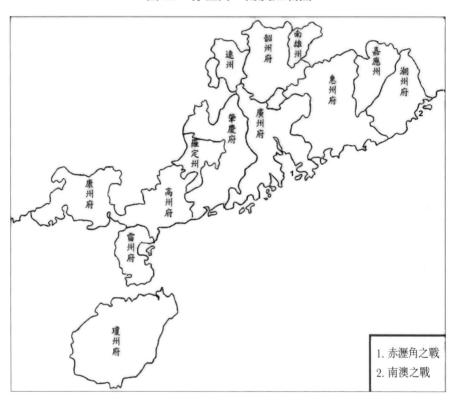

連州 韶州府 南雄州 嘉應州 潮州府

惠州府

肇慶府 廣州府

羅定州

康州府 高州府

雷州府

瓊州府

1. 赤瀝角之戰
2. 南澳之戰

赤瀝角之戰：此戰，廣東水師迎來剿滅海盜的大好良機。紅旗及黑旗幫搶掠內地後，退入大嶼山赤瀝角整修，清廷把握機會，聯合葡萄牙圍剿，攻克大嶼山基地。儘管清葡雙方都聲稱取得大捷，但根據海盜船上的英國俘虜格拉斯普爾的記錄，所謂「大捷」完全是子虛烏有，海盜在軍事上的巨大優勢，絕非清朝與葡萄牙合作，就可以克服。

　　戰局早段，清葡聯軍企圖以強大火力壓制海盜，但海盜幾乎毫無損傷。十月，海盜退出內河，在大嶼山赤瀝角之沙螺灣避風，紅旗幫泊於港內，黑旗幫則在東面。孫全謀決定堵塞對方出路，並準備火船發動火攻，而葡萄牙亦派出 6 艘軍艦參與行動。海盜因整修船隻，只能派出 7 艘船，一字排開迎戰。葡萄牙軍艦於附近駛過，以兩舷炮火轟擊，但因為距離太遠，沒有對海盜船造成損傷。而海盜則冷靜沉着，等待葡艦駛近再攻擊。不料葡艦掉頭撤退，事後報稱水深不足，不能靠近進攻，錯失消滅海盜的機會，但格拉斯普爾則指該處水深達四噚，足以讓葡艦駛入。十三至十五日，兩軍在港內外互相炮轟，清方報稱大戰兩日兩夜，不分勝負。實情是廣東水師在港外排陣，輪流轟擊海盜二小時，其中 1 艘大型戰船更被擊毀。海盜乘勝出擊，以 7 艘大船牽引過百艘小艇出擊，卻被大風所阻，水師趁勢退走。次日，類似情況又再上演，這次海盜俘虜了 1 艘安裝 22 門火炮的戰船。[117]

117〔清〕袁永綸，蕭國健、卜永堅箋注：《靖海氛記》，頁 14-15；*The Chinese Repository*, Vol. III, pp. 77-78.

第三章

此後，戰局產生變化，廣東水師用盡各種方法，仍然無法打擊海盜，而海盜的戰船卻完成整修，成功突破重圍。十七日，百齡再抽調巡防紅單船 65 艘，交予孫氏指揮，再下令大艚船運石堵塞淺口，副將何君佐帶兵巡堵大嶼山要路，切斷淡水供應。[118]二十日，北風起，水師發動火船進攻，不料被大風所擋，反而倒燒己方，而海盜早有準備，以鐵叉遙拒火船，並無損失。二十二日，海盜乘南風大起突圍，以數十艘爛船掩護主力出擊，孫全謀部竟然避開，海盜全幫安全逃出。廣東水師只有 13 艘戰船參與追捕，其餘的米艇、紅單兵船都無法追上。[119]這一場戰役，百齡聲稱殲擒 2,400 人，而格拉斯普爾反指海盜僅損失 40 人，並順利完成整修，突圍後更追蹤了水師一陣子，才揚帆東向。清廷在戰力有所不及的情況下，即使有圍剿良機，亦未能好好把握，海盜揚帆而去，繼續逍遙法外，顯然才是勝利的一方。[120]

南澳之戰：這場戰役，水師雖然針對性防範包圍戰術，但張保靈活指揮海盜作戰，在稍有失利時假裝撤退，再突然發動攻擊反敗為勝，雙方指揮官的質素高下立見。同年十一月，提督孫全謀得知張保在南澳後，又率領水師追捕。當時，張保命戰船一字

---

118 〔清〕盧坤、鄧廷楨主編，王宏斌等校點：《廣東海防彙覽》，卷 42，〈事紀四〉，頁 1042-1044。

119 《香山縣鄉土志》，〈張保之亂〉，頁 15；*The Chinese Repository*, Vol. III, p. 78.

120 〔清〕曹振鏞等奉敕修：《仁宗睿皇帝實錄》，《清實錄》，第 30 冊，卷 221，嘉慶十四年十一月乙亥，頁 980-981；Murray, *Pirates of the South China Coast, 1790-1810*, p. 136.

排列迎戰，自己則帶領另一隊戰船依海灣而行，展開包圍，水師發現後派戰船阻止，雙方互相用火器攻擊，海盜因為有 3 艘船被焚燬，暫時撤退。水師亦不敢追擊，亦因為長時間作戰而筋疲力盡，孫全謀誤以為敵人遠去，所以放鬆警覺休息。結果海盜突然反攻，水師在睡夢中驚醒勉強迎戰，被海盜燒燬 2 艘戰船，及奪走 3 艘戰船（參圖 23）。[121]

再次招撫

面對強大的海盜，廣東水師連番慘敗，清廷終於面對現實，再次實行招撫。百齡按照指示實行全省封港，意圖把海盜困死在海上，卻迫使敵人大規模進犯。對於這樣的結果，嘉慶帝竟然怪責百齡操之過急，在沒有整頓軍紀前，就將海盜迫入絕路，但他仍然認為應該繼續嚴守口岸。[122] 事實上，水師在廣州灣戰役後，幾乎是每戰必敗，而封鎖口岸斷絕物資供應，導致海盜大舉內犯，廣東政府又難以應對。嘉慶帝指示的政策，根本不適合當時廣東海防的形勢，百齡開始使用招撫政策，派遣朱爾賡額游說郭婆帶。[123]

在廣東政府一籌莫展之際，海盜卻發生分裂，促使清廷重新實行招撫，成功平定海盜。海盜雖然在赤瀝角之役中成功逃出，

121〔清〕袁永綸，蕭國健、卜永堅箋注：《靖海氛記》，頁 15。

122〔清〕曹振鏞等奉敕修：《仁宗睿皇帝實錄》，《清實錄》，第 30 冊，卷 223，嘉慶十四年十二月乙卯，頁 1012-1013。

123 朱爾賡額曾出任潮州知府，故百齡上任兩廣總督後，遂奏請起用。當海盜物資日絀之時，「君乃招前撫用首民，使為線人，下海說郭學顯（婆帶）」。參〔清〕包世臣：〈朱爾賡額行狀〉，頁 57-58。

第三章

但隨後發生內訌。張保不滿郭婆帶沒有支援，兩幫爆發衝突，大戰於硇州，紅旗幫因為經歷赤瀝角、南澳兩場大戰，消耗大量火藥，所以在戰鬥中失利。郭婆帶雖然獲勝，然而考慮到自身實力始終不及對方，於是向清廷請降。而百齡亦吸取教訓，首先徵得嘉慶帝的同意，才親自前往受降，接收部眾 5,000 餘人、船隻 70 餘艘及 400 門火炮。郭婆帶同時又獲賜新名郭學顯，授予把總職位，隨同水師出洋剿捕，幫眾則按情形處置，分別放還或安插於不同地方，防止他們再度聚集。[124] 對於再次實行招撫，百齡是非常肯定的，他解釋：

> 欲挫賊之鋒則利用剿，欲渙賊之勢則利用撫。以賊攻賊，岳武穆之所以敗楊太也。非攜貳之無以散其黨而渙其勢。[125]

招撫帶來的分化作用，正正是當時廣東海防最需要的。由於海盜實力強大，廣東海防根本無法在軍事上取勝，清廷只有分化他們，做到「以賊攻賊」，才能平定這場叛亂。結果證明這想法是正確的，因為海盜合作是建基於利益關係上，導致內部關係不穩定。鄭一嫂妒忌郭婆帶投降後所得待遇，亦擔憂海洋生活飄忽不定，與張保商量後亦決定請降。嘉慶十五年（1810）三月，百齡再次

---

124 〔清〕盧坤、鄧廷楨主編，王宏斌等校點：《廣東海防彙覽》，卷27，〈緝捕三〉，頁 750-751；〔清〕朱程萬：〈記己巳平寇事〉，頁 338；《香山縣鄉土志》，〈張保之亂〉，頁 16。

125 〔清〕袁永綸，蕭國健、卜永堅箋注：《靖海氛記》，頁 16。

徵求嘉慶帝的同意，親自前往香山芙蓉沙受降，接收戰船 270 餘艘、大小炮 1,000 餘門及 14,000 餘人。[126] 由於郭婆帶和張保的歸降，廣東水師實力大增，百齡在同年四月發動西征，集合戰船 130 艘，士兵 10,000 人，以提督童鎮陞領軍，張保、郭婆帶隨行，決意消滅海盜餘部，先在七星洋擒獲李宗潮，再大破青旗幫於放雞洋，迫使曹亞晚投降，藍、黃二旗撤離廣州灣。六月，西征軍抵達儋州海域，包圍藍旗幫，烏氏驚見張保投降，在不知所措下被俘虜，其後被磔殺。最後，黃旗幫吳知清亦投降，叛亂終於被平定。[127]

勝敗檢討

為患近二十年的廣東海盜，終於在嘉慶十五年被平定。百齡上任後不到兩年，竟然解決了困擾前幾任總督的難題，箇中原因吸引不少討論。

穆黛安強調聯盟上層的張保與郭婆帶爆發衝突，是海盜滅亡的主要因素。[128] 她同時認為無論是廣東水師或鄉間防衛，都不能阻

---

126 〔清〕盧坤、鄧廷楨主編，王宏斌等校點：《廣東海防彙覽》，卷 42，〈事紀四〉，頁 1046；〔清〕曹振鏞等奉敕修：《仁宗睿皇帝實錄》，《清實錄》，第 31 冊，卷 225，嘉慶十五年二月己亥，頁 26-27；劉冉冉、譚世寶認為香山一地於剿撫張保的過程中，扮演主要角色，因為清廷已於此增加駐兵、增築炮臺，並與葡萄牙人合作，成功打擊張保部。參劉冉冉、譚世寶：〈張保仔海盜集團於香山縣投誠原因初探〉，《明清廣東海運與海防》，頁 329-337。

127 有關征剿西路幫過程，參《兩廣總督百齡奏摺》，中央研究院歷史語言研究所編：《明清史料庚編》，頁 228-231；〔清〕袁永綸，蕭國健、卜永堅箋注：《靖海氛記》，頁 16-19；〔清〕溫承志：《平海紀略》，〔清〕張潮、楊復吉、沈楙惠等編纂：《昭代叢書》，第 4 冊（上海：上海古籍出版社，1990），頁 2853。

128 Murray, *Pirates of the South China Coast*, pp.137.

第三章

擋海盜的攻勢，清廷對叛亂束手無策。但海盜沒有反清的決心，在封鎖政策和葡萄牙人的威脅下，他們抵受不了利益引誘，終於選擇投降。穆氏的說法主要是從海盜角度出發，對於廣東海防的戰略討論並不充份，特別是為何廣東政府一直嚴守海岸，卻要花那麼久的時間，才把海盜平定。

劉平大致認同穆氏看法，亦強調不應忽視以下因素。包括越南西山政權滅亡及福建和浙江兩省海盜被肅清，斷絕廣東海盜後路；清廷的地方防務有效及海禁和招撫策略應用得當。西山政權早已滅亡，海盜在失去外援的情況下，是依靠自身力量繼續生存。雖然福建和浙江兩省的海盜都被消滅，但清廷早就平定東路，亦派遣水師巡邏閩、粵交界，限制了廣東海盜北上的可能。在地方防務及海禁招撫策略方面，劉氏將焦點放在百齡的措施上，卻未能解釋清廷為何遲遲不能平定海盜。[129]

清廷花了這麼長的時間才平定海盜，與嘉慶帝有非常密切的關係。在以往的研究中，學者大多注視清廷所實行的措施，少有探討皇帝如何影響海防政策的走向。嘉慶帝一直堅持嚴守海岸的戰略，他認為只要斷絕物資供應，就能困死海盜，水師亦可以剿滅敵人。三位兩廣總督都嘗試加強廣東水師，但海盜無論在戰船數量、將領質素甚至武器質量，都有壓倒性優勢。李其霖認為清

129 劉平：〈關於嘉慶年間廣東海盜的幾個問題〉，《學術研究》1998 年第 9 期，頁 82-83；劉平：〈論嘉慶年間廣東海盜的聯合與演變〉，《江蘇教育學院學報（社會科學版）》1998 年第 3 期，頁 109-110；劉平：〈清中葉廣東海盜問題探索〉，《清史研究》1998 年第 1 期，頁 46-47。

代前期水師已建立良好制度，將領平均質素及戰術熟習程度均優勝於海盜，所以能保證海疆不受威脅，但這種說法並不適用於此時的廣東。[130] 廣東水師一再被海盜用誘敵、突襲等戰術擊敗，戰場表現毫無進步，單靠嚴守海岸的戰略，根本不可能平定這場叛亂。那彥成眼看海盜數量眾多，水師剿不勝剿，才實行招撫分化敵人，成功平定東路，卻因為嘉慶帝的堅持，招撫政策被強行中止。而且他更下令優先追捕勢窮的蔡牽，影響了吳熊光的判斷，讓廣東海盜把握機會崛起。百齡在任初期，繼續嚴守海岸的戰略，將海盜迫入絕境，令他們大舉內犯，造成極大傷亡，嘉慶帝又指責廣東政府過於急進。由始至終，嘉慶帝都相信傳統戰略能夠消滅海盜，不願意使用招撫，或多或少延誤了廣東海防。

歸根究柢，清廷能平定廣東海盜，最重要原因是及時調整策略，重新使用招撫政策。在整個過程中，清廷都堅持嚴守海岸的戰略，斷絕物資供應，加強鄉間防衛，令海盜難以維持日常運作。但措施難免會引起海盜的猛烈反撲，所以必須適當地使用招撫，分化並削弱對方的實力。海盜本來就沒有反清決心，組成聯盟亦只是為了方便行動，在利益誘惑下便會瓦解。百齡就是把握張保與郭婆帶分裂的機會，招降廣東海盜集團的主力，再利用他們剿滅餘部，成功平定海患。然而，招撫雖然起到分化作用，但始終是極具爭議，即使百齡得到嘉慶帝的同意，仍然被同儕譏諷。事源百齡在上任之時，曾賦詩「嶺南一事君堪羨，殺賊歸來啖荔

---

130 李其霖：《見風轉舵：清代前期沿海的水師與戰船》，頁473。

第三章

枝」，決心要消滅海盜，但最終卻實行招撫政策。廣東巡撫董教增（1750-1822）乘機諷刺，直指『殺』應改一字為『降』歸來也」，令百齡頗為羞愧。[131] 這件趣事亦從側面説明了清廷的無奈，以當時廣東海防的軍事實力，根本不可能平定海盜。故有評論指出：

> 一意於剿，彼或鋌而走險也。一意於撫，彼或至押
> 而生玩也。惟剿、撫兼施乃為治盜之良策。[132]

剿撫兼施毫無疑問是嘉慶年間征剿海盜，所獲得的最寶貴經驗，但其實亦暴露出廣東海防的弱點，在應對大規模的敵人時，只能以非武力手段取勝。

第6節　廣東海防潰敗後的改革？

平定海盜後，清廷開始重整廣東海防，防止大型反對勢力再次興起，但沒有更改原來的體制，只是修補那些漏洞，而最重要的措施就是改革營制及巡哨兩大制度。

首先是復設水師提督，專責管理廣東海防。以往廣東提督一人兼顧海陸防務，造成偏重陸防，令海防被受忽略。嘉慶十五年，清廷在百齡建議下，復設水師提督，駐守虎門，因為此處連接澳門和蕉門洋，又為水師、商漁船隻及西方商船出入必經之道，可

---

131 趙爾巽等撰：《清史稿》，第 37 冊，〈董教增傳〉，卷 357，頁 11335。
132 佚名編：《清史論》（台北：文海出版社，1972），〈百齡單舸見張保論〉，
　　頁 159。

以加強對中路的管理。[133] 同年，百齡再安排部份陸營轉入水師系統，例如將雷州營分為左右兩營，其中右營一半兵力歸入水師，並移駐遂溪縣東山墟。[134] 雖然有專職管理海防，兵力亦增加了，但水師積弱的根源仍未解決，例如是缺乏專門訓練人才的制度，措施只是治標不治本。

　　與此同時，清廷又重定巡哨制度。前總督吉慶將東、中、西三路，再分為東、中、西上、西下四路。[135] 百齡在吉慶的基礎上，再分拆為東上、東下、中、西上、西下五路，並增加巡船數量。自海盜歸降後，廣東水師船隻數量大增，可從現役160艘中抽調140艘，分駐各路。中路、東上路、西上路、西下路都有30艘戰船，東下路則為20艘。新巡哨制度仍繼續分上、下兩班，每年春、秋二季，水師提督須要親自到東、西兩路巡察，夏冬二季則巡視內河，校閱水師技藝，向總督彙報。另外，各路巡兵全部都要接受輪換，官兵回歸後駐守炮臺汛堡，監察內河，亦可以在陸地緝捕土匪，節省口糧經費。[136] 百齡又考慮修理問題，準備30艘存船，隨時替換140艘巡船，其餘過舊的船隻則拆卸變賣，所得收入全部存入司庫，用作修理巡船。另外，百齡增加巡兵的待遇，每名官兵和舵手加銀三分，船配管船武弁給銀五分，又給予每船50兩

---

133 〔清〕盧坤、鄧廷楨主編，王宏斌等校點：《廣東海防彙覽》，卷8，〈裁設〉，頁266-267。
134 同上，頁267-269。
135 同上，卷23，〈巡哨一〉，頁673-675。
136 同上，頁675。

第三章

銀，作燂洗修理船隻和換篷索的費用，總計每年支出銀 86,632 両，待海防形勢更穩定後再削減。[137] 由此可見，廣東海防的目標，仍然停留在防止潛在反對勢力崛起，維持治安穩定上。

最後，將保甲制推行至西路，防止沿海居民聯絡海盜，避免廣東海盜再於西路復興。百齡特別重視海盜的巢穴，命令硇州煙戶 2,070 餘家、東山墟 5,880 餘家及廣州灣零星村落 100 餘家，全部編列保甲。[138] 然而，保甲制度仍然沒有顧及沿海居民的經濟需要，不能真正禁止他們與海盜交易。

從以上措施看來，清廷其實只是繼續用削弱敵人的方法，保障水師的武力優勢，而不是加強軍備、提升將領質素，所以廣東海防在鴉片戰爭前，並沒有太大進步。

本章總結

在保守的海防格局下，清廷於沿海分駐綠營，並以一系列政策削弱潛在對手，防止海洋出現有力挑戰者。然而，海盜卻因為越南內亂，獲得崛起機會，在嘉慶朝屢次衝擊廣東海防。

1804-1810 年，廣東海防面對海盜挑戰，最終能擊敗敵人，所倚靠的是非軍事手段。由於水師實力不及海盜，清廷只能以嚴

137〔清〕盧坤、鄧廷楨主編，王宏斌等校點：《廣東海防彙覽》，卷23，〈巡哨一〉，頁 676。
138 同上，卷33，〈保甲〉，頁 856-857。

守海岸的戰略應對，但海防政策受到嘉慶帝的影響，經歷了一次大循環。那彥成首先空降廣東，積極重整水師和武備，全力嚴守海岸，再選擇適當時機，攻破廣州灣賊巢。但隨着軍事行動無法徹底消滅海盜，他開始推行招撫政策分化敵人，成功瓦解東路海盜。然而，嘉慶帝期望的是消滅海盜，結果撤換那彥成，中止招撫政策。繼任的吳熊光，雖然得到福建、浙江水師的支援，卻要優先剿捕垂危的蔡牽及朱濆兩幫，結果忽略了本地海盜。百齡走馬上任後，將封鎖措施升級至全省封港，迫使海盜撲岸搶奪物資，令內地承受嚴重損失。面對惡劣的形勢，清廷終於調整策略，把握海盜分裂的機會，先後招降郭婆帶及張保，再出師消滅餘部。在整場戰爭中，嘉慶帝堅持嚴守海岸的戰略，期望用武力消滅海盜，撤換做法偏離期望的兩廣總督，對廣東海防的影響非常明顯。

清廷在平定廣東海盜後，對海防體制進行修補，維持保守的海防格局。在百齡的建議下，清廷重新設立水師提督、更改巡哨細節以及將保甲制推行至西路，然而改革未能解決問題根源，例如水師積弱、沿海居民的經濟需求等。所以即使克服了大危機，廣東海防亦只是恢復治安上的穩定，水師戰力幾乎沒有提升。

嘉慶朝的剿盜經驗亦影響了隨後的海防發展。雖然海盜擁有強大的武裝，而廣東海防資源有限，但地方政府採用嚴守海岸的戰略，興辦團練、招募漁民、重新實行保甲、澳甲制及巡查海岸，加強內地防守，使海盜陷入困境，從而擊敗遠強於自己的對手。道光十八年編成的《廣東海防彙覽》中，亦大量記載這次剿盜經

驗。[139] 三十年後，英國成為廣東海防最大威脅，並與海盜一樣擁有強大的海上武力，而嚴守海岸亦再次成為應對方案。

---

139 〔清〕盧坤、鄧廷楨主編，王宏斌等校點：《廣東海防彙覽》，卷42，〈事紀四〉，頁 1031-1054。

第四章

舊規制新戰爭
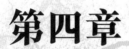
──如何面對認知以外的英國敵人？

嘉慶十五年（1810），清廷大致平定海盜，但根據陳鈺祥的研究，這段時間仍然活躍於廣東一帶的海盜，尚有林勇、黃其忠、巴功用及陳加海部，擁有船隻由 3 至 100 艘不等，只是聲勢遠不及當年。[1] 好景不常，道光十四年（1834），英國商務總監律勞卑，下令兵船強闖珠江內河，清廷雖然在表面上取得一場外交「勝利」，但虎門要塞竟然被兩艘戰船輕易突破，明顯是一次軍事挫敗。[2] 難怪道光帝（愛新覺羅旻寧，1782-1850；1821-1850 在位）大發雷霆，直指：

> 該夷船闖駛入口，徑行越過各炮臺。守台各弁兵於兩隻夷船，不能擊退，殊堪痛恨。看來各炮臺俱系虛設。武備廢弛，一至如是。

由於炮臺未能阻攔戰船闖進，結果水師提督李增階被革職，由關天培走馬上任，重整廣東海防，以防再有類似事件發生。[3] 此時，廣東海防的最大敵人，已由海盜轉變成英國，而中路地區承受最大壓力。

在這段時期，關天培及林則徐主導了廣東海防發展，他們繼續採用「以靜制動」的做法，在虎門佈防等待英軍到來。關天培

1　陳鈺祥：〈清代中葉廣東海盜之研究（1810-1885）〉，《成大歷史學報》2008年第 34 號，頁 96-97。
2　梁嘉彬：〈律勞卑事年新研究〉，《史學彙刊》1979 年第 9 期，頁 83-129。
3　〔清〕賈楨等奉敕修：《宣宗成皇帝實錄》，《清實錄》，第 29 冊，卷 256，道光十四年九月乙丑，頁 900-903。

礙於自身經驗有限，又從未在廣東任官，背負道光帝的殷切期望，唯有參考前人經驗，集中資源修補虎門要塞，模擬英人入侵，演練廣東水師。繼任兩廣總督的林則徐，在地方軍政上有更大決策權，但其海防經驗亦只是來自嘉慶年間的籌海工作，在廣東的佈置亦只是在關天培的基礎上進行。雖然，林則徐引入西方槍炮、越南戰船，試圖拉近與西方的差距，然而其他措施，如鑄炮造船、調整省內守軍的駐防位置、興辦團練、僱用民船及嚴格限制內外聯繫等，都是嘉慶時期嚴守海岸的做法。

與嘉慶朝的戰爭相比，清廷不再需要兼顧整條海岸線，可以集中力量防守中路，但這次卻無法取勝，因為英國與海盜的行動模式與目標截然不同。海盜數量龐大，在洋面搶劫控制航道，或者騷擾沿海村莊，都只是為了生存。而英國遠征軍數量雖然不及海盜，但他們決心攻破廣東海岸防線，再與中央政府直接對話，改變貿易狀況。英國在戰船、武器和戰術上都有優勢，特別是使用蒸汽戰艦突破內河，廣東地方政府根本無能力阻止，結果戰火波及幾個沿海省份，中央政府改變態度，暫停戰爭開啟談判，戰爭以失敗告終。

第1節　突然出現的英國挑戰者

海盜為患廣東沿海近二十年，終於在嘉慶十五年平息，不足三十年，廣東海防又要迎接另一大敵——英國的挑戰，而這又要從當時世界的發展說起。

十五至十七世紀，歐洲船隊大舉探索世界，是為大航海時代。葡萄牙是當時的急先鋒，先是迪亞士（Bartolomeu Dias, 1451-1500）在 1486 年發現好望角（Cape of Good Hope），達伽馬（Vasco da Gama, 1460-1524）又在 1498 年抵達印度，開啟歐亞直接航道。至 1510 年葡萄牙佔領果阿（Goa），建立在東方活動的基地，次年更攻陷馬六甲（Malacca），控制東西交通要道。在 1529 年，葡國又獲得摩鹿加群島（Maluku Islands），壟斷香料的出產。到 1557 年，葡萄牙更成功租借澳門，成功立足中國，成為一時的霸主。與此同時，西班牙則沿相反方向探索，佔領菲律賓，繼葡國後涉足遠東。及後荷蘭、英國相繼東來，各自成立東印度公司，賦予外交、軍事及司法大權，經營東南亞市場。前者奪取馬六甲、巴達維亞（Batavia），後者先後擊敗法國、荷蘭，逐漸成為首號殖民大國，東南亞開始進入殖民化時代。歐西各國大舉東來，經濟利益乃是主要原因，因為中國貨品廣受歡迎，商人獲利豐厚，白銀大量流入中國，所以有學者認為在 1500-1800 年間的全球經濟重心在中國。[4]

　　明、清兩朝厲行海禁，令中國勢力退出海洋，但中西文化交流未因此停止。晚明時期，利瑪竇（Matteo Ricci, 1552-1610）等耶穌會士來華傳教，得到徐光啟（1562-1633）、楊廷筠（1562-1627）和李之藻（1571-1630）的相助，推動西學東漸，即使在清

4　馮作民：《西洋全史》，第 9 冊（台北：燕京文化事業股份有限公司，1979），頁 37-591；Andre Gunder Frank, *Reorient: Global Economy in the Asian Age* (Berkeley: University of California Press, 1998), pp. 108-117, 126-130.

初傳教士仍然被重用，協助鑄造火炮平定三藩。然而，雍正帝痛恨傳教士參與帝位的爭奪，即位後厲行禁教，除在京師任職者外，全部被逐回澳門，至嘉、道兩朝，欽天監內再沒有西人任職，中西上層交流等同停止，[5] 但通商仍然繼續進行，鴉片戰爭前之中西貿易，可以分為沿海通商及廣州貿易時期。平定台灣的次年（1684），清廷解除海禁，開放浙江的舟山、福建的廈門及廣東的廣州、澳門為通商口岸，但因為稅收、商人等問題，令大部份貿易集中於廣州。至乾隆二十四年（1759），因為發生洪任輝事件，清廷規定在廣州一口通商，也因此形成一口獨大的格局。[6]

　　英國來華發展貿易較遲，但行動最為積極。1792年，馬戛爾尼（George Macartney, 1737-1806）奉命來華，尋求商貿突破未成。擊敗拿破崙（Napoléon Bonaparte, 1769-1821）後，英國奪取了大量殖民地，又因為工業革命，國內生力大增，急須開發新市場，中國正好合乎需要。1816年，英國再委派亞美士德（William Pitt

---

5　樊樹志：〈導論——「全球化」視野下的晚明〉，樊樹志：《晚明史》，上冊（上海：復旦大學出版社，2003），頁 146-203；郭廷以：〈中國近代化的延誤——兼論早期中英關係的性質〉，郭廷以：《近代中國的變局》（台北：聯經出版事業公司，1987），頁 3-25。

6　洪任輝（James Flint, 1720-?）是英國東印度公司通事，於乾隆二十年（1755）試航寧波，進行貿易，獲利甚豐。隨後兩年，東印度公司均赴寧波貿易，廣州口岸大受影響，兩廣總督楊應琚（1696-1766）與閩浙總督喀爾吉善（?-1757）會奏，禁止外商前赴浙江貿易，並提高浙江關稅。東印度公司指示洪再赴寧波，於定海受阻，故北上大沽投狀。乾隆帝大為震怒，處分粵海關監督李永標，扣洪任輝於前山寨，代寫呈子的林懷被斬首，廣州成為唯一通商口岸。參張德昌：〈清代鴉片戰爭前之中西沿海通商〉，中華文化復興運動推行委員會主編：《中國近代現代史論集》，第 1 冊，頁 45-92。

Amherst, 1773-1857）來華，亦以失敗告終，打開中國市場的計劃又再落空，而中英間的衝突日益增加，令廣東海防接連受到衝擊。

葡萄牙佔據澳門，令英國非常羨慕，先後兩次入侵澳門。嘉慶六年（1801）十二月，英國致信葡萄牙果阿總督，表示因法國意圖佔領印度達曼（Benares）、第鳥（Diu）及澳門，將派遣艦隊東來助守。次年三月，愛德華·奧斯本（Edward Osborn）自加爾各答護送商船 3 艘至伶仃島。每艘商船均載有士兵及大炮，以中校羅伯特·漢密爾頓（Robert Hamilition）指揮，及後加入小戰船俄爾甫斯號（Orpheus）與雙桅船狐狸號（Fox）。[7]澳督若瑟·邊度（José Manuel Pinto）向香山知縣求助，廣東地方政府立即要求澳門理事官，阻止英國人登岸及退兵。[8]同年，《亞眠和約》簽訂，英人失去佔領澳門的口實，於七月全部退出。

嘉慶十三年（1808），英國第二次嘗試入侵澳門。當時，法國佔領葡萄牙本土，葡國皇室逃難至巴西，英印總督致函澳督，聲稱英軍為了保護天主聖名之城，將會進駐澳門。[9]九月，英海軍少將度路利（William O'brien Drury）帶領兵船 9 艘、士兵 300 人進入澳門，分別佔據東望洋、南灣炮台、聖保祿學院、東印度公

---

7 〔葡〕施白蒂著、姚京明譯：《澳門編年史：十九世紀》（澳門：澳門基金會，1998），頁 3；Morse, *The Chronicles of The East India Company Trading to China, 1635-1834*, pp. 369-370.

8 〈署香山縣丞王為傳知不許英船兵丁上岸借住事下理事官喻〉，劉芳輯、章文欽校：《葡萄牙東波塔檔案館藏清代澳門中文檔案彙編》，下冊（澳門：澳門基金會，1999），頁 744-745。

9 〔葡〕施白蒂著、姚京明譯：《澳門編年史：十九世紀》，頁 9。

司住宅及各碼頭。香山知縣彭昭麟（1758-?）立即建議停止貿易，迫令英國撤軍。兩廣總督吳熊光分兵三路出擊，以潮州知府陳鎮、撫標游擊祁世和及香山協副將許廷桂、彭昭麟駐守澳門邊界、前山寨及北山嶺。[10] 及後，英國再派 4 艘兵船及 400 人增援，前後共有兵艦 13 艘，士兵 760 人。嘉慶帝得悉後大為震怒，吳熊光再抽調士兵巡邏省河，及駐防澳門、虎門一帶。最終，英國權衡利害，於 12 月 11 日與葡萄牙達成協定，由澳門代表英方，向清廷爭取恢復貿易，並於 18 日撤離。[11]

及後，中英兩國關係更趨惡劣，衝突轉移至廣州附近，令中路防務備受考驗。1833 年，英國國會通過議案，結束東印度公司在好望角至麥哲倫海峽的專營權，並於 1834 年派遣律勞卑來華，擔任駐華商務監督。當時，兩廣總督李鴻賓（1767-1845）仍然傳令行商通傳曉事大班來華管理貿易。律勞卑於 7 月來華後，不待交涉，就擅自進入廣州外的商館，並直接致函總督盧坤，信中更

---

10 〔清〕田明曜修：《香山縣志》，《續修四庫全書》，第 713 冊，卷 22，〈紀事〉，頁 507。

11 〈兩廣總督吳熊光等奏覆英兵擅入澳門不退已挑兵弁扼守要口摺〉，中國第一歷史檔案館、澳門基金會、暨南大學古籍研究所合編：《明清時期澳門問題檔案文獻匯編》，第 1 冊（北京：人民出版社，1999），頁 683；〔葡〕徐薩斯著，黃鴻釗、李保平譯：《歷史上的澳門》（澳門：澳門基金會，2000），頁 136-142、148；〔清〕彭昭麟：〈澳門紀事並序〉，吳志良、湯開建、金國平主編：《澳門編年史》，第 3 冊（廣州：廣東人民出版社，2009），頁 1296-1297；香山知縣彭昭麟於此事角色重要，其研究可參湯開建、張中鵬：〈彭昭麟與乾嘉之際澳門海疆危機〉，《中國邊疆史地研究》2011 年第 1 期，頁 56-67；Frederic Wakeman, Jr., "Drury's Occupation of Macao and China's Response to Early Modern Imperialism," *East Asian History* (December 2004), No. 28, pp. 27-34.

使用平行格式。[12] 盧坤拒絕接收，要求律氏離開，並下令封艙停市。當年九月七日，律勞卑下令兵船伊莫金號（Imogene）及安德羅馬奇號（Andromache）強闖內河，被大角、橫檔島炮臺炮擊，伊莫金號第二甲板吊床網被打穿，左舷中二彈，一塊鎖鏈鐵板被射穿，橫桅等繩索碎裂。兩日後，英艦乘南風起行，與橫檔島、阿娘鞋及大虎山炮台，炮戰近 40 分鐘，兩艘船隻最終被迫停泊黃埔。[13]事後，盧坤在珠江安裝木排，沉塞大船 12 艘，又派遣 20 多艘戰船巡防，並調兵在虎門兩岸陸路戒備。但最重要的措施還是停止貿易，律勞卑在英國商人的怪責下，無奈退出，更在十月病死於澳門。事後，道光帝以關天培取代李增階出任水師提督，指令要革新廣東海防。[14]

第 2 節　修修補補的虎門防禦體系

　　律勞卑事件後，關天培上任廣東水師提督，而他亦按照道光帝的意思，加強虎門要塞的防守。過往對關天培的研究，都注重他如何建設虎門要塞，當中最具代表性的學者是茅海建。他認為關氏

---

12 〔清〕賈楨等奉敕修：《宣宗成皇帝實錄》，《清實錄》，第 36 冊，卷 256，道光十四年八月庚申，頁 896-897。

13 廣東省文史研究館譯：《鴉片戰爭史料選譯》（北京：中華書局，1983），頁 11-13。

14 道光帝怒批：「……乃該夷船闖駛入口，徑行越過各炮臺。守台各弁兵於兩隻夷船，不能擊退。殊堪痛恨，看來各炮臺俱系虛設。武備廢弛，一至如是」，參〔清〕賈楨等奉敕修：《宣宗成皇帝實錄》，《清實錄》，第 29 冊，卷 256，道光十四年九月乙丑，頁 901-902。

提出三重門戶防衛設想，此後的學者都以此為基礎，繼續增補資料。[15] 亦有論者嘗試以宏觀角度，討論關氏的軍事、海防思想，內容多為如何整頓水師及修建虎門要塞各炮臺。[16] 其餘則探討關氏於虎門攻防戰中的表現，或是與林則徐的關係，甚至是虎門軍演的進行，研究日趨深入。[17] 但關天培最重要的貢獻，還是打造虎門防禦體系，這亦是當時唯一能加強廣東海防的措施。

翻看關天培的履歷，就會發現他只是從征剿海盜中積累海防經驗，而且從未在廣東海防任職。行伍出身的關天培，早年曾先後出任漕督右營把總、揚州中營守備等職，接連剿捕王國英、張萬聚等海盜。[18] 道光六年（1826），關氏毛遂自薦為清廷試行海運，

---

15 參茅海建：《天朝的崩潰——鴉片戰爭再研究》，頁 219-223；曲慶玲：〈試論第一次鴉片戰爭時期的虎門海防要塞建設〉，《軍事歷史研究》2012 年第 1 期，頁 61-67。

16 玉華：〈關天培與粵省海防〉，《嶺南文史》1993 年第 2 期，頁 51-56；孫宏年、華強：〈略論關天培的軍事思想〉，《軍事歷史研究》1999 年第 2 期，頁 156-162；潘家諭：〈關天培的海防思想〉，《劍南文學（經典文教苑）》2013 年第 4 期，頁 237。

17 鄧亦兵：〈鴉片戰爭中的愛國將領關天培〉，《歷史教學》1983 第 7 期，頁 11-14；施渡橋：〈中國近代名將關天培〉，《軍事歷史》1990 年第 2 期，頁 46-48；荀德麟：〈抗英民族英雄關天培〉，《江蘇地方志》1997 年第 3 期，頁 47-49；李才垕：〈林則徐與關天培的友誼——兼論兩人對廣東海防的部署〉，《嶺南文史》1985 年第 1 期，頁 50-53；郭成、郭偉：〈民族英雄關天培殉難新說〉，《瀋陽師範學院學報（社會科學版）》2001 年第 2 期，頁 58-59；黃利平：〈第一次鴉片戰爭前廣東水師虎門軍演述略〉，《明清海防研究（第四輯）》（廣州：廣東人民出版社，2011），頁 39-45。

18 清代武舉分作童試、鄉試、會試及殿試四級。應者須試技藝及策論，技藝考核為馬弓步射，策論則默寫《武經七書》。參黃光亮：《中國武舉制度之研究》（台北：振英排板打字行，1977），頁 34-57；許友根：《武舉制度史略》（蘇州：蘇州大學出版社，1997），頁 60-69。

第四章

於二月帶領 1,254 艘米船北上，途中雖然發生小意外，但仍然完好無缺地將米糧運送到北京，事後升任蘇松鎮總兵，更署任江南提督。[19] 他在日後奉詔進京面見五次，在律勞卑強闖珠江後，道光帝更下令盧坤須待關氏抵達後會議籌商，才重新制定海防章程。[20] 然而，關天培只有征剿海盜的經驗，無法學習當時世界的先進軍事知識，在上任前對廣東了解又不多。[21] 與當時多數中國人一樣，關氏認為英國是蠻夷，性情猶如禽獸，為商業利益可以搖尾乞憐，向強敵屈膝不會感到「羞恥」，若要求不被滿足，就會瘋狂反撲攻擊。[22] 從這些說話中，能感覺出關天培是想用武力壓制英國，但他並沒有甚麼好辦法，面對道光帝的急切期望，只能參考前人經驗，盡力修補虎門要塞。

---

19 關氏自言：「行五千數百里汪洋大海，數遇驚風駭浪，漂入高麗夷境者三百餘船，卒皆化險為平。迨挽入津門，不但斛牧無缺，且有盈餘。總計各船，舵水三萬餘人，一丁未損」。參〔清〕關天培：《籌海初集》，頁 5-6。

20 道光明確指令「其營防海防一切着俟新任提督關天培到粵後，該督等會同籌商，設法整飭，力除從前怠玩積習。俾該將弁等有勇知方，悉成勁旅」。參〔清〕賈楨等奉敕修：《宣宗成皇帝實錄》，《清實錄》，第 36 冊，卷 256，道光十四年九月癸酉，頁 909。

21 趙爾巽等撰：《清史稿》，第 38 冊，卷 372，〈關天培傳〉，頁 11526-11528；王鍾翰點校：《清史列傳》，第 10 冊，卷 39，〈關天培傳〉，頁 3089-3091；〔清〕丁晏：〈誥授振威將軍廣東全省水師提督關忠節公傳〉，《頤志齋文鈔》，卷 1，楊家洛主編：《鴉片戰爭文獻彙編》，第 6 冊（上海：鼎文書局，1973），頁 335-339；〔清〕賈楨等奉敕修：《宣宗成皇帝實錄》，《清實錄》，第 29 冊，卷 256，道光十四年九月乙丑，頁 903。

22 關氏於《籌海初集》序中明言：「蓋蠻夷之性，譬之禽獸，適其欲則搖尾乞憐，違其願則狂顧反噬。其同類也，勢均則相爭不知禮義，力絀則相屈不羞服屬，惟當順其所利而因以制之，非禮樂法度所可馴服而繩約者」。參〔清〕關天培：《籌海初集》，頁 13-15。

修補虎門要塞

茅海建認為關天培提出三重門戶防衛設想,是虎門要塞的「總設計師」,但這個說法值得商榷。[23] 就第一點而言,關天培上任後即往虎門巡視,並於〈查勘虎門扼要籌議增改章程咨稿〉中明言:

> 查虎門控制以沙角、大角兩炮臺為第一重門戶,南山、鎮遠、橫檔三處炮臺為第二重門戶,大虎炮臺為第三重門戶。議者咸以為多備炮火,選派得力官兵,層層防守,何患不能阻截。[24]

顯而易見,三重門戶防衛的想法早就已經存在,關天培不過是強化防衛設置,繼續「層層防守」的思路,並沒有甚麼創新。事實上,關天培只是修補了虎門要塞的各種缺陷,所以更準確來說,他只是一個「修補者」。

改建前的虎門要塞存在不少缺陷,八座炮臺各有問題,令三道門戶的防守結構顯得頗為疏落(參圖 24)。

---

23 茅海建:《天朝的崩潰——鴉片戰爭再研究》,頁 219-220。

24 〔清〕關天培:〈查勘虎門扼要籌議增改章程咨稿〉,《籌海初集》,卷 1,道光十四年十一月二十八日,頁 84-85、88。

第四章

圖 24：關天培就任廣東水師提督前虎門要塞防務圖 [25]

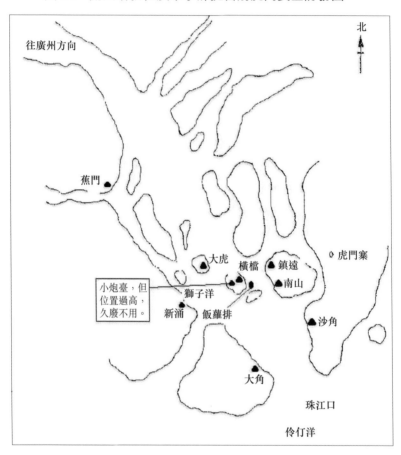

往廣州方向

北

蕉門

大虎

橫檔

鎮遠

南山

虎門寨

小炮臺，但
位置過高，
久廢不用。

獅子洋

新涌　飯蘿排

沙角

大角

珠江口

伶仃洋

25　圖 24 是筆者從中國軍事史編寫組編：《中國軍事史》，第六卷，兵壘，頁 336
　　中的圖 4-36 改造而成。參中國軍事史編寫組編：《中國軍事史》，第六卷（北京：
　　解放軍出版社，1991），兵壘，頁 336。

186

第一道防線由沙角、大角炮臺組成，兩座炮臺東西對峙，但距離相差 1,113 丈（3,562 米），即使發射 3,000 斤（1,813.5 千克）大炮，炮彈僅能命中中流，破壞力太弱，削弱第一重門戶的防守力。[26]

　　第二道防線包括南山、鎮遠及橫檔三座炮臺。南山炮臺建於武山腳下，斜對下橫檔島，相隔 300 餘丈（超過 960 米），但規模太少，只能安裝火炮 12 門。鎮遠炮臺亦建築在武山腳下，與橫檔炮臺中間海面寬 272 丈（約 870.4 米）。橫檔月臺位處上橫檔島，正面朝北。三座炮臺互相對峙，負責控制東水道，但因為地形差距收窄，潮水流經時會加速，中間水深達 12 丈（38.4 米），兩旁淺處亦有 3 丈（9.6 米）深。來船只要把握南風長潮，就可以快速駛入，避開炮臺的攻擊。何況三座炮臺不能百發百中，每發射一炮後，都需要一段時間裝填，才能發射第二炮，強闖的船隻早已駛過。另外，西水道雖然較淺，商船少有行走，此處水深亦有 5 尺，可能會被輕量級船隻偷渡，在防守上僅有橫檔山背後小炮臺一座，而且因為位置過高，已經被棄用。[27]

　　第三重門戶只有大虎炮臺，位處大虎山正面。炮臺本身無問題，但對出 98 丈（313.6 米）外有一處暗沙，水深達 1 丈 4-5 尺（4.5-4.8 米）。與東水道一樣，遇上「大汐長潮，沙面水高」，船隻可從此駛入，避開炮火打擊。另外，關氏與百齡一樣，注意虎門內較次要的蕉門及新涌炮臺。前者位處黃根山根，後者則在

---

26 〔清〕關天培：〈查勘虎門扼要籌議增改章程咨稿〉，卷 1，頁 88-91。

27 〔清〕關天培：〈查勘虎門扼要籌議增改章程咨稿〉、〈重勘虎門炮臺籌議節略稿〉，《籌海初集》，卷 1，道光十四年十二月初六日，卷 1，頁 94-96、104、106-107、109。

第四章

亭涉口內，兩地雖然不是出入要津，但海面寬約 120 餘丈（38 米）及 113 丈（361.6 米），大汐長潮水深可達 2 丈（6.4 米）以上及 1 丈 7、8 尺（5.4-5.7 米），都有被偷渡的可能。[28]

鑑於上述漏洞，關天培重新佈置虎門防務，一面修葺、移建及增築炮臺，並加添重型火炮，幾乎全部都在 5,000 斤（3022.5 千克）以上（參表 8），一面增建炮臺及阻撓性設施（參圖 36）。

關天培首先將沙角、大角炮臺，改為信號炮臺（參圖 25、26）。兩座炮臺是進入省城的第一層門戶，但如前面描述，兩座炮臺相距甚遠，令火炮難以命中，起不了截擊作用，唯一方法是改作號令炮臺。關天培將防守重點放在沙角炮臺，安排把總 1 員、兵 30 名管理，配備大小生鐵炮 11 門、臺門炮 1 門及 500 斤（302.2 千克）生鐵炮 1 門。商船進入時，必須由引水帶至沙角口，由弁兵驗明文憑，放炮一聲通知前面炮臺，再開單呈報提督。沒有引帶文憑者則被視為奸夷，守軍應該在臺面高處插立大纛，通知大角炮臺轟擊，而前面各炮臺一聞炮聲，馬上作好準備，同時通知虎門接應。[29]

關天培在第二道防線的改造上，最為努力。他首先下移並擴建南山炮臺，更名威遠炮臺（參圖 27）。辦法是在南山炮臺

---

28 蕉門炮臺面積為 42.5 丈，開炮洞 14 個，配備 1,500 斤大炮二位、1,200 大炮四位、1,000 斤大炮八位，駐外委 1 員，防兵 16 名。新涌炮臺面積達周圍 42.5 丈，上下兩層開炮洞 13 個，配備 500-2,500 斤大小生鐵炮 12 門。參〔清〕關天培：〈查勘虎門扼要籌議增改章程咨稿〉、〈重勘虎門炮臺籌議節略稿〉，頁 94、111-113。
29 〔清〕關天培：〈重勘虎門炮臺籌議節略稿〉，頁 101-104。

前量地 6 丈修建月臺一座，[30] 並重新裝配大炮 40 門，其中包括新鑄的 8,000 斤（4,836 千克）炮 10 門、6,000 斤（3,627 千克）炮 6 門。[31]

圖 25：沙角炮臺圖

---

30 月臺即為配置在山腳下呈弧狀的炮座，此炮座射擊時，其彈道低伸，只高出海面 1-2 米，對敵船射擊時沒有死角，能有效控制水面。參中國軍事史編寫組編：《中國軍事史》，第六卷（北京：解放軍出版社，1991），兵壘，頁 334。

31 〔清〕關天培：〈重勘虎門炮臺籌議節略稿〉、〈添建炮臺工竣新炮炸裂嚴責賠造摺〉，《籌海初集》，卷 1、3，道光十五年十二月十九日，頁 104-106、590-591、602。

第四章

圖 26：大角炮臺圖

圖 27：威遠炮臺圖

在鎮遠及橫檔炮臺方面，關天培亦修補了建築缺陷（參圖28及圖29）。兩座炮臺的炮洞、垛口、地面全部由粗石造成，不利進行防守作戰。例如是炮洞，假設被敵炮命中，會造成碎石四濺危及守兵。而火炮發射後，會因為後助力與炮座退後4至5尺，但臺面高低不平，炮座亦是粗石製造。3,000-5,000斤大炮發射後，需要動用12人以上，才可以推回原位。因此，關氏以三合土重造炮洞，再於臺面鋪上細沙，方便將火炮推回原位，他又重新調配40門火炮，包括新鑄8,000斤炮7門、6,000斤炮5門，橫檔炮臺則裝配新鑄8,000斤炮5門及6,000斤炮9門。[32]

圖28：鎮遠炮臺圖

32 〔清〕關天培：〈查勘虎門扼要籌議增改章程咨稿〉、〈重勘虎門炮臺籌議節略稿〉、〈添建炮臺工竣新炮炸裂嚴責賠造摺〉，頁92、106-107、599-600。

第四章

圖 29：橫檔炮臺圖

　　針對東水道收窄導致水流加速，令敵船容易闖過，關天培於南山、橫檔之間海面，安裝阻攔性設施。在橫檔附近有一堆巨石，名為飯蘿排，關氏將石峰修鑿成樁，再於橫檔、鎮遠間安裝兩道鐵鏈阻截敵船，爭取時間讓三炮臺連環射擊。[33]

33〔清〕關天培：〈查勘虎門扼要籌議增改章程咨稿〉，頁 91、93。

西水道雖然較淺，但關天培擔心會被敵軍偷渡，於是移建永安及新築鞏固炮臺（參圖 30）。由於橫檔山背的小炮臺位置太高，削弱火炮的威力，關氏將小炮臺移建於山腳，更名永安炮臺，安裝火炮 40 門，包括新鑄 5,000 斤炮 4 門、4,000 斤（2,418 千克）炮 1 門。[34]

圖 30：永安炮臺圖

---

34 〔清〕關天培：〈添建炮臺工竣新炮炸裂嚴責賠造摺〉，頁 593-594、602-603。

第四章

鞏固炮臺新建於蘆灣山腳正中，內部建設與永安炮臺相差不遠（參圖 31）。炮臺安裝火炮 20 門，包括新鑄的 5,000 斤炮 2 門、4,000 斤炮 3 門。[35] 關天培又在其他營抽調士兵 70 名，防守兩座炮臺。[36]

圖 31：鞏固炮臺圖

35 〔清〕關天培：〈添建炮臺工竣新炮炸裂嚴責賠造摺〉，頁 596-597、603。
36 〔清〕關天培：〈新建炮臺籌議抽撥防兵咨商稿〉，《籌海初集》，卷 2，道光十五年六月二十九日，頁 292、295-296。

與此同時，關天培又於西水道南、北兩端安裝阻礙性設施。南端方面，於下橫檔西面山根向南與湖洲山嘴間的暗沙，以品字式安裝三道操手樁。而北端方面，則在永安、鞏固兩臺南面淺處拋石成堆，再在深處安裝梅花大樁，這樣既不會妨礙民船航行，又可令敵船不能揚帆直過，令兩座炮臺有更充裕時間射擊。[37] 然而，西水道始終不是佈防重點，在日後的戰爭中，這些阻礙性設施並未發揮作用。

　　道光十八年（1838），英國馬他倫再闖虎門，關氏深感防務體系仍然不穩固，故於威遠、鎮遠炮臺之間，新建靖遠炮臺，安裝火炮 60 門。[38]

　　大虎炮臺對出海面地形內深外淺，當大汐長潮水漲時，船隻可從外側經過，避開火炮的打擊。關天培於外側拋疊大石塊，堆成七星狀，為免水流沖毀石堆，又在石堆中安裝明樁借力。明樁高出石堆二尺，可以借石堆穩固於水中，迫使船隻靠向炮臺航行，進入火炮打擊面（參圖 32）。[39]

37 〔清〕關天培：〈查勘虎門扼要籌議增改章程咨稿〉，頁 95-96。
38 〔清〕文慶等纂：《籌辦夷務始末（道光朝）》（台北：文海出版社，1970），卷 7，頁 480-481。
39 〔清〕關天培：〈重勘虎門炮臺籌議節略稿〉、〈添建炮臺工竣新炮炸裂嚴責賠造摺〉，頁 109-111、601-602。

第四章

圖 32：大虎炮臺圖

　　關天培又仿效百齡，以障礙物堵塞蕉門、新涌炮臺附近海道
（參圖 33 及圖 34）。由於商船、漁船常以兩地作出入省城的捷徑，
敵軍亦可能從此處發動偷襲。在蕉門炮臺方面，關天培建議用南

河築壩之法堵塞，或安裝品字摋手樁，使船隻不能快速行進。新
涌炮臺方面，關氏一度考慮築壩堵塞，但恐怕阻礙民用，故於稍
寬處拋石下樁加強攔截。[40]

圖 33：蕉門炮臺圖

40〔清〕關天培：〈重勘虎門炮臺籌議節略稿〉，頁 111-114。

第四章

圖 34：新涌炮臺圖

圖 35：虎門要塞炮臺全圖 [41]

---

41 圖 25 至 35，均由關天培的《籌海初集》中截取，參〔清〕關天培：《籌海初集》，頁 26-45。

198

圖 36：關天培改建後虎門要塞防務圖 [42]

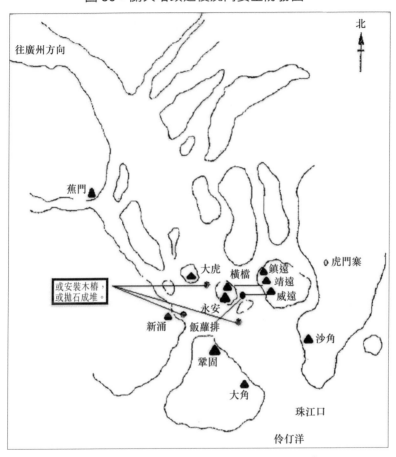

往廣州方向

北

蕉門

大虎　橫檔　鎮遠　虎門寨
　　　　　靖遠
或安裝木樁，　　　　威遠
或拋石成堆。

永安
新涌　飯蘿排

沙角
鞏固

大角

珠江口

伶仃洋

42　圖 36 是筆者從中國軍事史編寫組編：《中國軍事史》，第六卷，兵壘，頁 336
　　中的圖 4-36 改造而成。參中國軍事史編寫組編：《中國軍事史》，第六卷（北京：
　　解放軍出版社，1991），兵壘，頁 336。

第四章

表 8：虎門要塞部份炮臺配炮情況表 [43]

炮臺名稱	配炮情況	合計
威遠炮臺	新鑄：8,000 斤炮 10 門、6,000 斤炮 6 門 舊有：7,000 斤炮 2 門、5,000、3,500、900 斤炮各 1 門、4,000 斤炮 4 門、3,000、2,500、2,000、1,200、1,000 斤炮各 2 門、1,500 斤炮 5 門	40
鎮遠炮臺	新鑄：8,000 斤炮 7 門、6,000 斤炮 5 門 舊有：6,000 斤炮 2 門、6,500、4,000 斤炮各 1 門、5,000 斤炮 4 門、3,000、2,500 斤炮各 2 門、2,000、1,200 斤炮各 4 門及 1,500 斤炮 8 門	40
橫檔炮臺	新鑄：8,000 斤炮 3 門、6,000 斤炮 9 門 舊有：8,000、6,000、5,000、2,500 斤炮各 2 門、7,000、4,000 斤炮各 1 門、3,000 斤炮 3 門、2,000 斤炮 9 門及 1,500 斤炮 6 門	40
永安炮臺	新鑄：5,000 斤炮 4 門、4,000 斤炮 1 門 舊有：4,000、3,500 斤炮各 1 門、3,000、1,500、1,200 斤炮各 4 門、2,000 斤炮 13 門及 1,000 斤炮 7 門、800 斤炮 1 門	40
鞏固炮臺	新鑄：5,000 斤炮 2 門、4,000 斤炮 3 門 舊有：3,000、2,000、1,200 斤炮各 5 門	20
大虎炮臺	新鑄：6,000 斤炮 2 門 舊有：9,000、8,000、7,000、1,400、1,000 斤炮各 1 門、5,000、2,000 斤炮各 5 門、3,500 斤炮 2 門、3,000、2,500 斤炮各 3 門及 1,500 斤炮 7 門	32

---

43 〔清〕關天培：〈添建炮臺工竣新炮炸裂嚴責賠造摺〉，頁 599-603。

操練水師

水師作為虎門防務體系的一部份，然而學者們的關注遠不及虎門要塞。關天培在訓練上沒有甚麼創新，為了遷就水師平時的巡邏任務，更要調低標準。由於廣東清軍在閱兵時，竟然「五箭全空，一槍不中」，關天培在道光十五年（1835）實行分營訓練，各營每 100 人挑出備戰兵 40 名操練，其餘則用於巡防，再逐步替換巡防兵，三年內完成所有訓練。[44] 關天培要求弓兵訓練，必須達到章程規定的六力，每 10 名士兵須有 6 名或以上達標，50 枝箭中 26 枝或以上合格，[45] 槍兵 10 名打靶 30 次，必須中靶 18 次。[46] 結果，關天培在次年檢視澄海協左、右營時，發現情況沒有改善，便降低訓練標準，弓箭準頭以五成為合格，鳥槍繼續是六成。[47] 關天培儘管委派專員管理，但水師分散佈防於各地，又要兼顧多種任務，訓練並沒有多大成效。

或許關天培也意識到上述問題，接下來就集中訓練中路水師，設計虎門會操。在實行會操前，關天培首先下令虎門要塞各炮臺，於每個月的 3、8 日操練槍炮，然後又安排專員管理威遠、永安、

---

44 〔清〕關天培：〈通行訓練章程挑選精壯士卒稿〉，《籌海初集》，卷 1，道光十五年正月二十二日，頁 177-179。

45 清代弓箭以「力」衡量張弓時的用力單位，並分十八等，大概每「力」為九斤十四兩。六力約為今日 35.31 公斤，八力為 47.08 公斤，十力為 58.86 公斤，十二力為 70.63 公斤。參周維強：〈雍正武藝之商榷：從「世宗用葡萄面樺皮弓」蠡測雍正臂力〉，國立故宮博物院編：《故宮文物月刊》2009 年第 318 期，頁 72-78。

46 〔清〕關天培：〈通行訓練章程挑選精壯士卒稿〉，頁 181-184。

47 〔清〕關天培：〈准咨再議分兵訓練章程稿〉，《籌海初集》，卷 4，道光十六年六月二十九日，頁 749-755。

第四章

鞏固、鎮遠、大虎炮臺。[48]道光十六年（1836），關氏制定訓練計劃，廣東水師於每年二、八月進行春秋二操，模擬實戰情景。[49]訓練計劃由沙角、大角炮臺開始預警，再以第二道防線的炮臺炮轟敵船，如果敵船闖過此層，就出動水師及第三道防線剿滅。整個會操由炮臺射擊為先，再操練師船陣形，最後是水兵操練。具體情況為：八月初六日四鼓時分，中軍參將在南門城上放頭炮發令，協濟炮臺弁兵造飯，五鼓時分放第二炮，所有士兵必須用膳完畢。天稍亮再放第三炮，所有士兵帶齊裝備，前往校場集合點名，並領取鹽菜錢。領隊官會在集合時，於將臺豎立大纛五杆，士兵須要歸隊站定，由中軍參將等人負責帶領士兵上船，前赴威遠、鎮遠、橫檔、大虎及永安炮臺，船隻則由候補守備在太平汛準備。抵達炮臺後，士兵首先要檢查火炮、火藥、炮彈、隨炮器具、火器旗圖、配執軍械及軍服，並與駐守的士兵一同炊爨，準備演練火炮射擊。由於協濟兵與駐防兵默契不足，所以每門火炮由駐防兵1名瞄準，協濟兵3名裝藥、下子、攚炮和點火，若是8,000-6,000斤大炮，則安排駐防、協濟兵各2名。每門火炮尾部均會懸掛一面小腰牌，正面書寫炮位號數、應下藥子，背面刻寫士兵的姓名。發射前，由瞄準兵先行瞄準示意，燃火兵在左執火龍杆燃火，催火兵在右執皮巴掌火門一撲，向靶船攻擊。如果炮彈命中靶船，司令官就押旗畫圈，號手兵鳴鑼三下，由瞄準兵取下炮尾腰牌領賞。

---

48 〔清〕關天培：〈分兵訓練指地專防稿〉，《籌海初集》，卷1，道光十五年二月初七日，頁200-203。
49 黃利平：〈第一次鴉片戰爭前廣東水師虎門軍演述略〉，頁39-43。

在三道門戶中，關天培最重視第二道門戶的火力。操練當日，總督和巡撫都會出席，並在橫檔炮臺觀察。大鵬參將呈送兵冊後，再發令開始，右營游擊於月臺垜口展旗三次，威遠臺兵弁再接力展旗，八臺接連施發信炮，沙角、大角炮臺各發炮一次，然後開始實彈射擊。快蟹船拉動靶船內闖，行抵飯蘿排附近時，各炮臺開炮攻擊。他特別將操練安排在長潮時，因為這時水勢溜急，靶船可以快速航行，模擬英軍戰艦的行動。針對英軍戰艦的速度，關氏下令守軍在發射第一炮後，不用再放炮，並立即在垜口施放大火箭、溜筒，二、三、四號炮臺發炮後，待靶船駛近時，再施放五虎箭、噴筒、群虎箭。[50] 另外，水師又要在上流準備大米艇及火船，大米艇後排列三板 4 艘，並搭載 40 名梟水兵，由中泓向北駛至飯蘿排，務必要將靶船擊沉。[51]

　　除了炮臺射擊，關天培亦有安排師船及水兵操練傳統的接舷和衝撞戰術。[52] 在師船會操中，關氏要求舵兵、繚手因應風勢靈活

---

50 清代火器以鳥槍、火炮為主，其餘則退居次要地位。火箭於清代被當作燃燒火器，水師必定配備。五虎箭、群虎箭均屬單級火箭，將多枝裝有火藥筒的火箭，安置於一個口大底小的火箭桶中，桶內有分層箭格板，再於桶外集束各箭火線。發射時眾箭齊發，射程可達百米以上。噴筒是以噴射火焰焚燒和毒殺敵軍、燒毀糧草物資的管形噴射火器。參王兆春：《中國火器史》（北京：軍事科學出版社，1991），頁 168-172；劉旭：《中國古代火藥火器史》，頁 153。
51 〔清〕關天培：〈創設秋操通行曉諭稿〉，《籌海初集》，卷 4，道光十六年七月二十四日，頁 773-788。
52 《廣東海防彙覽》早於道光十四年（1834）開始編寫，至十八年（1838）刻印，而關天培並沒有參與其中。參〔清〕盧坤、鄧廷楨主編，王宏斌等校點：《廣東海防彙覽》，卷 22，〈操練〉，頁 639-650；陳文源：〈《廣東海防彙覽》研究〉，李金強、劉義章、麥勁生合編：《近代中國海防：軍事與經濟》（香港：香港中國近代史學會，1999），頁 41-46；張建雄、劉鴻亮著：《鴉片戰爭中的中英船炮比較研究》，頁 64。

操縱戰船，爬桅兵要身手敏捷，可以隨手發射火器、弓箭，而參與水兵則要熟悉水性，移動時必須符合隊形。[53]

師船及水兵在操練時，七營水師會按次序排出陣勢。首先，七營水師出動 10 艘師船，總領船列於前，8 艘師船分排左右，督陣船在後。先由總領船迎接總督至操臺，再由中軍參將呈送操圖請令，即發炮三聲，揮動令旗，眾兵肅靜聽令（參圖 37）。[54]

圖 37：眾兵肅靜聽令圖

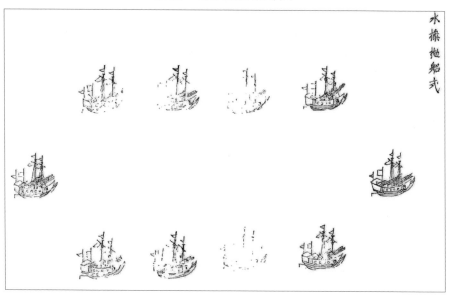

---

53 〔清〕關天培：〈創設秋操通行曉諭稿〉，頁 788-790。

54 〔清〕關天培：〈師船水操號令說〉，《籌海初集》，卷 4，頁 807。

第一陣萬派朝宗（參圖 38）：總領船揮五色旗，掌平號，放炮一聲，眾船起大篷。掌平號，放炮三聲，各船起椗。掌潮水號，總領船開行，左右兩股船隊魚貫而進，督陣船隨後而行。總領船揮紅旗，掌天鵝號，發炮一聲，各船齊放炮火，各兵吶喊助威一疊。再揮紅旗，掌天鵝號，發號炮一聲，各船再放炮火，各兵吶喊助威一疊。總領船放號炮一聲，掌平號，揮藍旗，各船轉舵變陣。[55]

圖 38：萬派朝宗陣圖

55〔清〕關天培：〈師船水操號令說〉，《籌海初集》，卷 4，頁 807-808。

第四章

第二陣雙鳳穿花（參圖 39）：總領船揮紅旗，發號炮一聲，掌催尖號，左右兩股師船對面衝攻，各兵吶喊助威，師船「齊放鬥頭，腰邊尾送鎗炮聯環攻打」，待總領船揮紅旗，停止吶喊、鎗炮，再由總領船揮黃旗，放號炮一聲轉陣。[56]

圖 39：雙鳳穿花陣圖

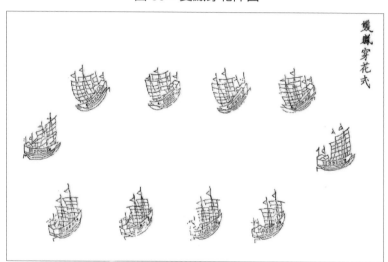

第三陣一統昇平（參圖 40）：總領船揮紅旗，放號炮一聲，眾船齊放炮火，各兵吶喊助威。又揮紅旗，放號炮一聲，眾船又放炮火，各兵吶喊助威。再揮動紅旗，放號炮一聲，眾船再放火炮，各兵吶喊助威。總領船押紅旗，吶喊、炮火齊止。[57]

56〔清〕關天培：〈師船水操號令說〉，《籌海初集》，卷 4，頁 808-809。
57 同上，頁 809-810。

圖 40：一統昇平陣圖

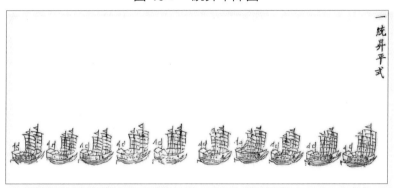

第四陣海洋靜肅（參圖 41）：總領船放炮三聲，吹得勝令，揮五色旗，再到中央拋椗，其餘船隻亦照營式拋椗，按次序停泊，再鼓吹繳令。[58]

圖 41：海洋靜肅收隊陣圖

58〔清〕關天培：〈師船水操號令說〉，《籌海初集》，卷 4，頁 810。

第
四
章

最後是水軍操練。首先安排水軍兩隊，隱伏於船隊，等候命令。各兵跪接號令，船隊奏樂並鳴炮三次，待督撫坐畢。中軍官跪呈操圖，請令官即請發令，再奏樂鳴炮三次。然後掌平號一聲，尖號一聲，揮動五色旗，信炮一聲，騎兵下水上馬。掌平號二聲，尖號一聲，揮動五色旗，信炮一聲，第二層水兵下水。掌平號三聲，尖號一聲，揮動五色旗，信炮一聲，第三層水兵下水。掌行隊號，點鼓，水兵分兩翼前進，執令官舉黃旗，吹海螺，兩隊水兵分列雁行（參圖 42）。藍白旗一展，轉為龍遊陣。[59]

圖 42：水兵預備操練圖

59 〔清〕關天培：〈水軍汛水陣號令說〉，《籌海初集》，卷 4，頁 823-824。

龍遊陣（參圖 43）：號令船上掌平尖號一聲，揮舞藍旗，信炮一聲，並吹海螺、擂鼓，水兵兩隊開始交鋒對壘，各兵吶喊助威，直至左隊大旗與右隊紅旗相對，鳴金止停。再敲金邊，水馬兵出為第一層，刀牌兵排出第二層，雜技兵列陣第三層，是為三才陣。[60]

圖 43：龍遊陣圖

三才陣（參圖 44）：號令船上掌平號三聲，尖號一聲，執令官揮紅旗，信炮一聲，水馬兵施放排槍一次。再掌平號三聲，尖號一聲，揮動紅旗，信炮一聲，水馬兵放排槍一次。又掌平號三

60〔清〕關天培：〈水軍汛水陣號令說〉，《籌海初集》，卷 4，頁 824。

第四章

聲，尖號一聲，揮動紅旗，信炮一聲，水馬兵放排槍一次，見藍旗揮動，變成偃月陣。[61]

圖 44：三才陣圖

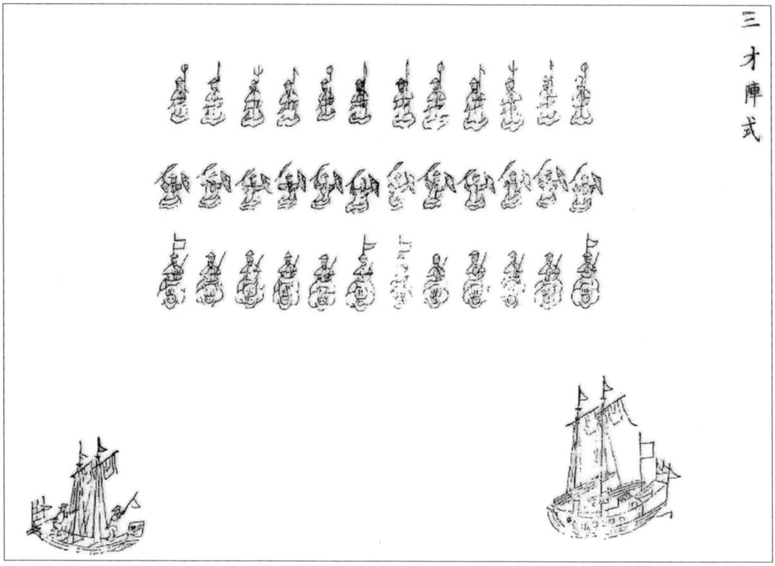

偃月陣（參圖 45）：執令官舉藍旗，點鼓，刀牌兵演武伍步。擂鼓，牌兵滾伏於水面，雜技兵衝出。再點鼓，刀牌兵演武伍步，聞金聲而止。出皂旗，敲鼓邊，安排匪船衝陣，再揮五方旗，變為一氣渾元陣。[62]

---

61 〔清〕關天培：〈水軍汛水陣號令說〉，《籌海初集》，卷 4，頁 824-825。
62 同上，頁 825-826。

210

圖 45：偃月陣圖

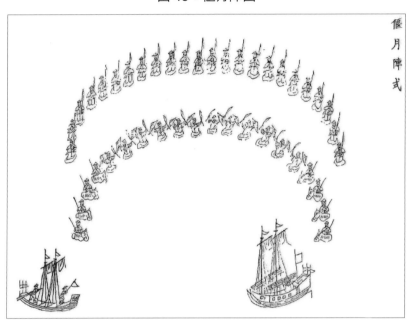

　　一氣渾元陣（參圖 46）：號令船擂鼓，水馬兵佈於外層，雜
技兵圍成第二層，刀牌兵環繞第三層，包圍匪船。掌天鵝號，揮
紅旗，信炮一聲，擂緊鼓，眾兵八面進攻，齊發槍炮，生擒賊船。
鳴金三聲，槍炮齊止。再展五色旗，發信炮三聲，奏得勝令，轉
為四夷拱服陣。[63]

63〔清〕關天培：〈水軍汕水陣號令說〉，《籌海初集》，卷 4，頁 826。

第四章

四夷拱服陣（參圖 47）：水兵排列四層，奏凱回營，赴座船
稟報，再歸隊上船（參圖 48）。[64]

---

64 〔清〕關天培：〈水軍汎水陣號令説〉，《籌海初集》，卷 4，頁 826-827。

圖 47：四夷拱服陣圖

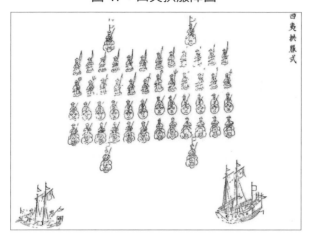

圖 48：凱旋收隊式圖 [65]

---

65 圖 37 至 48 來源則為〔清〕關天培：《籌海初集》，卷 1、4，頁 26-27、30-49、812-821、830-843。

第四章

關天培設計的虎門會操,最大問題是不能對應當時的戰爭。律勞卑事件深刻地影響關天培佈防,整個虎門會操,目的都只是防範再有敵船闖入。在日後的虎門大戰中,清軍只是倚靠炮臺拒敵,水師戰船根本沒有出動配合。而關天培只安排少量船隻模擬敵船,明顯對戰爭估計不足,沒有吸取嘉慶朝時廣東水師被大量海盜攻擊的教訓,無論是炮臺射擊、還是船操及水操,都假設英軍僅僅會用數艘戰艦進攻,不能不説是一大失誤。[66]

小結

在高度中央集權的情況下,關天培所擁有的經驗、資源,注定他只能改造前人遺下的虎門要塞。嚴格來說,關天培只是虎門要塞的「修補者」,他翻新沙角、大角、鎮遠、橫檔、大虎、蕉門炮臺,移建威遠、永安炮臺,新建鞏固、靖遠炮臺,更換重型火炮,再於東水道增設鐵鏈、木排,減慢敵船速度,讓炮台有充裕時間射擊,又於西水道加設木樁,修補虎門要塞原有缺點。水師操練作為防禦體系的一部份,圍剿闖過第三道防線來船,屬於戰術上的補充。整個操練都在虎門內進行,可見關天培根本不打算出洋剿敵,因為當時的水師並不具備主動出擊的能力。

第 3 節　林則徐能改變甚麼?

相對關天培,林則徐無疑更受注目,有關研究更是汗牛充棟,多不勝數。林則徐素來被譽為首位開眼看世界的中國人,遺

66　茅海建:《天朝的崩潰——鴉片戰爭再研究》,頁 223。

下的資料更被多次輯錄整理出版。對於林則徐的海防政策，早期不少學者如戚其章、楊國楨等，都認同林氏主張內河、口內決戰，積極防守海岸，思想非常務實。美籍華裔學者陳其田（Gideon Chan），亦肯定林氏在中國海防現代化的努力。然而，茅海建否定以上說法，並指有關措施只是反映林氏對西方先進軍事技術的無知，犯了書生談兵最易犯的錯誤。[67] 事實上，林則徐任職廣東期間的海防政策，只是嘉慶朝的延續，根本不能彌補海防缺陷。

經驗影響判斷

林則徐對海防的認識，幾乎全部都是來自嘉慶朝的剿海盜經驗。他在少年時代入讀文筆書院和鰲峰書院，由是培養經世致用的思想。嘉慶十一年（1806），林氏應廈門海防同知房永清邀請出任書記，初次接觸海防，次年（1807）更獲福建巡撫張師誠（1762-1830）賞識，充當幕僚參與征討海盜蔡牽的「籌海」工作，亦因此對海盜深痛惡絕。[68] 此後，林則徐專責處理民生，先後擔任浙江鹽運司、河東河道總督及江蘇巡撫。道光十八年，當時擔任

---

67 茅海建：《天朝的崩潰——鴉片戰爭再研究》，頁 125-138；Gideon Chan, Lin Tse-Hsü: *Pioneer Promoter of the Adoption of Western Means of Maritime Defense in China* (New York: Paragon Book Reprint Corp., 1961), pp.30-32.

68 嘉慶二十五年（1820），林氏上書反對張保升為總兵，直指：「臣查現任該協副將張保，即係廣東投誠之張保仔，從前在洋為匪，伙眾至一萬七千餘人之多，鎮將大員屢被戕害。……旋即疊次超升，於上年四月間補授福建澎湖協副將。距悔罪乞降之始未屆十年，而在營遷轉之階已躋二品，從此升任之速，未有過於此者」，張保亦升官失敗。參〔清〕林則徐：〈副將張保不宜駐守澎湖並限制投誠人員品位折〉，〔清〕林則徐：《林則徐全集》，第 1 冊，道光二十五年二月二十七日，頁 29。

湖廣總督的林則徐上言禁革鴉片，獲道光帝召見，並任命為欽差大臣，南下廣東查辦「海口」事件。在廣東期間，林氏與鄧廷楨（1776-1846）及關天培通力合作，下令外商繳鴉片煙、逮捕煙犯、驅逐躉船，並於虎門銷毀鴉片，引發英國商務監督義律（Charles Elliot, 1801-1875）不滿對抗，加上林維喜事件的發生，終於釀成鴉片戰爭。[69] 道光二十年（1840），林則徐上任兩廣總督，積極籌劃防務，特別命人探聞西事，購買西洋船炮，被視為我國海防近代化的先驅。又因為招募水勇協防，依靠民力，倡言持久戰，林則徐的措施又被認為在國史上，具承先啟後的意義。[70] 但林則徐只曾參與「籌海」工作，更不幸的是，他的任期只有不足九個月，唯有再次使用嘉慶朝的海防政策。

而林則徐對英國的看法，基本上與嘉慶朝海盜相似，所以清廷應該繼續「嚴守海岸」的戰略。他認為：

> 夫震於英吉利之名者，以其船堅炮利而稱其強，以其奢靡揮霍而豔其富。不知該夷兵船笨重，吃水深至數丈，只能取勝外洋，破浪乘風，是其長技。惟不與之在

69 趙爾巽等撰：《清史稿》，第 38 冊，卷 369，〈林則徐傳〉，頁 11489-11494；王鍾翰點校：《清史列傳》，第 10 冊，卷 38，〈林則徐傳〉，頁 2960-2967；繆荃孫纂錄：《續碑傳集》，《近代中國史料叢刊》，第 984 冊（台北：文海出版社，1973），卷 24，頁 4；來新夏編撰：《林則徐年譜》（上海：上海人民出版社，1981），頁 2-26。

70 楊國楨：〈林則徐對西方知識的探求〉，楊國楨：《林則徐論考》（福州：福建人民出版社，1989），頁 23-35；〔日〕田中正美：〈林則徐的抗英政策及其思想〉，〔日〕田中正俊等著，武漢大學歷史系鴉片戰爭研究組編：《外國學者論鴉片戰爭與林則徐》，下冊（福州：福建人民出版社，1989），頁 238-245。

洋接仗，其技即無所施。至口內則運掉不靈，一遇水淺
沙膠，萬難轉動⋯⋯且夷兵除槍炮之外，擊刺步伐，俱
非所嫻，而腿足裹纏，結束嚴密，屈伸皆所不便，若至
岸上更無能為，是其強非不可制也。該夷性奢而貪，不
務本富，專以貿易求輸贏，而貿易全賴中國俾以馬頭，
乃得借為弁利之藪⋯⋯故貿易者，彼國之所以為命，而
中國馬頭又彼國貿易者之所以為命，有斷斷不敢自絕之
勢⋯⋯且該國所都蘭頓地方，來至中華，須歷海程七萬
里，中間過峽一處，風濤之惡，四海所無，行舟至此，
莫不股栗⋯⋯[71]

首先，他承認英國富強，擅長在外洋作戰，但於口內、陸上行動
不便，無法施展槍炮優勢。其次，林則徐誤以為英國的富強，是
因為與中國進行商業貿易。最後，林氏以為兩國距離甚遠，英國
不會派兵來華作戰。從以上分析來看，林則徐並未清楚掌握英國
實力，在他的認識中，英國與海盜活動類似，雙方都擅長在外洋
作戰，前者人數眾多，後者則船堅炮利，行動自由度大，而水師
實力規模有限，出洋作戰沒有勝算，最實際的做法還是加強海岸
防守。再者，他誤以為兩者均依賴內地，海盜需要日常生活物資，
英國則需與中國貿易來維持富強，只要斷絕貿易，就等於在經濟

---

71 參〔清〕林則徐、鄧廷楨：〈論嚴諭將英船新到煙土查明全繳片〉，《林則徐全
集》，第 3 冊，道光十九年七月二十四日，頁 186-187；學者林慶元對此亦有相
同分析，參林慶元：〈近代海權思想的萌芽──論林則徐的海防思想〉，《近代
中國海防──軍事與經濟》，頁 89-90。

上擊敗對手。面對這類型的敵人，對有「籌海」經驗的林則徐來說，最好的方法當然是強化海岸防守、截斷內地供給。事實上，清廷平定海盜後，只是恢復治安，並沒有解決水師積弱的問題，林則徐選擇「以靜制動」亦非常合理。

強化海岸防線

林則徐強化海岸防線，只是在關天培修補的虎門防禦體系基礎上進行，新建尖沙嘴、官涌炮臺（參圖49）。在貿易停止後，英國增加了在尖沙嘴活動，船隻如要東上惠、潮兩州，甚至福建及浙江省，都必須經過此處。而尖沙嘴在地勢上四面環山、水勢寬深，非常適合停泊船隻。所以，林氏在尖沙嘴山麓石腳、官涌偏南一山前的石排，各修建炮臺一座，安裝火炮 56 門。[72] 雖然有意見認為在尖沙嘴、官涌加建的炮臺是第四道門戶，但兩座炮臺實際上沒有納入虎門防禦體系的作戰計劃內。

修建尖沙嘴、官涌炮臺後，林則徐又把大鵬營升格為協。由於海防經費有限，林氏一如以往的兩廣總督，在其他水師營調配人手增加兵員。他首先將澄海協副將改為大鵬協副將，駐防九龍山，並增加大鵬左、右營士兵 1,000 名，又安排 75 及 130 名士兵，駐守官涌及尖沙嘴炮臺。此外，林則徐再從西路軍營調配米艇、快船，供大鵬協使用，以免增加海防經費。[73] 林則徐同時亦將東路的澄海協降為營，維持全省營制不變。

---

72 〔清〕林則徐：〈尖沙嘴官涌添建炮台折〉，《林則徐全集》，第 3 冊，道光二十年三月二十六日，頁 334-335。

73 〔清〕林則徐：〈請改大鵬營制而重海防折〉，《林則徐全集》，第 3 冊，道光二十年三月二十六日，頁 330-332。

圖49：林則徐擴建後虎門要塞防務圖 [74]

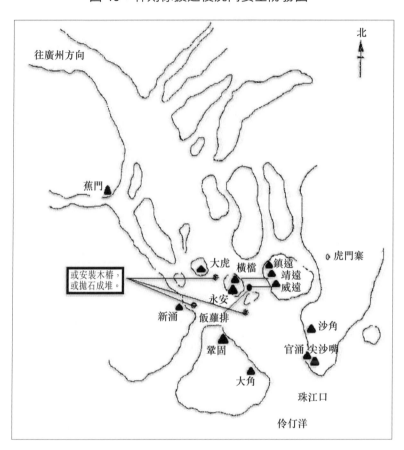

往廣州方向

北

蕉門

大虎　橫檔　鎮遠　虎門寨
　　　　　　　靖遠
或安裝木樁，　　　　威遠
或拋石成堆。
　　　永安
新涌　飯蘿排　　　　沙角

蕈固　　　　　官涌 尖沙嘴

大角

珠江口

伶仃洋

74 圖49是筆者從中國軍事史編寫組編：《中國軍事史》，第六卷，兵壘，頁336
中的圖4-36改造而成。參中國軍事史編寫組編：《中國軍事史》，第六卷（北京：
解放軍出版社，1991），兵壘，頁336。

第四章

重整營伍

雖然關天培努力重整廣東水師，但林則徐仍然不滿意，繼續整頓全軍紀律。林則徐批評當時廣東水師腐化，認為他們收受鴉片貿易賄賂，未有盡力緝捕。[75] 南下廣東後，林則徐親自巡查中路海口，又隨意抽驗士兵，先後檢閱督標中左右前後五營、水師營、撫標左、右營及廣州協兩營。為防止官兵染上吸食鴉片惡習，林則徐實行連坐法，每名士兵都需要 5 名士兵擔保，一名士兵犯規，由承擔士兵舉報，否則全部受罰。但與關天培一樣，林則徐難以管理東西兩路水師，只能面諭各營認真操練。[76]

加強訓練廣東水師

在加強廣東水師的戰力上，林則徐繼續嘉慶朝的做法，包括放寬戰船修理規定、試圖引入西方戰艦及訓練「攻首尾躍中艙」戰術。

由於進入戰爭狀態，林則徐仿效那彥成，放寬戰船修理規定。道光二十年，林則徐首先動用房稅羨銀、落地稅羨銀，修造多艘八槳船及內河巡船。[77] 穿鼻海戰後，林則徐又動用關鹽盈餘，修理

---

75 林則徐批評：「粵營以水師為最優，其歲入得自糧餉者百之一，得自土規者百之九十九，則去其得項百之九十九，仍欲其出力拒英夷，此事理之所必不得者」，參〔清〕包世臣著：〈答果勇候書〉，〔清〕包世臣：《安吳四種》（台北：文海出版社，1968），卷 35，頁 2461-2462。

76 〔清〕林則徐：〈校閱在省標營及因公至省官兵情形折〉，《林則徐全集》，第 3 冊，道光二十年二月二十六日，頁 303-304。

77 〔清〕林則徐：〈修造外海內河巡緝戰船情牙折〉，《林則徐全集》，第 3 冊，道光二十年四月十三日，頁 354-356。

受損船隻。[78]

為了拉近與英軍戰艦的差距，林則徐更繪製新式戰船八款，預備讓廣東水師配備，包括：

廣東水師營快蟹	兩桅船，每側用槳 20 支。[79]
知沙碧船	三桅船，「有頭鼻，與英夷船同」，兩層共安炮 34 門。[80]
花旗船	三桅船，兩層共安炮 28 門。[81]
安南國漁船（又名戰船）	「用在布梭大頭三板船後，長約八丈餘，寬約八九尺餘，更加寬長亦可，形如大西瓜扁式。兩邊安炮，兵在篷內打仗，不見敵人炮火，有膽進攻。木料要十分堅厚，使炮子打不動，頭尾兩邊，各設槳三四枝，或設車輪激水，更為穩捷。炮眼上一層設木欄，欄如女牆式，排列槍炮，欄上設木拱，篷厚二尺，頂有井口，以透煙氣」。[82]

---

78 〔清〕林則徐：〈動項修造參戰損壞師船片〉，《林則徐全集》，第 3 冊，道光二十年六月二十一日，頁 422-423。

79 〔清〕汪仲洋：〈安南戰船說〉，〔清〕魏源：《海國圖志》，《續修四庫全書》，第 744 冊（上海：上海古籍出版社，1995），卷 84，頁 465。

80 同上。

81 同上。

82 同上。

第四章

安南國大師船	「船身約長十四丈，寬約二丈一二尺，艙深一丈餘，船頭與尾均平，絞纜用絞盤，船底旁厚五寸餘，水離旁厚七寸餘，舨邊一尺餘，以堅木為之。舨外企排六寸，寬厚木枋以擋炮，艙內通擋藏火藥，艙安大炮。後正中兩邊，夾以水櫃，相離二尺，不至潮濕。用木桶裝貯，不用瓦器，凡兩桅，桅凡二段，以筍接豎，式與英夷相同。此船較魚船更巨，皆安南之大船也」。[83]
安南布梭船	「形如夷船，小三板式。長約三丈，寬六尺，兩旁每面設槳十餘枝，頭尾各安熟鐵大子母炮一位，兩旁配小炮四位，槍兵二十餘名，兩頭用舵，首尾不分，隨意棹走」。[84]
安南大頭三板船	「此與布梭船當先夾攻，其船頭須十分堅厚，外加八字槳，以生牛皮數層蓋之。且船頭高於船尾二尺，彈子擊來，傷不着船中之人，船兩旁高與掉槳人頭齊，船頭安千斤炮一位，兩旁船尾各安子母炮，配槳兵二十餘名，把舵一名，司炮數名槍兵數名，每船約用三十餘人，船身長三丈餘寬七八尺，旁用堅木厚約二寸，此船及梭船，越南謂明太祖用小船破陳友諒大船之法。英吉利來侵越南，賴此等船勝之。以其不借風潮，而能運動如飛也」。[85]

---

83 〔清〕汪仲洋：〈安南戰船説〉，〔清〕魏源：《海國圖志》，《續修四庫全書》，第 744 冊（上海：上海古籍出版社，1995），卷 84，頁 465。

84 同上。

85 同上。

車輪船	「前後各艙，裝車輪二輛，每輪六齒，齒與船底相平。車心六角，車艙長三尺，船內兩人齊肩，把條用力，攀轉則輪齒激水，其走如飛。或用腳踏轉，如車水一般，船身長一丈七尺五寸，船艙肚闊五尺，船邊護木，離船一尺一寸，頭尾用木篷，中用竹篷，船篷至底高六尺餘，一半入水。如船輕用石壓之，蓋船底入水一尺，則輪齒亦入水一尺也」。[86]

根據近人鄭永常、李貴民的研究，這八款新式戰船中，越南阮朝的安南船就佔了一半。當中安南國大師船，儘管長度不相同，應該是阮朝的裹銅戰船（防止微生物積聚於船底）。而當時越南在明命帝（阮福晈，1791-1841；1820-1841 在位）的重視下，積極建造裹銅戰船，令阮朝擁有當時東南亞最新式、最具戰力、最科技化的戰船。[87] 然而，八種戰船未及生產，戰爭便已開始，結果不能用於戰場。後來，林氏向奕山（1790-1878）提出防衛建議時，亦再提及建造這些戰船。[88] 但與吳熊光提出建造登花戰船一樣，這些戰船的造價、修造材料是否過高，或要從外國進口都是一大問題。另外，當時已經處於戰爭狀態，即使戰船能夠造成，廣東水師亦未有足夠時間熟悉操作方法，在廣東海防長期只求穩定治安的情況下，突然使用新裝備，無疑是非常困難。

---

86 〔清〕汪仲洋：〈安南戰船説〉，〔清〕魏源：《海國圖志》，《續修四庫全書》，第 744 冊（上海：上海古籍出版社，1995），卷 84，頁 465-466。

87 鄭永常、李貴民：〈瞬間的光芒：越南阮朝的裹銅船之製作與傳承〉，《南方大學學報》2014 年 8 月第 2 卷，頁 65-89。

88 〔清〕林則徐：〈答奕將軍防禦粵省六條〉，《海國圖志》，下冊，卷 80，頁 1944-1945。

第四章

林則徐又引入西方船炮裝備。在眾多裝備中，最有名的便是從美國購入商船「甘米力治」號 (Cambridge)，重達 1,060 噸，船上安裝 34 門火炮，被林則徐改為訓練艦船，讓廣東水師練習「攻首尾躍中艙」的戰術。[89] 此外，林氏又購入兩艘 25 噸縱帆船及 1 艘明輪小火輪。他甚至仿造新船，英軍亦指在 1840 年 4 月 25 日，看見有二、三桅船於廣州洋面游弋。[90] 為拉近火炮上的差距，林氏向葡萄牙和英國購買槍炮，但數量未明。[91] 同樣據英軍見聞，於虎門港內見中國戰船配備 36 門大炮，多為 9 至 12 磅鋼炮，均由英國利物浦福西特 (Fawcett of Liverpool) 製造，或經澳門、新加坡購買。[92] 但這些武器裝備只有在初戰中應用，未能協助清軍防守虎門要塞。

　　然而，引入西方船炮沒有改變林則徐的戰術觀念。他所提倡的「攻首尾躍中艙」，其實亦只是傳統的接舷和火攻戰術。

　　根據林則徐對兩國船隻的評估，廣東水師於對陣時，應該佔據順風位置，再發動火器進攻 (參圖 50)。雖然英軍戰艦較廣東水師的戰船高大，但使用火炮只安裝於船側，所以師船應該集中攻擊敵船的首尾兩端。假如敵船首朝南、尾向北，應該測定風向，遇北風攻擊尾部，遇南風則進攻船頭。水師進攻時必須佔據上風

89 〔清〕魏源：《道光洋艘征撫記》，齊思和、林樹惠、壽紀瑜編：《鴉片戰爭》，第 1 冊（上海：神州國光社，1954），卷上，頁 142。

90 Bernard, *Narrative of the Voyages and Services of the Nemesis from 1840 to 1843; and of the Combined Naval and Military Operations in China*, p. 169.

91 Bingham, *Narrative of the Expedition to China, from the Commencement of the War to Its Termination in 1842: With Sketches of the Manners and Customs of that Singular and Hither*, p. 134.

92 Bernard, *Narrative of the Voyages and Services of the Nemesis from 1840 to 1843; and of the Combined Naval and Military Operations in China*, pp. 13-14.

位置，避開敵船火炮，又要留意潮勢，在順潮時行動。在林則徐的設想中，英軍戰艦雖然高大，但廣東水師的戰船比較靈活，可以自由繞轉，佔據順風位置。在進攻對方船首時，首先要攻擊戰船頭鼻。若進攻對方船尾，則先要攻擊後艙，因為那裏是士兵的住處，火藥等物資亦儲存在內，而這裏安裝的是玻璃，容易被擊破，若後艙起火，就會從內部引發大破壞。另外，水師火炮足以破壞英軍戰艦僅包生銅的船舵，使其失去航行力，水師就可以登船俘虜敵人。[93]

圖 50：攻首尾躍中艙（對陣）

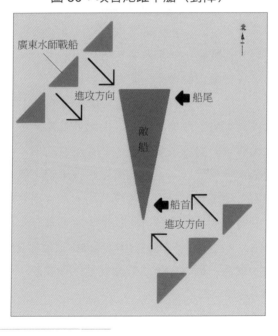

---

93 〔清〕梁廷枬：《夷氛聞記》（北京：中華書局，1959），卷 2，頁 36。

第四章

其次在陣形方面，廣東水師在接近敵船首尾兩端時，要以完整陣形，分左、右翼斜對敵軍戰艦。這樣的擺陣可以集齊多艘船隻，而發射火器時不會誤中師船。若對方船隻首朝東尾向西，師船就可以乘西風攻船尾，左方師船船頭向東南，右方師船船頭向東北，左、右二陣均採取斜勢，令火炮面向敵船。但關鍵在於舵工的轉舵能力，所以林氏決定實行賞罰制度，將英國戰艦上的銀錢、鐘錶，獎賞給優秀舵工，並將表現差劣者斬首示眾。[94]

在正式作戰時（參圖 51），水師戰船必須分四路，依次序使用火器。每路包括 3-4 艘戰船，但大船不可超過 3 艘。面對每艘英軍戰艦，大概使用 12 至 16 艘船進攻，若己方戰船遠多於英軍，可以分頭攻擊。接戰時，如果敵船在射程範圍內，水師應該馬上開火，如果在鳥槍命中範圍內，亦順道發射，待雙方距離拉近，再施放噴筒、火罐。水師在使用火罐時，應該在桅上拋擲，並挑選二名士兵，一人爬上頭桅，另一人則爬上二桅，在桅頂的士兵用火繩點燃火罐，向對方戰艦投擲。一人發射完畢，由另一人補上，如此類推，連續發射，令英軍戰艦應接不暇，與此同時，其餘士兵在船首，繼續發射噴筒，焚燒敵船。在林則徐的設想中，英軍戰艦即使沒有焚燬，亦會大火燃燒，廣東水師就可乘對方立足不穩躍上敵船。此外，林則徐又規定水師躍上敵船後只准殺敵，並破壞柁車、纜篷、桅纜、鼻頭纜等裝備俘獲戰船。所有功勞均在戰後計算，將船上財貨平分。[95]

---

94 〔清〕梁廷枏：《夷氛聞記》（北京：中華書局，1959），卷 2，頁 36。
95 同上，頁 36-37。

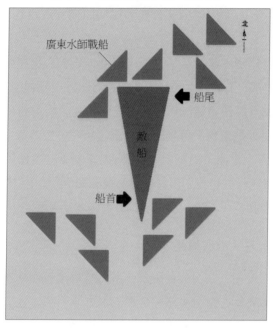

為配合「攻首尾躍中艙」的戰術，林則徐又使用火船一起進
攻，務求令英軍腹背受敵。林氏下令先僱用 30 艘瓜皮小艇，船上
裝有乾草、松明、擦油蔴斤，並以葵蓆遮掩火藥。每艘瓜皮小艇
的首尾，都安裝五尺長小鐵鏈，並以鐵環固定，又在船頭裝上七、
八寸銳利大鐵釘，方便插入英軍戰艦。此外，每艘小艇上亦配備
大鐵鎚 2 把，約 2-4 名善潛者半身入水，靠船旁划槳而行，接近敵
船後就用力敲釘英軍戰艦，把火船釘緊在對方戰艦，然後再點火。[96]

96 〔清〕梁廷枏：《夷氛聞記》（北京：中華書局，1959），卷 2，頁 36-37。

第四章

最後，林氏又訂下賞罰規則，每殺一個白人賞 200 圓，黑人則 100 圓，生擒則按俘獲者貴賤賞賜。即使不幸陣亡，亦有 200 圓撫恤，臨陣退後者，就斬首懸竿示眾。[97]

「攻首尾躍中艙」戰術，要求水師進行大幅度運動，但廣東水師的戰船卻沒有航速、機動力優勢。[98] 日後，水師在廣州內河的作戰中，也曾經使用這種戰術，只是戰船還沒有靠近英軍戰艦，便被對方用火炮擊退，林則徐的戰術思想，仍然停留在征剿海盜的時代。另一方面，林則徐也不輕易讓水師出洋作戰，在道光二十年七月，他就拒絕了浙江巡撫烏爾恭額（?-1842）派出廣東水師支援的要求。[99]

招募水勇、組織團練

一如嘉慶朝征剿海盜的做法，林則徐亦有招募水勇、實行團練，彌補廣東海防的兵源、海岸防守問題。

銷毀鴉片後，英國貨船仍然逗留在老萬山外洋，林則徐決定募練水勇驅逐。面對英國在海洋上的優勢，林則徐認為水師出洋作戰未有十足把握，內地更有可能被進犯。所以他決定僱用沿海漁民，教導他們駕駛、點燃火船，到指定地點埋伏，等待夜深時分，在敵軍熟睡時，配合有利的風潮，發動火船一齊進攻，燒燬或俘

---

97 〔清〕梁廷枏：《夷氛聞記》（北京：中華書局，1959），卷 2，頁 37-38。

98 茅海建：《天朝的崩潰——鴉片戰爭再研究》，頁 136-138。

99 〔清〕林則徐：〈廣東舟師實難分遣赴浙會剿片〉，《林則徐全集》，第 3 冊，道光二十年七月十九日，頁 443。

虜敵船。[100] 在水勇的選擇上，林則徐主張聘請廣東東部及中部地區人士，因為他們習慣在海上活動。[101] 當代學者馬幼垣同樣主張利用沿海地形設伏，針對英國船隻有限、裝彈需時的弱點，以萬舟齊發的方式圍攻俘虜敵船，與林則徐的主張相似，但從後來的實戰看來，這種戰術收效甚微。[102]

在嘉慶剿海盜時期，那彥成、百齡均於沿海組織團練幫助防守地方，林則徐作為繼承者同樣實行團練，並於沿海佈告，號召鄉村紳耆、商人及居民盡力阻止英軍登陸，更希望藉此斷絕英軍物資補給，加強對敵方的打擊。[103]

總的來説，林則徐的海防政策只是嘉慶朝措施的延續。由受命南下廣東，處理鴉片事件，再上任成為兩廣總督，林則徐在時間上非常倉卒，不少加強防線的措施，都是在關天培的成果上進行。對有「籌海」經驗的他來説，英軍與海盜相似，自然是使用堅守海岸的策略。為此，林則徐增加中路兵源，購入西方商船訓練廣東水師，又實行團練、招募水勇，彌補防線的缺陷。然而，

100 〔清〕林則徐：〈燒毀奸船以斷英舶接濟折〉，《林則徐全集》，第 3 冊，道光二十年二月初四日，頁 286-287。

101 〔清〕林則徐：〈廣東舟師實難分遣赴浙會剿片〉，《林則徐全集》，第 3 冊，道光二十年七月十九日，頁 443。

102 馬幼垣：〈鴉片戰爭期間的侵華英艦〉，馬幼垣：《靖海澄疆：中國近代海軍史事新詮》（台北：聯經出版事業股份有限公司，2009），頁 20。

103 林則徐認為「所有沿海村莊，不但正士端人銜恨刺骨，即漁舟村店俱恨其強梁，必能自保身家，團練抵禦，彼見處處有備，自不致停留，必能自保身家、團練抵禦，彼見處處有備，自必不敢停留」。〔清〕文慶等纂：《籌辦夷務始末（道光朝）》（台北：文海出版社，1970），卷 8，頁 521；廣東省文史研究館譯：《鴉片戰爭史料選譯》，頁 205。

第四章

林則徐始終沒有實戰經驗，容易犯下紙上談兵的錯誤。典型例子就是「攻首尾躍中艙」的戰術，有太多想當然的設想，沒有預計某部份失敗後，應該如何行動，要待戰爭結束，林則徐才有新的海防想法。

第4節　英國軍事的躍進、計劃和部署

鴉片戰爭對清廷是全新的戰爭，對關天培、林則徐亦一樣，中西之間的差距是他們無法預計。英國海軍無論在火力、船體建造、航速都有明顯優勢，亦憑着這些優點，他們發展出新時代的海上及登陸戰術，而且在十九世紀初的幾場大戰中得到充份發揮，廣東水師在迎戰時自然處於劣勢。

戰船與武器的躍進

相對而言，歐洲海軍配合火炮的使用，在這段時期大有發展。在十四世紀前，槳帆船（Galley）是常用的戰船，但因為船槳限制了船體空間，火炮主要擺放在船首，船首對敵是當時的主要戰術。直至十四世紀中葉，戰船漸漸在兩舷安裝火炮，而船的體積亦隨之增加。大型戰船加萊賽戰船（Galeass）的興起，正好說明此一趨勢。1571 年的勒班陀戰役（Battle of Lepanto），歐洲基督教國家聯合海軍，其中包括 6 艘加萊賽戰船，以 1,815 對 741 門火炮的壓倒性火力擊潰奧斯曼帝國（Ottoman Empire, 1299-1923）海軍。此後，西方各國繼續研發更大的戰船，如英國的大哈利號（Great Harry）就重達 1,000 噸，裝備重型火炮 43 門及舷炮 141 門。而海

戰規模又再升級，典型例子莫如 1588 年的格瑞福蘭海戰（Battle of Gravelines），英國皇家海軍為了阻止西班牙無敵艦隊（Spanish Armada）的遠征，在戰鬥中排出單列縱隊陣式，利用射速較快的舷炮挫敗無敵艦隊。相持射擊（Stand-off Artillery Bombardment）成為主流戰術後，戰艦亦愈建愈大，安裝更多火炮。1673 年的特塞爾戰役（Battle of Texel or Battle of Kijkduin），荷蘭艦隊已經可以攜帶火炮 4,233 門，較西班牙無敵艦隊的 2,431 門火炮多近一倍。及後，各國繼續發展海軍，至 1810 年，英國皇家海軍已經擁有超過 1,000 艘戰艦，總噸位達 861,000 噸，服役海軍達 142,000 人。[104]

　　英國的武器在十八世紀末大有發展。當時海軍的主力武器是近距離臼炮（Carronade），因為它威力大、重量輕，適合用於反船作戰，射殺敵艦士兵及工作人員，但又因為射程短、射速慢，逐漸被射程較遠的火炮取代。雖然如此，英軍在鴉片戰爭中，仍然有使用近距離臼炮，對付水師戰船。另外，英軍在十九世紀亦使用康格里夫火箭（Congreve Rocket）。1804 年，經康格里夫（Sir William Congreve, 2nd Baronet, 1772-1828）的努力，成功發明康格里夫火箭，在轟炸軍事建築上威力驚人，令敵人防不勝防。而安裝火炮的炮架亦有革新。十八世紀末的卡車雖然耐用，但難以安裝較大的火炮。經皇家海軍上將哈代（Thomas Hardy, 1769-1839）改造，在炮架內加入木楔，發揮類似壓縮機的作用，減輕

---

104 Geoffrey Parker, *The Military Revolution: Military Innovation and the Rise of the West, 1500-1900* (Cambridge: Cambridge University Press, 2010), pp. 82-103, 153.

第四章

發射時的後座力，使卡車適用於較大的火炮，並可以更快地再次發射。[105]

與此同時，英國皇家海軍的戰船的動力亦有極大進步，航速和衝刺力更非中國船艦可比。十八世紀下半葉，木質帆船風帆戰列艦（Ship of the Line）是當時的主力艦，約有 2-3 層甲板，通常可以安裝 74 門火炮。到了十九世紀，英國海軍設計師羅伯特賽平斯（Robert Seppings, 1767-1840）帶領新戰船製造的熱潮。他設計的對角線支撐架，使造船廠能建造更大的戰船及安裝更多火炮。1808 年下水的的一等戰艦喀里多尼亞號（HMS Caledoni），便重達 2,616 噸，擁有三層甲板，可以安裝 120 門火炮（使用 32 磅炮彈），這艘戰艦更成為英國製造三層甲板戰艦的標準。[106]1833 年，英國又造出可以使用 32 磅炮彈、兩層甲板、安裝 90 門火炮的二等戰艦羅德尼號（HMS Rodney）。除此以外，英國亦開始發展蒸汽戰艦，以蒸汽動力逐漸取代風力驅動戰船。1837 年，英國建成蒸汽明輪艦戈耳工號（Gorgon），可以安裝 2 門 10 英寸口徑炮。[107]在鴉片戰爭中，英軍使用新式的復仇女神號（Nemesis），成為決定戰爭勝負的關鍵，為方便陳述，將在以後解釋。

---

105 Tonio Andrade, *The Gunpowder Age: China, Military Innovation, and the Rise of the West in World History* (Princeton, New Jersey: Princeton University Press, 2016), pp. 247-256; Spencer C. Tucker, *Handbook of 19th Century Naval Warfare* (Annapolis, MD: Naval Institute Press, 2000), pp.8-10, 94-95.

106 Brian Lavery, *Nelson's Navy: The Ships, Men, and Organisation, 1793-1815* (Annapolis, Md.: Naval Institute Press, 2003), pp.44.

107 Tucker, *Handbook of 19th Century Naval Warfare*, pp. 50-54.

發展新戰術

火炮、航速的發展，亦改變了英國艦隊的戰術。由於多數火炮安裝在船舷，交戰的部隊通常會排成縱隊，與對方航線保持平衡，在靠近時以舷炮開火轟擊。而當時海軍主要有三種戰術，包括集結（Massing）、繞迴航（Doubling）及突破（Breaking）。集結，即是進攻方集合戰船，攻擊對方戰線的其中一點。攻擊方的戰船會收窄彼此間的距離，以便集中火力攻擊。其餘的戰船向前或後航行，引起敵船注意，拉薄對方的陣線。繞迴航，即是攻擊方戰船圍繞對方戰線，向同一方向航行包圍對手。這樣一來，對方需要同時應付來自左右方的攻擊，處於劣勢。突破，攻擊方戰船的船首同時向前，從敵人的後方航行，同時從某點突入，並圍繞對方戰線繞航攻擊。[108] 在特拉法加戰役（Battle of Trafalgar）中，英國皇家海軍就是使用這種戰術成功擊敗法國，粉碎拿破崙的入侵計劃。

英國皇家海軍在特拉法加戰役中，雖然在艦艇、官兵及火炮數量不及法西聯軍，但因為使用突破戰術，成功擊敗對手。1803年，法國與英國再次爆發戰爭，拿破崙希望進軍英國本土徹底消滅對手，於是派遣法國艦隊出征，牽制皇家海軍的行動，西班牙亦於次年派出海軍，與法國組成聯軍。在戰爭初期，雙方首先在海上你追我逐，但終於在 1805 年 10 月 21 日相遇於西班牙的特拉法加角。當時法西聯軍共有 33 艘戰艦，安裝 2,626 門火炮。而英

---

108 Tucker, *Ibid*, pp. 18-19.

國皇家海軍只有 27 艘戰艦，安裝火炮 2,148 門。[109] 法西聯軍由維爾納夫（Pierre-Charles Villeneuve, 1763-1806）負責指揮，以 21 艘軍艦航行在前，形成一條輕微的凹弧線，後面 12 艘軍艦隨時增援前方。而皇家海軍指揮官納爾遜（Horatio Nelson, 1758-1805），將全軍分成上、下風兩個縱隊，分別是由自己及柯林烏（Cuthbert Collingwood, 1748-1810）指揮。戰爭開始時，法西聯軍進行 180 度轉向，佔下風位置，方便在失利時向加迪斯港（Cádiz）撤退。與此同時，皇家海軍兩個縱隊直插向法西聯軍。下風縱隊的戰鬥在下午 3 時，擊沉敵艦 1 艘，俘獲 10 艘。上風縱隊方面，雖然納爾遜本人中彈陣亡，但成功俘虜兩艘戰艦及維爾納夫，又擊退法西聯軍的反攻。整場戰鬥中，英軍未損失一艘戰艦，而法西聯軍只有 13 艘戰船逃出，損失近 14,000 人。[110]

是次戰役，納爾遜不受平行戰鬥隊形的束縛，反而將皇家海軍分成兩個縱隊，插入對方的戰線，完全打亂敵陣，成功擊敗法西聯軍。[111] 反觀同時代的廣東水師，完全沒有類似戰術構想，主要作戰模式是接舷作戰，但他們的作戰手法單調，多次陷入海盜的包圍中。而清廷沒有正視問題，單靠水師應付靈活多變的皇家海

109〔英〕富勒著，鈕先鍾譯：《西洋世界軍事史》（台北：麥田出版社，1996），卷二下，頁 464-465；丁朝弼編：《世界近代海戰史》（北京：海洋出版社，1994），頁 136-139。
110 Geoffrey Parker, *The Cambridge Illustrated History of Warfare: The Triumph of the West* (Cambridge, New York: Cambridge University Press, 1995), pp. 208-211;〔英〕富勒著，鈕先鍾譯：《西洋世界軍事史》，卷二下，頁 465-476。
111〔英〕富勒著，鈕先鍾譯：《西洋世界軍事史》，卷二下，頁 477-479；〔美〕馬漢著，蔡鴻幹、田常吉譯：《海軍戰略》（北京：商務印書館，1994），頁 47-49。

軍，根本是天方夜譚。

除了強大的海軍外，英國的海軍陸戰隊亦擅長進行兩棲作戰。所謂兩棲作戰，即是利用海軍將部隊自海上，送往指定地點的登陸作戰。鴉片戰爭中虎門防禦體系內的炮臺，便多次被英國海軍陸戰隊從背後登陸攻下。而早在第一次英緬戰爭（1824-1826）中，英軍就已使用兩棲作戰奪取仰光，並成功擊退緬軍的反攻，取得北進的立足點。1824 年英國藉浦黎島事件，向緬甸宣戰，前後派出近 40,000 人軍隊出征，而緬甸貢榜王朝（1752-1885）則以班都拉（Maha Bandula, 1782-1825）指揮，緬軍當時已使用西式槍炮，情況與鴉片戰爭中的清軍相似。戰爭早段，緬軍主動向印度出擊，於當年 5 月在拉穆附近擊敗挫敗英軍。英軍為免在叢林地區戰鬥，派出 66 艘戰艦，護送 11,000 人的部隊登陸仰光港口，大出緬軍所料，形勢因此逆轉。由於緬甸沿海兵力不多，英軍於 11 日佔領空城仰光，但戰爭並未完結。英將阿奇博爾德‧坎貝爾（Sir Archibald Campbell, 1st Baronet, 1769-1843）繼而強攻仰光北的防線，而班都拉亦調集備有 15,000 支滑膛槍的 30,000 大軍，於 11 月底全面進行反攻，攻勢直逼仰光大金寺。此時英軍已獲增援，發射康格里夫火箭，大量殺傷敵人，成功在 12 月 17 日將緬軍趕出最後據點。此役英軍只損失 400 人，而緬軍則損失 5,000 人以上，班都拉最終帶領 7,000 人撤退。[112] 仰光之役充份顯示十九世紀初英軍戰術的優越，足以壓制亞洲國家的軍隊。首先，為了避免在不

---

112 Thant Myint-U, *The River of Lost Footsteps: A Personal History of Burma*（New York: Farrar, Straus and Giroux, 2007）, pp. 112-122.

第四章

利地形作戰，英軍繞過緬軍主力，反而出動海軍護送陸戰隊登陸仰光，直插緬甸的緊要地區，將戰場轉移至較有利的地區。第二，仰光城北陣地的攻防戰中，顯示英軍擁有強大的陸戰能力，使用新式武器擊破緬軍，保衛日後北進的陣地，成功在戰爭中反守為攻。相較之下，關天培在虎門的佈防，集中防範戰船強闖，忽略炮臺後方的防守，而林則徐更認為英軍不善陸戰，所以清軍面對兩棲作戰的戰術時，自然是措手不及。

雖然歐洲軍事大有發展，但在十八世紀並未完全壓倒中國，真正差距在於 1760 至 1839 年的「軍事大分流」。學者歐陽泰（Tonio Andrade）指出，儘管歐洲國家當時在火炮、海軍及軍事建築上佔優，然而中國軍隊也有有效的操練，更有完善的後勤補給，所以能在 1661 年的熱蘭遮之役及 1689 年的雅克薩之役，擊敗荷蘭與俄羅斯。但在十八世紀下半葉開始，歐洲徹底在軍事上拉開與中國的差距。當時歐洲經歷包括拿破崙戰爭（1803-1815）等戰事，大大刺激軍事科技發展。相反清廷在 1758 年消滅準噶爾汗國（1635-1758）後，直至 1839 年為止，進入相對和平的時期，雖然當中有川楚白蓮教之亂（1796-1804），但戰事規模與持久性不及歐洲，遲緩了軍事科技發展。[113] 以廣東海防為例，清廷平定海盜後只是修補了巡哨制度的缺陷，沒有正視水師戰力積弱的問題，因此在鴉片戰爭時，雙方便有着明顯的差距。

---

113 Andrade, *The Gunpowder Age: China, Military Innovation, and the Rise of the West in World History*, pp.211-234, 237-239.

第 5 節　虎門戰敗：一個必然的結果

在第一次鴉片戰爭中的廣東戰場，英軍成功擊敗廣東清軍，主要是因為武器、戰船、速度和戰術都較優勝。基於過往經驗，關天培和林則徐沒有主動出擊，而是在虎門設防，利用炮臺阻止英軍進攻廣州。因為廣東水師沒有在海上擊敗英軍的能力，穿鼻之戰就顯示出雙方的差距。而英軍以蒸汽戰艦突破內河，又使用登陸戰術從背後攻破炮臺，在幾日內便瓦解了虎門防禦體系，取得完全的勝利。

穿鼻之戰

虎門大戰前，廣東水師先後在九龍、穿鼻與英軍交手，英軍在穿鼻之戰中展現了海上優勢。九龍之戰中，廣東水師在九龍山上炮臺的協助下，與英軍不分勝負，而穿鼻之戰則是純戰船對戰。1839 年 10 月 27 日，英國要求林則徐不要禁止貿易遭拒，於是在 11 月 3 日，派出窩拉疑號（HMS Volage）及海阿新號（HMS Hyacinth）阻止噹唥號（Thomas Coutts）具結入口，同日關天培亦率領 29 艘戰船前來。窩拉疑號船長士密（Henry Smith, 1803-1887）認為水師威脅商船，於是發動攻擊，雙方隨即開戰。中英對戰況記載頗有出入。林則徐指關天培奮不顧身，指揮廣東水師迎擊，擊毀窩拉疑號船鼻，英軍多人落海。窩拉疑號、海阿新號先後敗退，水師則因為戰船受損沒有追擊，其中 3 艘進水，其中 1 艘火藥艙被擊中起火，15 人陣亡。而英方則謂水師處於本隊右方，

窩拉疑號、海阿新號利用風勢，由右至左穿越敵方陣形，並同時發炮攻擊，然後又由左至右再次突破水師陣形。戰鬥持續約 45 分鐘，擊沉對方 3 艘船，窩拉疑號輕微受損，及後因無意擴大戰事，於是前往澳門。雖然戰鬥沒有分出勝負，但英軍明顯佔優，林則徐亦表示「夷船受傷只在艙面，其船旁船底皆整株番木所為，且全用銅包，雖炮擊亦不能遽透」，所以決定不追擊，被茅海建認為是婉轉地承認水師不能在海上戰勝。[114]

道光二十年，鴉片戰爭正式開始。懿律（George Elliot, 1784-1863）率領遠征軍來華，但英軍並未即時進攻廣東，僅以 5 艘戰船監察珠江虎門。七月，舟山失陷，遠征軍繼續往北航行，於乍浦與守軍炮戰。此前，林則徐已上奏注意天津防務，英軍果然於八月抵達，並呈交《巴麥尊子爵致中國皇帝欽命宰相書》。道光帝審閱後，態度出現變化，批評林則徐處理鴉片事件不慎，令中英兩國輕易啟釁，同時任命直隸總督琦善為欽差大臣，南下廣州查辦鴉片事件。然而，廣州談判條件苛刻，沙角、大角炮臺失守後，琦善無奈地與英方代表義律訂下《穿鼻草約》。但如茅海建指出，所謂的廣東談判實為義律越權、琦善違旨的結果，中英雙方均不會同意，戰火隨即重啟，此次英軍目標是首先攻破南大門廣東，虎門大戰由是展開。[115]

---

114 〔清〕林則徐：〈英兵船阻攔商船具結並到處滋擾疊被擊退折〉，《林則徐全集》，第 3 冊，道光十九年十月十六日，頁 217；茅海建：《天朝的崩潰——鴉片戰爭再研究》，頁 132；British Parliament, *Additional Papers Relating to China 1840* (London: Printed by T.R. Harrison, 1840), pp. 9-10.

115 茅海建：《天朝的崩潰——鴉片戰爭再研究》，頁 209。

兩軍的兵力與部署

琦善簽訂《穿鼻草約》前，英軍早已決定向虎門進兵，增加談判籌碼。英軍的武裝力量包括 14 艘戰艦，裝炮共 446 門、4 艘武裝輪船，裝炮 16 門，再有若干運輸船。還包括陸軍 2,000 人，分別為馬德里斯土著步兵 37 團（37th Madras native infantry）、孟加拉志願軍（Bengal Volunteers）、步兵第 18 團（18th regiment, Royal Irish）、第 26 團（26th regiment, Cameronians）、第 49 團（49th regiment）、炮兵和工兵，由伯麥（James John Gordon Bremer, 1786-1850）上校指揮。[116] 廣東水師方面，水師提督關天培坐鎮虎門要塞指揮，九座炮臺配備火炮 426 門、運船 10 艘及 2,028 人。隨着戰火日益迫近，虎門要塞兵力亦有所增加。與傳統論述相反，琦善並沒有撤防，更於 1840 年 12 月至 1841 年 2 月間，四次向虎門增兵，共計兵 3,150 名（正規軍）、勇 8,500 名（臨時招募的鄉勇）。[117] 就兵力而言，虎門要塞已非常充足，但火炮數量沒有大幅度增加，防禦力量只是在書面上提升了。

---

116 E. C. Bridgman, *Chinese Repository: 1832.5-1851.12* (Gulin: Guangxi Normal University Press, 2008), Vol. 10, p.57. Bingham, *Narrative of the Expedition to China, From the Commencement of the War to its Termination in 1842: with Sketches of the Manners and Customs of that Singular and Hitherto almost Unknown Country* (Wilmington, Del: Scholarly Resources, 1843), pp.15-16.

117 參〈欽差大臣琦善奏報照復英人及籌辦防守情形折〉、〈欽差大臣琦善奏為義律不候回回文即攻擊炮臺情形折〉、〈欽差大臣琦善奏報接見義律並續籌防堵英船及酌擬英人寄居香港通商章程底稿呈覽折〉、〈欽差大臣琦善奏為義律聞大兵將集意圖厄肆滋擾折〉，中國第一歷史檔案館編：《鴉片戰爭檔案史料》，第 2 冊（天津：天津古籍出版社，1992），頁 657-658、720、105-106、149。

英軍的優勢

在虎門大戰中，英軍在武器及戰術上都佔優，令他們可以突破西水道，而這裏正是清軍少有防範的地方。事實上，英國武器雖然比較先進，但未達到主宰一切的地步。英軍是依靠戰術與武器的配合，獲得了優勢。在武器上，英國派出了針對內河作戰的戰艦。馬幼垣曾指鴉片戰爭中的來華英艦，只是雜牌軍充數而艦隻數目又少的艦隊。[118] 雖然當中沒有一等及二等戰艦，但復仇女神號特別值得注意。復仇女神號是鐵殼戰船，使用蒸汽動力，有兩條活動龍骨，重 660 噸，吃水僅 5 英尺，方便在水深較淺的內河活動，讓英軍可以在西水道進行突破。[119] 此外，當時清朝的火炮存在「炮型極大，炮口極小」的缺點。由於是使用實心彈，而實心彈的威力取決於炮彈的重量。同樣是 5,000 斤級大炮，清軍只可以使用 24 磅（10.8 千克）彈，而歐洲卻能使用 68 磅（30.9 千克）彈，破壞力遠勝中方。這是由於中國受鑄炮技術所限，鑄造火炮的管壁太厚，不能容納更大的彈丸。[120] 另外，英軍繼續使用的近距離臼炮及康格里夫火箭，亦能發揮功效。

---

118 馬幼垣：〈鴉片戰爭期間的侵華英艦〉，頁 3-21。

119 Daniel R Headrick, *The Tools of Empire: Technology and European Imperialism in the Nineteenth Century* (New York: Oxford University Press, 1981), pp. 45-54.

120 潘向明：〈鴉片戰爭前的中西火炮技術比較研究〉，《清史研究》1993 年第 3 期，頁 95-104。

其次，英軍在進攻第一、二重門戶時，使用兩種不同的戰術。在沙角、大角炮臺戰役，英軍在正面佯攻，派陸戰隊登陸炮臺後，從後方攻破炮臺，瓦解第一重門戶。在第二重門戶戰鬥中，英軍善用地形，選擇武山三座炮臺難以命中的晏臣灣，作為戰艦的進攻陣地。他們又利用被忽略的下橫檔島，壓制上橫檔島的火力，待炮臺戰力被削弱後，再出動蒸汽艦闖入防守力較弱的西水道（參圖 52），採用「線性戰術」，正面炮轟永安、鞏固炮臺。所謂「線性戰術」，即是用船的一側對敵，排成一列首尾相接的長隊，利於艦隊發揮火力，這樣每艘戰艦都有一半的火炮能對敵射擊。同時利用舵控制艦體姿態，使用一側舷炮間隔齊射 5-8 輪後，再利用潮漲和錨定換舷，使用另一舷的火炮繼續攻擊，這樣戰船既可以持續發炮，又能冷卻過熱的火炮。[121] 在清軍所有炮臺失去還擊力後，再派兵佔領破壞。相反，因為中國火炮鐵質不佳，在炮臺與戰艦互相炮轟時，不能像英國戰艦可以輪流使用火炮，火炮發射數次後，便會因溫度急增容易炸裂，結果英軍即乘機大舉進兵，炮臺由是失陷。[122]

---

121 張建雄、劉鴻亮著：《鴉片戰爭中的中英船炮比較研究》，頁 21、93-95。

122 琦善曾形容清軍火炮：「所鑄之炮甚不精良，現就其斷折者觀之，其鐵質內土且未淨，遑問其他」，參〈欽差大臣琦善奏陳英佔炮臺欲攻虎門和省垣現拒守兩難折〉，《鴉片戰爭檔案史料》，第 2 冊，頁 745。

第四章

圖 52：西水道圖

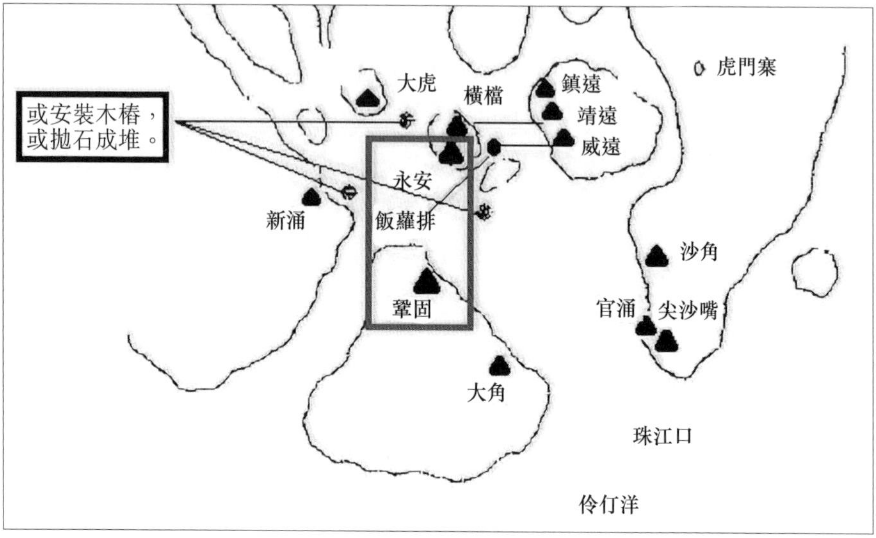

（西水道只有永安、鞏固兩座炮臺防禦，防守力遠不及東水道。）

沙角、大角炮臺的陷落

戰爭第一階段是沙角、大角戰役，兩座炮臺在關氏計劃中，僅為信號炮臺，但對英國攻擊預計不足，忽略後方防守，被英軍在背後登陸攻破。道光二十一年一月七日清晨，英軍兵分兩路，右路包括加略普號（HMS Calliope）、海阿新號及拉呢號（HMS Larne），由正面進攻沙角炮臺，吸引守軍注意力。另派陸戰隊

242

1,461 人，乘坐皇后號（Queen）、馬打牙士加號（Madagascar）、進取號（Enterprise）及復仇女神號四船，登陸炮臺背後的穿鼻灣，從背後攻擊。陸戰隊登陸後，發現清軍陣地尚有一座山炮臺，周圍有柵欄胸牆及乾溝掩護，胸牆西北與瞭望臺和炮臺連接。軍營兩旁還有野戰炮臺，右山谷軍營以東及大山丘上及所有防禦以東均建有炮臺。陸戰隊倚仗火炮優勢進攻，水兵前鋒首先進入山谷攻陷軍營，佔領瞭望臺，清軍逃入沙角炮臺中。此時，沙角炮臺的火炮已被英艦擊毀，英軍順勢登梯而入，守將陳連升被子彈擊中胸部陣亡。是役，英軍僅 30 多人受傷，沒有陣亡。[123] 而清方則描述英國僱用漢奸 2,000 人，自後山發動攻擊，清軍奮勇迎擊，剿敵 200-300 人，但炮臺仍然失守，明顯未認清英軍的陸戰能力。[124] 與此同時，英軍左路包括薩馬蘭號（HMS Samarang）、都魯壹號（HMS Druid）、摩底士底號（HMS Modeste）、哥倫拜恩號（HMS Columbine），在距離 200 碼處向大角炮臺猛轟，臺中大炮及石築工事均被摧毀，英軍利用小船登陸臺牆南端，自臺牆倒塌處進入，此時清軍失去抵抗能力，將大炮推下海後，從後山退走，而戰船及運載船則被英艦

123 Bingham, *Narrative of the Expedition to China, from the Commencement of the War to Its Termination in 1842: With Sketches of the Manners and Customs of that Singular and Hither*, pp. 15-23; Bernard, *Narrative of the Voyages and Services of the Nemesis, from 1840 to 1843: Comprising a Complete Account of the Colony of Hong-Kong, and Remarks on the Character and Habits of the Chinese*, pp. 256-265.

124 清方描述為「夷船駛至二十餘，驅漢奸二千餘人，扒越後山夾攻，從牆缺入臺背，中於地雷斃賊百餘，後至者蜂擁而登，我兵猶奮力拒戰，以扛礮殲賊二三百，而火藥垂盡矣」。參〔清〕梁廷楠：《夷氛聞記》，卷 2，頁 51-53。

第四章

擊毀。[125] 沙角、大角炮臺的失守，意味虎門防禦體系的第一重防線瓦解，其失守方式完全出乎關天培的意料。英軍不再強闖虎門，而是直接攻擊炮臺，以往進行的訓練無助於戰鬥。

第二重門戶瓦解

及後，英軍進逼第二重門戶。此時清軍正在趕築防禦工事，於武山後側三門水道加建隱蔽式炮臺一座，安裝火炮 80 門，又在威遠炮臺南、上橫檔島等處，各建沙袋炮臺，防止英軍再從後側抄襲。[126] 然而，沙角、大角炮臺失陷後，清廷又獲知《穿鼻草約》的簽訂，態度突變，正式向英國宣戰。2 月 23 日，復仇女神號拖帶小船航行至晏臣灣附近，發現隱蔽式炮臺。小船意圖拆毀柵欄，炮臺立刻開火，卻未能命中，復仇女神號最終花了兩小時，破壞了三門口的阻礙性設施（參圖 53）。[127] 次日，伯麥向關天培發最後通牒，要求清軍交出橫檔等陣地，但沒有收到任何回覆。

125〈欽差大臣琦善奏報沙角大角兩炮臺失陷及義律來文等情折〉，中國第一歷史檔案館編：《鴉片戰爭檔案史料》，第 2 冊，頁 770-771；Bernard, *Narrative of the Voyages and Services of the Nemesis, from 1840 to 1843: Comprising a Complete Account of the Colony of Hong-Kong, and Remarks on the Character and Habits of the Chinese*, pp. 265-267.

126〈欽差大臣琦善奏為義律繳還炮臺船隻並瀝陳不堪作戰情形折〉，《鴉片戰爭檔案史料》，第 3 冊，頁 40。

127 Bingham, *Narrative of the Expedition to China, from the Commencement of the War to Its Termination in 1842: With Sketches of the Manners and Customs of that Singular and Hither*, pp. 51-55; Bernard, *Narrative of the Voyages and Services of the Nemesis, from 1840 to 1843: Comprising a Complete Account of the Colony of Hong-Kong, and Remarks on the Character and Habits of the Chinese*, pp. 326-329.

圖 53：三門水道炮臺圖 [128]

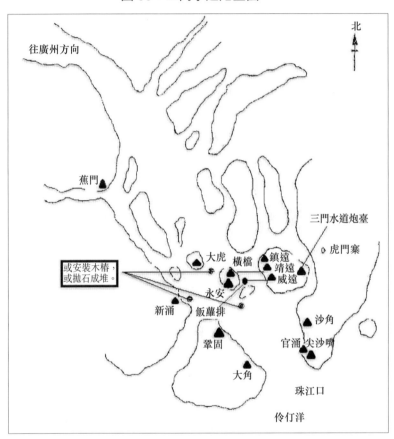

圖中標示：往廣州方向／北／蕉門／三門水道炮臺／虎門寨／或安裝木樁，或拋石成堆。／大虎／橫檔／鎮遠／靖遠／威遠／永安／新涌／飯蘿排／沙角／鞏固／官涌／尖沙嘴／大角／珠江口／伶仃洋

---

128 圖 53 是筆者從中國軍事史編寫組編：《中國軍事史》，第六卷，兵壘，頁 336
　　中的圖 4-36 改造而成。參中國軍事史編寫組編：《中國軍事史》，第六卷（北京：
　　解放軍出版社，1991），兵壘，頁 336。

第四章

在第二重門戶的戰鬥中，英軍利用沒有設防的下橫檔島作跳板，進攻上橫檔島。經過加建後的第二重門戶，即便英軍的紀錄也承認「這些炮臺個個修建齊整完好，如果守兵的勇敢和炮臺的堅固相等的話，在攻陷它們時，一定會使我們蒙受重大損失」。但關天培修補虎門防禦體系時，偏偏沒有注意下橫檔島。幾個英軍的紀錄都指，清軍沒有在下橫檔島設防是一大錯誤，而深入內河突破西水道的正是復仇女神號。2 月 25 日，復仇女神號護送士兵 130 人登陸下橫檔島，皇家炮兵兵團帶上三門臼炮，並於高處搭建野戰陣地。與此同時，上橫檔島的清軍亦開火，然而復仇女神號沿下橫檔島邊航行，避開所有炮火。當晚清晨時分，英軍首先發射康格里夫火箭，猛烈炮轟橫檔炮臺，炮臺內兵房等建築迅速陷入火海，清軍由於地處下風，無法有效還擊，橫檔炮臺將領竟然乘小船逃離，士兵們憤怒地向他們開火。[129]

接下來，英軍利用地形環境及炮臺缺陷，攻陷武山三座炮臺。

---

129 Bingham, *Narrative of the Expedition to China, from the Commencement of the War to Its Termination in 1842: With Sketches of the Manners and Customs of that Singular and Hither*, pp. 55-60; Bernard, *Narrative of the Voyages and Services of the Nemesis, from 1840 to 1843: Comprising a Complete Account of the Colony of Hong-Kong, and Remarks on the Character and Habits of the Chinese*, pp. 240, 330-334; Belcher, *Narrative of a Voyage Round the World: Performed in Her Majesty's Ship Sulphur during the Years 1836-1842: Including Details of the Naval Operations in China, from Dec. 1840 to Nov. 1841*, p. 149; Ouchterlony, *The Chinese War: An Account of all the Operations of the British Forces from the Commencement to the Treaty of Nanking*, p. 112; Jocelyn, *Six Months with the Chinese Expedition; or, Leave from a Soldier's Notebook*, p. 138; McPherson, *The War in China: Narrative of the Chinese Expedition, from Its Formation in April, 1840, to the Treaty of Peace in August, 1842*, pp. 93-94.

戰前，琦善曾經巡視虎門，揭示當時炮臺的問題，當中雖有誇大英軍的戰力，為和談辯護之意，卻頗有參考價值。清軍失去沙角、大角炮臺後，剩下火炮 200 餘門，但安裝在炮臺時，「僅敷安置前面，兩旁均屬空虛」，而且射程有限。[130] 結果，英軍亦利用這個弱點，以伯蘭漢號（HMS Blenheim）、麥爾威厘號（HMS Melville）、皇后號三船，攻打威遠、鎮遠、靖遠三座炮臺。據馬幼垣的考證，伯蘭漢號、麥爾威厘號兩艘船屬於三等艦（來華最高級別的戰艦），分別安裝 74 及 80 門火炮。[131] 換句話說，英軍是以艦隊中最強力量，進攻虎門要塞內佈防最嚴密的東水道防線。英艦沿晏臣灣而行，避開清軍的正面火力，從側面發炮攻擊三炮臺。當中只有威遠炮臺能夠還擊，清軍堅守一陣後，放棄炮臺飛奔上山。經過猛烈的轟擊後，三座炮臺基本失去作戰能力，護牆全被轟塌，英軍再派水兵 300 人登陸進攻，威遠、鎮遠炮臺相繼失陷，關天培在靖遠炮臺親督將士防守，無奈大部份士兵潰散，寡不敵眾，最終英勇戰亡。英軍約在當天下午一時半，英軍攻陷武山下所有炮臺，並發現陣亡的關氏及其餘 11 人的屍體。[132]

---

130 〈欽差大臣琦善奏為義律繳還炮臺船隻並瀝陳不堪作戰情形折〉，頁 40；Bernard, *Narrative of the Voyages and Services of the Nemesis, from 1840 to 1843: Comprising a Complete Account of the Colony of Hong-Kong, and Remarks on the Character and Habits of the Chinese*, pp. 334-335, 338.

131 馬幼垣：〈鴉片戰爭期間的侵華英艦〉，頁 16-17。

132 Bingham, *Narrative of the Expedition to China, from the Commencement of the War to Its Termination in 1842: With Sketches of the Manners and Customs of that Singular and Hither*, pp. 60-61; Bernard, *Narrative of the Voyages and Services of the Nemesis, from 1840 to 1843: Comprising a Complete Account of the Colony of Hong-Kong, and Remarks on the Character and Habits of the Chinese*, pp. 336-337, 339-344.

第四章

與此同時，英軍亦向西水道進攻，利用火炮技術上的優勢，攻下永安、鞏固炮臺。加略普號先沿西水道北上，航行至永安炮臺西北時開炮，威里士厘號、薩馬蘭號及摩底士底號，隨後亦開往上橫檔島與鞏固炮臺中間，以船舷炮向兩邊發射。炮戰早段，清軍對英艦造成損害，伯蘭漢號的主桅、前帆桁被擊穿，麥爾威厘號主桅被擊中，加略普號船體、相聯動齒亦遭受破壞。約一小時後，永、鞏兩臺炮火逐漸停下，估計是因為火炮連續發射後過熱或炸裂，而英艦可以輪流發炮佔盡優勢。及後，復仇女神號運送陸戰隊登陸上橫檔島西端，迅速拿下永安、橫檔炮臺。清軍約300人陣亡，1,300人被俘。下午四時，復仇女神號再拖帶小船，登陸鞏固炮臺，毀壞所有防禦工事。清軍被陸戰隊迅速驅散，英軍焚燒軍營，約在當天下午五時，所有戰爭結束。2月27日，英軍繼續北進，第三重門戶的大虎炮臺已被放棄，整個虎門防禦體系徹底失敗。[133]（參圖54）

---

133 Bingham, *Narrative of the Expedition to China, from the Commencement of the War to Its Termination in 1842: With Sketches of the Manners and Customs of that Singular and Hither*, pp. 62-68.

圖 54：虎門大戰圖 [134]

北

往廣州方向

蕉門

三門水道炮臺

虎門寨

大虎　橫檔　鎮遠
　　　　　　靖遠
　　　　　　威遠

新涌

沙角

鞏固　英軍陣地　尖沙嘴

大角

珠江口

炮轟
---- 航行
△ 英軍戰船
▲ 復仇女神號

伶仃洋

---

134 圖 54 是筆者從中國軍事史編寫組編：《中國軍事史》，第六卷，兵壘，頁 336
中的圖 4-36 改造而成。參中國軍事史編寫組編：《中國軍事史》，第六卷（北京：
解放軍出版社，1991），兵壘，頁 336。

第四章

戰後檢討

雖然清軍在虎門大戰中戰敗，但英軍對虎門要塞的武器及炮臺建築，其實亦有不俗評價。攻入靖遠炮臺後，發現清軍所用火炮均裝有瞄準器，「瞄準器是筆直的金屬片，鑽着三個孔眼，用以射不同的距離。炮口裝藥的填塞料，也完全是模仿我們的而造的。他們的鐵鏈連鎖彈特別優良，乃是一個空球，切成兩半，用約十八吋的鎖鏈盤在中空部份，使半球相連繫，因此當半球拴繫在一起，以便裝進去時，就像一個炮彈一樣，這裏還發現了大量大型大炮用的石彈」。而炮臺內部亦有相應的保護措施，「這些炮臺內部的火藥庫是造得非常仔細的，完全不透炮彈。它們的牆是用花崗石造成的，周圍和上面都以沙袋，全部都塗以白色灰泥。白色灰泥變硬以後，便不能加以破壞了，曾有一個炮彈落在其中一個火藥庫的頂上而爆炸了，絲毫沒有發生損害」。[135]

然而，這些努力並不足以改變虎門大戰的結果。虎門防禦體系的修補，是根據前人經驗再加修補，關天培雖曾應考武舉，但內容不涉及水師，其經驗來自攻剿海盜、海運，但不認識當時世界海軍。海運成功使他得到道光帝的讚賞，在律勞卑事件後，忽然空降廣東，只能師法前人加強海岸防線，承襲阻止敵船闖入的思想，並嘗試修補當中的缺陷。然而英國在十八世紀末、十九世紀初，軍事大有進展，在戰船、武器和戰術上都有突破性

---

135 Bingham, *Narrative of the Voyages and Services of the Nemesis, from 1840 to 1843: Comprising a Complete Account of the Colony of Hong-Kong, and Remarks on the Character and Habits of the Chinese*, pp. 61-62.

發展。例如蒸汽艦的出現，使英軍可以從西水道突破，而他們又使用登陸戰術從背後攻破炮臺，都令清軍難以應對。關天培在修補虎門要塞時，雖然曾經注意西水道的防務，但此處並非重點，更未料到英軍竟然從這裏突破。另外，英軍戰船移動速度快、火炮威力強，使清軍的炮臺未能發揮預期作用。何況關天培從來沒有想過，英軍會登陸炮臺背後攻擊，結果整個防禦體系全面瓦解。

第 6 節　廣州反擊戰：幻想破滅

遺憾地，林則徐沒有在鴉片戰爭中指揮任何一場戰役，要觀察其海防政策成效，非常困難。1841 年 5 月，靖逆大將軍奕山於廣州策動反攻戰役期間，林氏曾提出六項建議，故可從廣州反攻戰觀察成效。

楊芳南來

虎門要塞失陷後，清軍繼續失敗走勢。英軍沿珠江內侵，連續攻克烏涌、琶州炮臺，兵鋒直指廣州城。此時，清廷首先任命湖廣提督楊芳（1770-1846）為參贊大臣，南下廣州指揮戰局。與此同時，英軍並未停止步伐，至 3 月 6 日連續攻陷獵德、二沙尾炮臺，廣州形勢岌岌可危，楊芳抵達後積極部署防守，以長春所帶江西兵 1,500 名、段永福帶貴州兵 1,000 名回防，分別駐防廣州城北、東、西三面。此外，楊芳又準備竹排塞河，並於上面安裝火攻大木桶，準備迎敵。另外，楊氏又招募水勇，等待奕山抵達

再進軍。[136] 但他始終習慣在內地征戰，不清楚英軍戰法，竟然使用傳統的厭勝之術協助作戰，當然不能阻止英軍攻勢。[137] 3 月 13 日，英軍攻克大黃滘炮臺，兩日後，英艦復仇女神號繼續北進，桅頂懸掛白旗，因為義律想與廣東地方政府交換意見，但行至鳳凰崗炮臺時，被守軍開炮攻擊，雙方炮戰一陣後，最終復仇女神號退走，楊芳即上報奏捷。[138] 兩日後，英軍重新進攻，連續攻陷鳳凰崗、永靖、海珠、沙袋及西炮臺，至下午四時佔領商館，隨時準備進攻廣州。3 月 20 日，義律與楊芳達成停火協定，廣州商業繼續進行，地方政府不得令英人具結，並如常徵收商稅及港口稅。然而，英軍亦預感停火是暫時性，待奕山到來，戰爭又再開始。

林則徐的六項建議

奕山於 1841 年 4 月 14 日抵達廣州，並隨即向林則徐請教，林氏提出六項建議。

首先是堵塞水道要口，由洋商勸退英人，再搬運巨石堵塞河

---

136 〈參贊大臣楊芳奏報抵粵日期及籌防等情折〉，《鴉片戰爭檔案史料》，第 3 冊，頁 202。

137 〔清〕梁廷楠：《夷氛聞記》，卷 2，頁 59。

138 楊芳稱「……二十四日未刻即有逆夷乘駕大兵船二隻，火輪船一隻、三板船十數隻，衝過大黃滘廢營，直欲闖進省河，將攔河竹排疊用大炮轟打，更炮擊營壘，斷樹掀囊，飛砂四起。總兵長春力督參將譚恩及都守等官，率兵開炮抵敵。時有炮子飛過，長春右眼角擦傷，右顴皮破血出，其隨身之把總畢開琥被炮打死，並傷斃左右隨兵四名。長春激勵士卒，奮不顧身，疊開大炮百餘出，先擊沉逆夷三板船一隻，夷眾盡行落水。又有夷三板一隻被炮打穿入水，其夷囚極力皷柁力挽出水，我師再擊一炮，人船俱沒。其大兵船木料堅厚，雖未能即時打穿，已將大桅一枝擊斷，逆夷均極倉皇，即將各船退出」。參〈參贊大臣楊芳奏報擊退進犯炮河之英船情形折〉，《鴉片戰爭檔案史料》，第 3 冊，頁 238。

道，並於兩岸厚堆沙袋，派駐精兵千餘人。兩處設防完成後，再在內洋之長洲崗及蠔墊以及虎門佈防。[139]

其次是重組水師，在提督中營、右營、左營、大鵬協、平海營、碣石鎮、香山協、廣海寨調動戰船，並在河廠、運廠改裝巡船和安南三板。[140]

第三是調集火炮，先將佛山新鑄的 14 門 8,000 斤炮，運來省城佈防。再將番禺縣大堂內 4 門 5,000 斤炮、廣協箭道小炮 6 門，分別運至燕塘壚演炮場及北校場，將火炮安裝在船上對山發射，山上擺放大沙袋作炮靶，訓練炮手。[141]

第四是準備火船、招募水勇。當時楊芳已經裝配百餘艘火船，林則徐認為可以向英國戰艦發動火攻，發動火船時要以數艘為一排，包圍並緊盯英船，讓敵船無法退走。火船應該部署在近佛山及內河東路的茭塘司一帶，與炮船一同發動進攻。在招募水勇上，林則徐認為可以將番禺縣擅長使用鳥槍的壯勇 300 人，改為水師。[142]

第五是籌辦外海作戰部隊。雖然英國艦隊擅長在外洋作戰，但林則徐認為清廷仍須籌建外海作戰部隊，建造 100 艘新戰船。在外海水師組建完成前，可以僱用潮州及福建漳、泉二州之草烏船，並招募潮、漳、泉三州居民操作。另外，亦可在陸豐縣的高

139〔清〕梁廷楠：《夷氛聞記》，卷 3，頁 65。
140 同上，頁 66。
141 同上，頁 66-67。
142 同上，頁 67-68。

第四章

良鄉、饒平縣的井洲及福建澎湖的八罩鄉，招募擅潛的水勇。地方政府同時應該大量製造火箭、噴筒、火毬、火罐等火器，應付作戰需求。[143]

最後是調查英軍情報。根據林氏估計，當時英軍 14 艘三桅船、2 艘兩桅船、火輪船、單桅大三板各 1 艘、兩桅大三板 4 艘。香港附近亦有 17 艘兵船、伙食船 3 艘。林則徐建議分派人手，查探實際情形，並僱用翻譯，譯出西方報紙，並加緊緝拿漢奸。[144]

林則徐這六項建議，仍然是嘉慶朝措施的延續。藉洋商勸退英人，讓英軍退出虎門，是想恢復海岸防守，但可行性太低。準備火船、招募水勇，明顯是為「攻首尾躍中艙」的戰術而準備。籌辦外海作戰部隊，屬於長遠考慮，當中招募潮、漳、泉人員及草烏船，則是效法那彥成、百齡，借用民間力量彌補海防不足。由此可見，林氏的海防思想相較戰爭前，並沒有甚麼轉變，仍然想用傳統方法應對英軍。

失敗的反攻

清廷於全國調集 17,000 援軍南下廣東反攻，但戰前準備卻不充份。正如茅海建所言，清軍調動速度緩慢，加上轉運武器裝備，要待 5 月才能發動進攻。奕山原本聽從楊芳建議，等待適當時機進攻，卻因為部下李湘棻（1798-1866）、段永福（?-1842）及張青雲（1777-1854）的慫恿，加上道光帝連番下旨催促進兵，部署

143〔清〕梁廷楠：《夷氛聞記》，卷 3，頁 68。
144 同上，頁 68-69。

非常倉猝。[145] 原定在 5 月 10 日的進攻，因為天雨關係，延遲至 5 月 21 日才發動，奕山分派提督張必祿（?-1851）、副將祺壽，於陸路安裝火炮防守，以總兵張青雲督帶四川、湖南兵出西炮臺，都司胡俸伸挑選水勇 1,700 名發動火攻。[146]

　　然而，清軍的攻勢並未奏效，完全不能阻擋英軍。英軍方面，獲知伊里布（1772-1843）、琦善被革職後，決定放棄北征計劃。21 日晚半夜，摩底士底號船的哨兵，發現沙船正順江而下，突然全部起火燃燒，艦隊馬上轉向迴避，而清軍水勇乘勢下水，企圖在船底鑽洞。然而，英軍因為火船的火光，可以瞄準水勇射擊，復仇女神號亦開動拉走火船。此時，英軍又發現火船背後有沙船及快船靠近，估計是在火攻奏效後發動進攻，但被摩底士底號用偏舷炮射退。與此同時，廣州城外炮臺亦同時射擊，摩底士底號上有三人受傷，兩根護桅索損壞。潮漲後，清軍再次使用火船，同樣無功而還，此次清軍又在商館架設大炮進攻，路易莎號及曙光號因風向和水流不利，一度不能轉動，受損嚴重。[147] 清軍聲稱西

---

145 如 1841 年 4 月，道光帝曾下旨「……計奕山、隆文此時已行抵廣東，所調各處官兵必已源源抵粵，著即和衷計議，乘勝進剿，總須斷其歸路，四面兜擒，方可盡數殲除。至該逆所佔香港，務須設法克復，使逆夷永絕窺伺，方為不負委任」，〈著靖逆將軍奕山等乘擊退入侵內河之機進剿克復香港等事上諭〉，《鴉片戰爭檔案史料》，第 3 冊，頁 308；〔清〕梁廷楠：《夷氛聞記》，卷 3，頁 69。

146 〈靖逆將軍奕山等奏為乘夜焚擊在粵省河英船折〉，《鴉片戰爭檔案史料》，第 3 冊，頁 444。

147 Bingham, *Narrative of the Voyages and Services of the Nemesis, from 1840 to 1843: Comprising a Complete Account of the Colony of Hong-Kong, and Remarks on the Character and Habits of the Chinese*, pp. 106, 110-116; Bernard, *Narrative of the Voyages and Services of the Nemesis, from 1840 to 1843: Comprising a Complete Account of the Colony of Hong-Kong, and Remarks on the Character and Habits of the Chinese*, pp. 2-9.

第四章

路燒毀大兵船二艘、大、小三板數十隻，東路亦擊毀小三板數隻，英兵溺死者不計其數，實情卻是英軍損失甚微。[148]

及後，英軍發動反攻，擊敗廣東清軍。5 月 22 日，英軍以摩底士底號、復仇女神號等艦深入廣州內河，破壞炮臺、火炮及戰船，為反攻掃除障礙。24 日，英軍集結戰艦 11 艘、輪船 2 艘及海陸軍 3,000 餘人，正式發動反攻，炮轟海珠和西炮臺，但只是佯攻。下午四時，復仇女神號以驚人的速度拖帶小船 30 艘，運送軍隊 2,393 人、火炮 15 門沿江北上，於當晚十一時登陸繒步。翌日早晨，登陸部隊進軍，在當天下午攻陷越秀山上的拱極、保極、耆定及永康炮臺（合稱四方炮臺），由於四方炮臺能俯視廣州，17,000 名清軍只能困守城內。[149] 奕山最終放棄抵抗，向英軍求和，派廣州知府余保純向英軍乞和，簽訂《廣州和約》，5 月 31 日，廣東地方政府付清賠款，英軍陸續撤退，交還虎門各炮臺，道光年間加強廣東海防的努力，以全面失敗告終。[150]

---

148 〈靖逆將軍奕山等奏為乘夜焚擊在粵省河英船折〉，頁 445。

149 〔清〕梁廷楠：《夷氛聞記》，卷 3，頁 71-72；不著撰人：〈廣東軍務記〉，中國史學會主編：《鴉片戰爭》，第 3 冊（上海：神州國光社，1954），頁 31-32；Bingham, *Narrative of the Voyages and Services of the Nemesis, from 1840 to 1843: Comprising a Complete Account of the Colony of Hong-Kong, and Remarks on the Character and Habits of the Chinese,* pp. 120-138; Bernard, *Narrative of the Voyages and Services of the Nemesis, from 1840 to 1843: Comprising a Complete Account of the Colony of Hong-Kong, and Remarks on the Character and Habits of the Chinese,* pp. 25-46.

150 Bingham, *Narrative of the Voyages and Services of the Nemesis, from 1840 to 1843: Comprising a Complete Account of the Colony of Hong-Kong, and Remarks on the Character and Habits of the Chinese,* pp. 141-146.

林則徐的建議可行嗎？

奕山所發動的廣州反攻戰，使用了林則徐素來主張的「攻首尾躍中艙」的戰術，但未對英艦造成實質傷害。摸黑進攻的水勇，更因為火光被英軍瞄準射擊，完全沒有靠近艦船的機會，更遑論躍上中艙。「攻首尾躍中艙」並非甚麼創新戰術，早在嘉慶時期，程含章已建議學習海盜火器，獎勵兵丁過船作戰，生擒敵船，林氏不過是承襲前人，但中古戰法終究敵不過現代艦船。雖然林則徐曾購入美國商船甘米力治號，練習「攻首尾躍中艙」的戰術，但與實戰情況相距甚遠。

林則徐的海防政策，具有濃厚的嘉慶時期剿盜色彩，其主要精神仍然是在堅守海岸的基礎上，並用剿、撫兩策。與嘉慶朝的督撫一樣，林則徐以防守為先，不讓水師冒險出洋作戰。嘉慶朝督撫嚴格控制沿海，斷絕海盜日常物資供應，林氏亦認為要禁絕貿易，但清廷根本沒有能力，破壞所有與英國進行的貿易。在維持地方防守上，兩者均看重團練、水勇，彌補海防缺陷，並減少漁民投敵的機會，但林氏認為鄉村團練可以收復定海，完全失去理性，可見他受前人影響之深。[151]

---

151 1840 年 8 月 7 日，林氏上奏「一到岸上，則該夷無他技能，且其渾身裹纏，腰腿過硬，一仆不能復起。不獨一兵可以手刃數夷，即鄉井平民亦盡足以制其死命……此時定海縣城甫被佔據，即使城中人戶倉卒逃亡，而該縣同圍二百餘里，各村居民不下十餘萬眾，夷匪既據岸上，要令人人得而誅之……」。參〔清〕林則徐：〈密陳重賞定海軍民誅滅英兵片〉，《林則徐全集》，第 3 冊，道光二十年七月初十日，頁 439-440。

本章總結

在高度中央集權的情況下，清朝無法培訓出優秀的水師人才。關天培和林則徐只能重施嘉慶朝督撫的故技，即是嚴守海岸的戰略來對抗英軍。由於英軍矛頭直指廣州，兩人都集中建設中路海防，防範英國兵艦再度內闖。關天培身負厚望，空降廣東，但從未在此任職，亦只有征剿海盜的經驗，唯有仿效前人，先大力整頓水師，並抽調東、西兩路兵源，增加中路兵力。他最重要的貢獻還是打造虎門防禦體系，整修、加建炮臺，更換重型火炮，並配合性地訓練水師。而林則徐海防經驗較關氏更少，對英軍認識亦不足，其海防政策明顯仿效嘉慶朝的措施，特別是實行團練及招募水勇，都是加強地方防守，削弱內地與海上敵人的聯繫。在具體戰術上，林氏延伸關天培的虎門防禦體系、訓練「攻首尾躍中艙」的戰術，並引入外國船炮加強水師戰力。

為了改變與中國的貿易情況，英國決心使用武力，並針對作戰環境使用新武器。廣東水師在虎門佈防，希望與英軍決戰於內河，並將重點放在東水道。在 1760-1839 年間的「軍事大分流」的背景下，中國軍事發展遲滯，而英國的武器、戰船、速度及戰術則大有進展。在鴉片戰爭中，英軍運用登陸戰術從背後攻破炮臺，並使用蒸汽艦突破西水道，同時運用線性戰術，成功瓦解虎門防禦體系。在當時的環境下，關天培、林則徐已盡全力，他們的失敗其實亦反映傳統的廣東海防體制，根本沒有能力應付一場近代戰爭。

結論

鴉片戰爭改變了近代中國歷史的發展，學者在回顧這場戰爭的成敗時，都少不免會從軍事角度出發，分析英軍擁有的科技優勢，如何幫助他們取得勝利。但換個角度思考，戰爭失敗亦反映清廷軍事力量的脆弱，而這種「弱」正是高度中央集權的結果，所以本書就以鴉片戰爭前夕的廣東海防作個案探討。

　　清朝由少數民族建立，亦是一個高度中央集權的政權。在管理人口眾多的漢人時，時刻都提防他們。為了令滿洲的力量有效控制地方，清廷將八旗軍集中駐防，分散綠營軍到不同地方防守，而且只給予次級的武器裝備，更打壓炮兵的晉升機會，再安排各種雜務，影響士兵平時操練，結果便削弱地方防守。作為清代廣東海防的領導，兩廣總督和廣東提督都受到極大的政治限制，使他們難以專心處理海防事務。兩廣總督需要管轄全省所有事務，須要依賴提督管理軍事，後者卻要同時兼顧陸路及水師。雖然在康熙、嘉慶年間，曾經分設陸路、水師提督，但他們的經驗都是來自征剿海盜，在軍事上只是執行者。更重要的是，兩廣總督、廣東提督平均任期只有三至四年，他們亦沒有接受系統性的水師訓練，缺乏足夠時間和能力革新廣東海防。另一方面，清廷為免總督的權力過大，特別安排巡撫在地方制衡，而廣東更是督撫同城的省份，更容易引起雙方衝突。在嘉慶朝，那彥成推行招撫政策，成功平定廣東東路海盜，被巡撫孫玉庭認為是濫賞，上奏嘉慶帝反對，更導致前者下台。繼任的吳熊光被迫進行攻剿，結果連番慘敗，待百齡上任後，再度實行招撫，方才平定海盜。實行招撫政策尚且困難重重，若要改動海防體制，難度可想而知，更

可能給予政敵攻擊自己的機會。再者，海防還受到財政制度的限制。地方須要上繳稅收，而中央則藉解款和協款，控制全國各省的收支。然而，這亦導致地方長期面對經費不足的問題，官員要從上繳的稅收中挪用公款，才能應付日常開支。因此，建設海防的資源非常有限，所以清代前期的廣東海防並沒有甚麼發展。

除此以外，清代前期廣東海防再受到海防觀念、地形的影響，只能建立保守的體制。廣東省的地形也令海防處於被動，由於綿長的海岸線存在太多出入點，難以處處設防。清廷在佈防上繼承明代，將廣東劃分為三路，盡量在要點設防，建築炮臺防守，但又使兵力過於分散，難以抵擋具規模的入侵。為了令潛在的反對勢力無法壯大，清廷實行保甲制和澳甲制，又嚴格管制民船大小及攜帶的物品，如此一來，清廷既不用投入更多資源，又可以維持力量上的優勢。嚴守海岸，截斷內地的物資供應，是嘉、道時期督撫海防政策的主要精神。雍正年間的《廣東通志》、道光年間的《廣東通志》及鴉片戰爭前夕編修的《廣東海防彙覽》都有海防內容。三者的內容都是引用明人的著作，來解釋本朝海防思想，強調切斷海陸聯繫、反對海上禦敵、注重海岸防守、會哨及加強操演，大多是削弱潛在反對勢力的做法。另外，清代官員向明代學習，以「澳門模式」應對西方國家入侵，即是以貿易制約外人，一旦發生違規行為，立即封艙停止貿易，斷絕日用物資供應，迫對方就範。無論是吳熊光，還是林則徐都採用此一方法，應對英國的入侵行動。

理論上，在嚴格的限制下，廣東海防應該不會出現有力的挑

戰者，但當時早已進入全球化時代，海盜就是藉此興起。1771 年越南爆發西山起義，西山政權於是招募中國東南沿海漁民、海盜，提供武器、船隻、訓練及官爵，加入本國海軍，一面搶掠沿海，一面參與內戰，令海盜得到了實戰磨練。他們在西山政權滅亡後重返廣東，並組成大聯盟繼續在海上活動。雖然首領鄭一意外身亡，但鄭一嫂繼起領導，並提拔年輕有才的張保，順利過渡危機。在整個嘉慶朝平剿海盜的過程中，廣東海防取勝是因為採取封鎖策略，引致海盜分裂，再進行招撫，而非在軍事上擊倒對手。而有關招撫的討論，更使廣東海防的政策經歷了一次循環。無論是那彥成、吳熊光及百齡，都堅定執行嚴守海岸的策略，增建炮臺及輔助措施，分派水師巡哨、巡查沿海村落口岸，截斷內地物資供應（糧食、武器）、搜捕內地會黨、土匪、鼓勵地方組織團練，甚至實行全省封港。然而，當時水師戰船數量不足，戰陣、武器都存在缺點，更重要的是將領能力不足，所以無法單靠攻剿平定海盜，必須實行招撫，才能瓦解海盜集團。在爭論是否實行招撫的過程中，嘉慶帝的態度無疑是最具決定性。那彥成發現海盜人多勢眾，無法全部消滅，於是推行招撫政策，並配合封鎖行動，成功平定東路海盜，卻被廣東巡撫孫玉庭認為是濫賞，更上奏反對，結果上任僅一年就被撤職下台。後繼的吳熊光被勒令不可以再實行招撫，令廣東水師多番慘敗。最後上任的百齡吸取教訓，在得到嘉慶帝的同意後，把握時機先後招降張保、郭婆帶兩部，利用他們加強水師，終於平定這場叛亂。

隨着新航路的發現，西方國家大舉東來，尋找新市場，而英

國亦是其中一分子，先後委派馬戛爾尼、亞美士德東來，意圖改變貿易狀況，又兩次入侵澳門，均以失敗告終。道光十三年（1833），東印度公司的專營權結束，英國委派律勞卑為商務監督，後者更於次年強闖虎門，震動清廷朝野。關天培、林則徐均從未任職廣東，只是從征剿海盜中累積經驗，自然地繼承前人做法，希望藉穩固的海岸防線，再截斷物資供應，等候適當時候出擊。關天培是防線的建立者，首先修補虎門要塞，強化第二重門戶，倍增炮臺數目，換上重型火炮，在東水道重點設防。此外，他又依據虎門要塞，設計水師戰術，期望將敵人一舉殲滅於口內。而林則徐曾經調查英國，認為對方不善口內決戰，而且依賴貿易，所以採取當日應對海盜的政策，鼓勵地方興辦團練，勸喻他們不要與英軍交易。非但如此，林則徐又仿效前輩們，招募沿海漁民加入作戰行列，利用他們潛水攻擊英軍戰艦。另外，他嘗試引進越南的戰船，美國商船「甘米力治」號及西方槍炮，加強水師實力。然而，在「軍事大分流」的背景下，中國軍事發展遲緩，而英軍則在戰術、武器大有發展，明顯領先廣東水師。當時英軍數量雖然不佔優勢，但使用正面佯攻、登陸背後攻擊及線性戰術，令炮臺沒有發揮預期般的作用。此外，英軍的火炮亦較清軍優良，可持續發射的時間更長，並配合戰船輪流施放，在戰場上取得巨大優勢。更重要是，英軍針對內河地形，使用蒸汽戰船「復仇女神號」，突破清軍少有注意的西水道，成為勝負關鍵。結果，水師於虎門之戰、廣州之戰失敗，嚴守海岸的設想已不可能實施。

總括而言，因為清廷厲行中央集權，嚴格限制地方財政權力，

結論

因此地方海防只能以有限資源建立保守的海防，並實行一系列政策，壓制潛在反對勢力。無奈，海盜及英國都在全球化的背景下崛起，擁有強大海上武力，嚴重威脅廣東海防。在此情況下，嘉、道兩朝官員只能採用被動的方法，實行嚴守海岸的戰略，截斷內地物資供應，破壞對方日常運作，再等待有利時機出擊。然而，海盜及英國在性質、目標及實力上，存在巨大差別，清廷使用同樣的方法，結果自然是截然不同。

附錄

附錄 1：鴉片戰爭前清代兩廣總督列表

	名稱	籍貫	任職時間	任期（月）	履歷
1.	佟養甲（?-1648）	遼東	1647.6.15-1648.6	12	佟養正（?-1621）子，隸屬漢軍正藍旗。順治元年（1644）隨軍入關，次年（1645）授任總兵，跟從博洛（1613-1652）南征。三年（1646）加授巡撫廣東銜、署任兩廣總督，與李成棟（?-1649）攻取廣東，消滅南明紹武政權，分兵取南雄、韶州及肇慶。翌年（1647）坐鎮廣州，對抗海賊馬元生、石璧，擊退陳子壯（1596-1647）、張家玉（1615-1647）部，擒斬內應楊可觀。當時，南明永曆帝仍然據守桂林，而李成棟突然反正歸明，佟氏最終被殺。[1]
2.	李率泰（?-1666）	漢軍正藍旗	1653.7.12-1656.3.16	31	李永芳（?-1634）次子，年僅十二歲入侍禁廷，跟從皇太極（1592-1643）轉戰察哈爾、朝鮮、錦州。順治二年（1645），隨多鐸破流寇於潼關，移師南下，攻陷蘇州、松江，次年再下福建。李氏後與靖南將軍陳泰（?-1655）征剿海賊，至八年（1651）罷任。順治十年（1653），因洪承疇（1593-1665）的推薦，出任兩廣總督，次年遣兵征剿土賊廖篤增。

1　王鍾翰點校：《清史列傳》，第 1 冊，卷 4，〈佟養甲傳〉，頁 215-217。

				十二年 (1655)，領兵抵禦李定國 (1620-1663)，會同援軍朱瑪喇部破 之於新會，收復高州等地，翌年調 任閩浙總督。[2]
3.	王國光 （?-1670）	漢軍 正紅旗	1656.3.16- 1658.7.10	28	天聰八年 (1634) 授三等輕車都尉， 順治三年 (1646) 隨定西大將軍和洛 輝防守西安。十年 (1653)，跟從定遠 大將軍屯齊 (?-1663) 出征湖廣，擊 退李定國、孫可望 (?-1660)。十二年 (1655) 與甯海大將軍伊勒德支援浙 江，擊敗鄭成功 (1624-1662)、張名 振 (?-1656) 於舟山。次年擢升為兩 廣總督，十五年 (1658) 兵分三路進攻 永曆政權，疏請派遣參將張榮、周貴 赴梧、潯效力，防南明自西甯來犯。[3]
4.	李棲鳳 （1594- 1664）	遼東 廣寧	1658.7.15- 1662.1.20	42	以生員任秘書院副事官。順治三年 (1646) 出任安徽巡撫，六年 (1649) 調任廣東巡撫駐南雄，負責供應平 南、靖南二王的軍需。次年合兵攻 韶州，平雷、廉二州。十年 (1653)， 李定國進犯肇慶，棲鳳調廉州兵馳 援，敗之於龍頂岡。十五年 (1658) 擢升為兩廣總督，令總兵粟養志剿 上思陳奇策，撫平那錦板強諸寨。 十八年 (1661) 清廷分置廣東、廣西 總督，以李氏掌管廣東省。[4]

2　王鍾翰點校：《清史列傳》，第 2 冊，卷 5，〈李率泰傳〉，頁 297-299。
3　〔清〕李桓輯：《國朝耆獻類徵初編》，第 39 冊，卷 269，〈王國光傳〉，頁 853-858。
4　〔清〕李桓輯：《國朝耆獻類徵初編》，第 26 冊，卷 149，〈李棲鳳傳〉，頁 279-286。

附錄

5.	盧崇峻 （?-1701）	漢軍 鑲黃旗	1662.1.31- 1666.4.19	51	由官監生考户部副理事官，十四年(1657) 總督宣大軍務。及後出任廣東總督，康熙二年 (1663)，派兵征剿東莞新安賊匪，追捕趙劈石、李宗韜。三年 (1664) 與尚可喜征剿海賊蘇利，又請減化石參將及把總，移守備駐石城。[5]
6.	盧興祖 （?-1667）	漢軍 鑲白旗	1665.4.11- 1668.1.1	33	順治三年 (1646) 授任工部啟心郎，十八年 (1661) 出任廣東巡撫。康熙四年 (1665) 出任廣東總督。及後清廷裁廣西總督，盧興祖以廣東總督管轄駐肇慶，康熙六年 (1667) 以不能平息盜賊，自陳乞罷。[6]
7.	周有德 （?-1680）	漢軍 鑲紅旗	1668.1.30- 1670.2.6	25	順治二年 (1645)，由貢生授任弘文院編修，五年 (1648) 隨阿濟格征討大同叛將姜瓖 (?-1649)。康熙二年 (1663)，出任山東巡撫，六年 (1667) 調任兩廣總督。次年，丁父憂，平南王尚可喜 (1604-1676) 疏請留任守制，安輯沿海民兵。[7]
8.	金光祖 （?-1690）	漢軍 正白旗	1670.3.6- 1682.1	142	順治年間歷任吏部郎中、福建右布政司，康熙三年 (1664) 出任廣西巡撫，九年 (1670) 升為兩廣總督，十三年 (1674) 廣西將軍孫

---

5 〔清〕李桓輯：《國朝耆獻類徵初編》，第 26 冊，卷 152，〈盧崇峻傳〉，頁 581-585。
6 〔清〕李桓輯：《國朝耆獻類徵初編》，第 26 冊，卷 152，〈盧興祖傳〉，頁 537-540。
7 王鍾翰點校：《清史列傳》，第 2 冊，卷 7，〈周有德傳〉，頁 442-443。

					延齡 (?-1677) 響應吳三桂 (1612-1678)，光祖奉詔征伐，率兵剿祖澤清 (?-1680) 於高州，其後響應尚之信 (1636-1680) 的反叛，最終又反正，負責督運糧餉供給莽依圖 (?-1680) 大軍。十九年 (1680) 金氏奉詔與廣東巡撫金儁逮捕尚之信，但其後被劾在任無功，終革職歸旗。[8]
9.	吳興祚 (?-1697)	浙江 山陰	1682.2.1-1689.8.8	90	由貢生授任江西萍鄉知縣，歷任山西大寧知縣、山東沂州知州。十七年 (1678) 任福建巡撫。明鄭 (1661-1683) 派遣劉國軒 (1629-1693) 沿邊騷擾，親率標兵援救泉州，破之於白鴿嶺，其後又打造戰船、訓練水師，於十九年 (1680) 連取廈門、金門。未幾，興祚又調升為兩廣總督，以沿海居民大多失業，疏請展界。[9]
10.	石琳 (1639-1702)	遼東	1689.8.19-1702.12.17	148	石廷柱 (1599-1661) 第四子，初授佐領、禮部郎中，二十五年 (1686) 出任雲南巡撫，二十八年 (1689) 調任兩廣總督，四十一年 (1701) 連州瑤叛，遣都統嵩祝 (1656-1735) 剿平，後卒於官。[10]

---

8 王鍾翰點校：《清史列傳》，第 2 冊，卷 5，〈金光祖傳〉，頁 309-312。
9 趙爾巽等撰：《清史稿》，第 33 冊，卷 260，〈吳興祚傳〉，頁 9861-9864。
10 趙爾巽等撰：《清史稿》，第 33 冊，卷 276，〈石琳傳〉，頁 10067-10069；〔清〕李桓輯：《國朝耆獻類徵初編》，第 27 冊，卷 156，〈石琳傳〉，頁 65-74。

附錄

11.	郭世隆 （1645- 1716）	山西 汾州	1702.12.17- 1707.1.23	49	康熙四年 (1665) 襲管佐領，歷任禮部員外郎、監察御史、國史副總裁、直隸巡撫、閩浙總督。康熙四十一年 (1702) 出任兩廣總督，上奏更定廣東防務，四十五年 (1706) 擒獲巨盜蔡玉也，但被認為平日禁賊不嚴，罷任。[11]
12.	趙弘燦 （?-1717）	寧夏	1707.1.30- 1716.11.19	118	趙良棟 (?-1697) 子，出任寧夏總兵，隨父征討吳世璠 (?-1681)，先後出任黃巖、南贛等鎮總兵。康熙四十二年 (1703) 調任廣東提督，四十五年 (1706) 升任兩廣總督，奏請在和梢山及翁源縣龍眼崗設防。五十二年 (1713)，因未據實奏報廣東米價騰貴，降五級留任。[12]
13.	楊琳 （?-1724）	奉天 鐵嶺	1716.11.25- 1723.9.10	82	康熙十八年 (1679) 以守備從征吳世璠 (?-1681) 有功，擢升为京營游擊。五十四年 (1715) 出任廣東巡撫，其後上任兩廣總督，奏陳廣、惠、潮三府沿海要地事宜，增撥編配外洋戰船、巡哨船，更定水師轄權。雍正元年 (1723) 又分設廣東、廣西總督，楊琳專責管理廣東，後卒於官。[13]

11 王鍾翰點校：《清史列傳》，第 3 冊，卷 11，〈郭世隆傳〉，頁 793-797。
12 王鍾翰點校：《清史列傳》，第 3 冊，卷 12，〈趙弘燦傳〉，頁 847-848。
13 〔清〕李桓輯：《國朝耆獻類徵初編》，第 27 冊，卷 162，〈楊琳傳〉，頁 595-600。

14.	孔毓珣 （1666- 1730）	山東 曲阜	1724.4.26- 1729.3.29	59	孔子（前551-前479）六十六世孫，康熙二十九年(1690)授任湖廣武昌通判，其後升任廣西按察使、四川布政使、廣西巡撫。雍正元年(1723)出任廣西總督，次年轉為兩廣總督，大力整頓鹽政。[14]
15.	郝玉麟 （?-1745）	漢軍 鑲白旗	1729.3.29- 1732.3.21	36	康熙三十四年(1695)由驍騎校授千總，雍正元年(1723)出任雲南提督，率兵赴中甸。七年(1729)擢升為廣東總督，令水師巡防香山、三虎海面，先後擒獲李奕揚、楊亞干等，又疏請分肇高羅廉道為肇羅道、雷瓊道，並提議更改廣東營制，集中省會附近佈防。[15]
16.	鄂彌達 （1685- 1761）	滿洲 正白旗	1732.3.21- 1738.3.31	72	雍正元年(1723)授任吏部主事，八年(1730)調升廣東巡撫，請禁瓊州民藏鳥槍，平定饒平武舉余猊亂，再正式上任兩廣總督，建議建倉貯穀於三水西南鎮，待米貴開平糶。十三年(1735)兼管廣西仍駐肇興，及後貴州苗亂，發兵駐守黔、粵邊界。乾隆四年(1739)，調任川陝總督，但被兩廣總督馬爾泰劾「縱僕占煤山」。[16]

14　趙爾巽等撰：《清史稿》，第 34 冊，卷 292，〈孔毓珣傳〉，頁 10309-10311。
15　〔清〕李桓輯：《國朝耆獻類徵初編》，第 17 冊，卷 65，〈郝玉麟傳〉，頁 175-190。
16　趙爾巽等撰：《清史稿》，第 36 冊，卷 323，〈鄂彌達傳〉，頁 10808-10810。

附錄

17.	馬爾泰 （?-1748）	滿洲 正黃旗	1738.3.31- 1741.5.28	38	雍正六年(1728)擢升工部額外侍郎，至九年(1731)諭令協理軍務，並署任陝西巡撫。乾隆三年(1738)七月出任兩廣總督，次年因安南祿平州土官韋福琯的叛亂，受命往廣西備邊，復奏應閱兵巡防，增兵防守融懷，獲准。及後，廣西桂林義寧縣屬桑江縣苗匪勾結湖南城步、綏寧二縣紅苗滋事，馬爾泰派兵剿平，但因辦理延緩，降職留任。[17]
18.	慶復 （?-1749）	滿洲 鑲黃旗	1741.5.28- 1743.7.17	26	佟國維(?-1716)第六子，雍正五年(1727)授任散秩大臣，乾隆二年(1737)出任兩江總督，後遷雲貴總督，請重定滇、黔、粵、蜀四省邊界。繼後移鎮兩廣，先劾粵海關監督鄭伍賽索賄，又疏請在瓊州開設義學。[18]
19.	馬爾泰	滿洲 正黃旗	1743.7.17- 1744.8.10	13	與本附錄第17項相同。
20.	那蘇圖 （?-1749）	滿洲 鑲黃旗	1744.8.10- 1745.5.14	9	雍正初年，任兵部侍郎，後遷黑龍江、奉天將軍。乾隆二年(1737)出任兩江總督，協辦江、浙沿海塘堡。七年(1742)調任閩浙總督，疏請革除鹽場浮費及漁船塗稅。未幾又調任兩廣總督，上言禁革鹽課私派。[19]

17 王鍾翰點校：《清史列傳》，第 5 冊，卷 18，〈馬爾泰傳〉，頁 1349-1352。
18 趙爾巽等撰：《清史稿》，第 34 冊，卷 297，〈慶復傳〉，頁 10395-10398。
19 趙爾巽等撰：《清史稿》，第 35 冊，卷 308，〈那蘇圖傳〉，頁 10565-10567。

21.	策楞 （?-1756）	滿洲 鑲黃旗	1745.5.14- 1748.10.29	29	乾隆初任御前侍衛，次年 (1737) 秋往盧構橋賑災，累官至廣州將軍，授任兩廣總督，查明廣東巡撫托庸 (?-1773) 劾布政司唐綏祖 (1686-1754) 贓私案，加太子少傅，調任兩江總督。[20]
22.	尹繼善 （1694- 1771）	滿洲 鑲黃旗	1748.10.29- 1748.11.24	1	雍正元年 (1723) 進士，六年 (1728) 授任內閣侍讀學士，協理江南河務，並署任江蘇巡撫。十一年 (1733) 調任雲貴廣西總督，消滅土酋刁興國餘黨。乾隆五年 (1740) 出任川陝總督，檄諭平郭羅克部之亂。十三年 (1748) 調任兩廣總督，未及一月，又調任川陝總督。[21]
23.	碩色 （1687- 1759）	滿洲 正黃旗	1748.11.24- 1750.2.9	26	雍正元年 (1723)，授戶部主事遷員外郎，乾隆二年 (1737) 調任四川巡撫，奏報川省陋規，勒令解除。乾隆十三年 (1748) 出任兩廣總督，劾左江鎮總兵楊剛結交田州土官岑宜棟 (?-1789) 違例放債。十五年 (1750) 調任雲貴總督，被兩廣總督陳大受劾包庇糧驛道明福婪贓，降官三級留任。[22]

---

20 趙爾巽等撰：《清史稿》，第 35 冊，卷 314，〈策楞傳〉，頁 10689-10691。
21 趙爾巽等撰：《清史稿》，第 35 冊，卷 314，〈尹繼善傳〉，頁 10545-10549。
22 王鍾翰點校：《清史列傳》，第 4 冊，卷 15，〈碩色傳〉，頁 1115-1119。

附錄

24.	陳大受 （?-1751）	湖南 祁陽	1750.2.9- 1751.11.14	21	乾隆元年(1736)授任編修，四年(1739)升為安徽巡撫，十五年(1750)出任兩廣總督，協理粵海關，大力整頓吏治。[23]
25.	阿里袞 （?-1769）	滿洲 鑲黃旗	1751.11.14- 1753.2.24	27	乾隆二年(1737)由二等侍衛升為總管內務大臣，先後查辦山東巡撫碩色奏報沂州歉收失實及江西巡撫嶽濬(1704-1753)納賄案。乾隆十六年(1751)出任兩廣總督，時東莞縣莫信豐及王臣亮謀居蘭蕙山起事，阿里袞即赴增城搜捕其黨，並凌遲正法。[24]
26.	班第 （?-1755）	蒙古 鑲黃旗	1753.2.24- 1754.5.3	15	雍正初擢為內閣大學士。乾隆六年(1741)命軍機處行走，授任兵部尚書。十三年(1748)赴金川辦理軍餉，督軍進攻昔嶺，又署任四川巡撫，但師久無功，降為兵部侍郎。乾隆十八年(1753)署任兩廣總督，追捕增城、東莞亂黨王臣亮。[25]
27.	楊應琚 （1696- 1766）	湖南 祁陽	1754.5.3- 1757.8.31	39	前廣東巡撫楊文乾(1682-1728)子，雍正七年(1729)授任戶部員外郎。乾隆十九年(1754)調任兩廣總督，上奏廣東省濱海澳港多歧，需切實

23 趙爾巽等撰：《清史稿》，第 35 冊，卷 307，〈陳大受傳〉，頁 10552-10554。

24 趙爾巽等撰：《清史稿》，第 35 冊，卷 313，〈阿里袞傳〉，頁 10675-10676；王鍾翰點校：《清史列傳》，第 5 冊，卷 20，〈阿里袞傳〉，頁 1508-1511。

25 趙爾巽等撰：《清史稿》，第 35 冊，卷 312，〈班第傳〉，頁 10659-10660；王鍾翰點校：《清史列傳》，第 5 冊，卷 19，〈班第傳〉，頁 1412-1413。

					督訓內河、外洋水師。二十一年 (1756)，又疏請廣東左翼鎮自順德移駐虎門，防守粵東門戶，稽查商船，操練巡防，鞏固海疆。[26]
28.	鶴年 (?-1758)	滿洲鑲黃旗	1757.8.31- 1758.1.14	5	乾隆元年 (1736) 進士，十九年 (1754) 升任廣東巡撫，「奏陳平米價，嚴保甲，緝竊盜案，禁私鑄、私雕諸事」，又請以化州石城官租穀供海安營。及後調任山東巡撫，至二十二年 (1757) 升任兩廣總督，請「濬伊家河，洩微山湖水」，解決水患頻仍的問題。[27]
29.	陳宏謀 (1696- 1771)	廣西臨桂	1758.1.14- 1758.5.27	4	雍正元年 (1723) 庶起士，其後出任吏部郎中、浙江道御史、江南驛鹽道。此後在直隸、江蘇、江西、陝西、湖北、河南、福建、甘肅、湖南、江蘇等地任官，二十二年 (1758) 升任兩廣總督。[28]
30.	李侍堯 (?-1788)	浙江山陰	1758.5.27- 1761.5.27	36	祖上為李永芳，乾隆元年 (1736) 授六品廕生，二十年 (1755) 署任廣州將軍。乾隆二十三年 (1758) 出任兩廣總督，制訂五條防範外商規條，包括洋船銷貨後，應飭依期回國，禁令住冬；洋商館毋許漢奸私行交易；內地行商，毋許借洋商貲本；

---

26 王鍾翰點校：《清史列傳》，第 6 冊，卷 22，〈楊應琚傳〉，頁 1648-1650。
27 趙爾巽等撰：《清史稿》，第 35 冊，卷 309，〈鶴年傳〉，頁 10609-10610。
28 趙爾巽等撰：《清史稿》，第 35 冊，卷 307，〈陳宏謀傳〉，頁 10558-10559。

					洋商毋許僱內地廝役；洋船泊處，守備一員督同弁兵防範」，又請碣石、南澳二鎮一體巡洋。二十八年(1763)調湖廣總督，次年(1764)復回兩廣，更改廣東西路營制，未幾因對廣西右江鎮總兵李星垣(1707-1765)定罪失當革職。三十二年再次出任兩廣總督。[29]
31.	蘇昌 （?-1768）	滿洲 正藍旗	1761.5.27- 1764.7.22	38	康熙五十九年(1720)考內閣中書，後又考選浙江道御史。乾隆元年(1736)巡察吉林。十四年(1749)出任廣東巡撫，十六年(1751)署任兩廣總督。[30]
32.	李侍堯	浙江 山陰	1764.7.22- 1765.7.22	12	與本附錄第30項相同。
33.	楊廷璋 （1689- 1771）	漢軍 鑲黃旗	1765.7.22- 1767.4.24	21	雍正七年(1729)授任工部主事，乾隆年間，先後出任廣西桂林府知府、左江道、按察使、湖南布政使。二十四年(1759)，升任閩浙總督，上請更改要地塘汛及巡哨章程。三十年(1765)署任兩廣總督，追捕竄入小鎮安土司的安南匪，照會其國遣人共同正法，又派兵守隘，幫助堵截賊匪。[31]

---

29 王鍾翰點校：《清史列傳》，第6冊，卷23，〈李侍堯傳〉，頁1707-1715。
30 趙爾巽等撰：《清史稿》，第35冊，卷309，〈蘇昌傳〉，頁10607-10608。
31 趙爾巽等撰：《清史稿》，第36冊，卷323，〈楊廷璋傳〉，頁10811-10812；王鍾翰點校：《清史列傳》，第6冊，卷21，〈楊廷璋傳〉，頁1573-1578。

34.	李侍堯	浙江山陰	1767.4.24-1777.2.25	118	與本附錄第 30 項相同。
35.	楊景素（1711-1779）	江蘇甘泉	1777.2.25-1778.3.19	13	乾隆三年 (1738) 補蠡縣縣丞，至十八年 (1753) 授任福建汀漳龍道，擒斬企圖作亂之漳浦民蔡榮祖，再調任台灣道。三十九年 (1774) 幫助舒赫德 (1710-1777) 平定壽張民王倫叛亂，擢升為山東巡撫，四十二年 (1777) 升任兩廣總督。[32]
36.	桂林（?-1780）	滿洲鑲藍旗	1778.3.19-1780.1.11	22	前兩廣總督鶴年子，乾隆二十五年 (1760) 出任工部主事，三十六年 (1771) 從定邊右副將軍溫福 (?-1773)，克卡丫、郭松、甲木、噶爾金，卻兵敗於東岸山梁，戍伊犁。四十三年 (1778) 出任兩廣總督。[33]
37.	巴延三（?-1795）	滿洲正紅旗	1780.1.11-1784.2.20	49	乾隆六年 (1741) 由官學生授任內閣中書，先後出任河南布政司、山西巡撫、湖南巡撫。四十三年 (1778)，以河東鹽政與巡撫專司多掣肘，命巴延三兼管鹽政，及後因失察黃檢私刊祖父黃廷桂 (1690-1753) 的奏疏，被革職留任。其後升為兩廣總督，親自巡查沙茭各處防務，奏請改派廳員彈壓，於石碁村設專營巡防，將沙茭水汛於涌口，並增兵添船，又將沙茭民船編號給印照。[34]

---

32 趙爾巽等撰：《清史稿》，第 36 冊，卷 337，〈楊景素傳〉，頁 11053-11054。

33 趙爾巽等撰：《清史稿》，第 36 冊，卷 326，〈桂林傳〉，頁 10878-10879；王鍾翰點校：《清史列傳》，第 7 冊，卷 25，〈桂林傳〉，頁 1888-1893。

34 國立故宮博物院圖書文獻處：《清史館檔傳稿與傳包》〈巴延三傳包〉，檔案編號 701005889，頁 1-10。

38.	舒常 （?-1798）	滿洲 正白旗	1784.2.20- 1785.4.27	14	父親為武英殿大學士舒赫德，乾隆十一年(1746)授任藍翎侍衛。三十七年(1772)赴金川軍營，任溫福一路為參贊大臣。四十九年(1784)出任兩廣總督，又署任廣東巡撫。[35]
39.	孫士毅 （1720- 1795）	浙江 仁和	1785.4.27- 1785.8.6	3	乾隆二十六年(1761)進士，三十四年(1769)隨傅恆(1720-1770)征討緬甸。四十九年(1784)出任廣東巡撫，署任兩廣總督。時清廷大力整軍，孫氏亦練兵40,000，其後正式接任兩廣總督，遣兵助剿台灣林爽文(1756-1788)之亂，又親往潮州戒備。五十三年(1787)，安南國王黎維祁(1765-1793)為阮惠(1753-1792)所逐，孫氏自廣西入安南，破壽昌江、屯嘉觀、黎城，但在次年兵敗市球江，總兵李化龍、提督許世亨(?-1789)陣亡。[36]
40.	富勒渾 （?-1796）	滿洲 正藍旗	1785.8.6- 1786.5.23	9	乾隆二十八年(1763)授山西冀寧道，三十八年(1773)征金川，富勒渾署任四川總督，總理各路軍需。未幾，與提督王進泰領軍，策應阿桂(1717-1797)攻小金川。四十五

35　王鍾翰點校：《清史列傳》，第 7 冊，卷 27，〈舒常傳〉，頁 2036-2038。
36　趙爾巽等撰：《清史稿》，第 36 冊，卷 330，〈孫士毅傳〉，頁 10924-10926；王鍾翰點校：《清史列傳》，第 7 冊，卷 26，〈孫士毅傳〉，頁 2005-2012。

				年 (1780) 出任閩浙總督，五十年 (1785) 調任兩廣總督，因縱容僕人納賄，奪官下獄，後釋放。[37]
41.	孫士毅	浙江仁和	1786.5.23-1789.2.20	33	與本附錄第 39 項相同。
42.	福康安 (?-1796)	滿洲鑲黃旗	1789.2.20-1793.9.15	55	傅恆子，初授三等、頭等侍衛。乾隆三十八年 (1773) 隨阿桂征金川，克羅博瓦山、得斯東寨，封三等嘉勇男。五十二年 (1786) 督師征討林爽文亂，解諸羅之圍，授任閩浙總督。五十四年 (1788)，福康安接任兩廣總督，上請罷兵，其後緝捕海匪，擒殺林亞五、周元保等。[38]
43.	覺羅長麟 (?-1811)	滿洲正藍旗	1793.9.15-1796.7.5	34	乾隆四十年 (1775) 進士，歷任江蘇布政使、刑部侍郎、山東、江蘇巡撫。五十八年 (1793) 授任兩廣總督，整頓水師，六十年 (1795) 又捕殺洋盜陳相等。及後，署理閩浙總督，嘉慶七年 (1802) 再署任兩廣總督。[39]

37 趙爾巽等撰：《清史稿》，第 36 冊，卷 332，〈富勒渾傳〉，頁 10955-10958；清代國史館編：《清國史》，第 7 冊（北京：中華書局，1993），卷 186，〈富勒渾傳〉，頁 370-381。

38 趙爾巽等撰：《清史稿》，第 36 冊，卷 330，〈福康安傳〉，頁 10917-10922；王鍾翰點校：《清史列傳，第 7 冊，卷 25，〈福康安傳〉，頁 1965-1972。

39 趙爾巽等撰：《清史稿》，第 37 冊，卷 343，〈覺羅長麟傳〉，頁 11129-11131；〔清〕李桓輯：《國朝耆獻類徵初編》，第 13 冊，卷 35，〈覺羅長麟傳〉，頁 868-888。

44.	朱珪 （1731- 1807）	順天 大慶	1796.7.5- 1796.9.29	2	乾隆十三年 (1748) 成進士，累升至侍讀學士。四十年 (1775) 授侍講學士，直上書房，至四十五年 (1780) 督福建學政。五十九年 (1794) 補廣東巡撫，再出任兩廣總督，捕洋匪陳阿養。及後，被魁倫 (1752-1800) 劾捕匪不力，調任安徽巡撫，臨行前捐養廉銀 15,000 兩，修理出洋米艇。[40]
45.	吉慶 （?-1802）	滿洲 正紅旗	1796.9.29- 1802.12.17	75	以官學生補內閣中書，後升鑲白旗蒙古副都統、兵部侍郎。嘉慶元年 (1796)，出任兩廣總督，奏劾水師提督路超吉。次年廣西苗亂竄八渡，吉慶率軍進剿，敗之於夏雄，招撫永豐、百樂等苗目。七年 (1802) 陳爛屐四糾眾於博羅山，剽掠數縣，吉慶遣兵擒斬。餘黨曾鬼六復起，又馳往剿捕，破之於義容墟。但因為奏報前後不符，罷協辦大學士位。與此同時，巡撫瑚圖禮劾其疲軟不職，並「設囚具，隸卒故加訶辱」，自戕。[41]
46.	覺羅長麟	滿洲 正藍旗	1802.12.17	1 （日）	與本附錄第 43 項相同。

---

40 趙爾巽等撰：《清史稿》，第 37 冊，卷 340，〈朱珪傳〉，頁 11091-11094；王鍾翰點校：《清史列傳》，第 7 冊，卷 28，〈朱珪傳〉，頁 2118-2128。
41 趙爾巽等撰：《清史稿》，第 37 冊，卷 343，〈吉慶傳〉，頁 11127-11129。

47.	瑚圖禮 (?-1814)	滿洲 正白旗	1802.12.17- 1803.1.26	1	乾隆四十六年 (1781) 授任國子監助教，至嘉慶四年 (1799) 調盛京兵部、刑部侍郎，兼管奉天府尹及威遠部六邊事。七年 (1802) 出任廣東巡撫，時博羅寇起，總督吉慶領軍出征，瑚圖禮留守辦理軍需。同年署任廣州將軍，審辦吉慶處理博羅縣謬誤案，兼署任兩廣總督。次年因失察會匪滋事，降職留任巡撫。[42]
48.	倭什布 (?-1810)	滿洲 正紅旗	1803.1.26- 1804.12.24	23	嘉慶元年 (1796) 署任陝西布政使，其後調任山西、河南巡撫。四年 (1799) 升為湖廣總督，督兵進剿張添倫，其於南漳縣界山大敗李淑。八年 (1803) 出任兩廣總督，清剿博羅、永安餘匪。[43]
49.	那彥成 (1763- 1837)	滿洲 正白旗	1804.12.24- 1805.12.12	12	乾隆五十四年 (1789) 進士，嘉慶初擔任欽差大臣，參與平定川楚白蓮教之亂。七年 (1802) 查瑚圖禮劾吉慶案，率提督孫全謀剿永安黃亞程，九年 (1804) 出任兩廣總督。由於廣東土匪、海盜日熾，那彥成實行招撫，卻被巡撫孫玉庭 (1741-1824) 劾其濫賞，戍伊犁。[44]

---

42 王鍾翰點校：《清史列傳》，第 7 冊，卷 28，〈瑚圖禮傳〉，頁 2157-2159。

43 國立故宮博物院圖書文獻處：《清史館檔傳稿與傳包》〈倭什布傳包〉，檔案編號 701001130，頁 36-47。

44 趙爾巽等撰：《清史稿》，卷 367，〈那彥成傳〉，頁 11458-11460；王鍾翰點校：《清史列傳》，卷 33，〈那彥成傳〉，頁 2525-2530。

附錄

50.	吳熊光 （?-1833）	江蘇 昭文	1805.12.12- 1809.1.6	37	乾隆三十七年 (1772) 授內閣中書，任軍機章京。嘉慶四年 (1799) 出任河南巡撫，阻上教匪張漢潮來犯。六年 (1801) 升任湖廣總督，分兵追剿興山、竹谿、房縣教匪，俘崔宗和。十年 (1805)，取代那彥成出任兩廣總督。十三年 (1808)，英軍擅入澳門佔據炮臺，吳氏暫停貿易，令英國退兵，但被認為應對不力，遣戍伊犁。[45]
51.	永保 （?-1809）	滿洲 鑲紅旗	1809.1.6- 1809.2.20	1	以官學生考授內閣中書，升軍機章京。乾隆五十八年 (1793)，出任喀什噶爾參贊大臣駐新疆，出任烏魯木齊都統。嘉慶元年 (1796) 奉詔討教匪有功，後署湖廣總督，因援救鄧州魏家集遲緩，褫職。四年 (1799) 復藍翎侍衛，擢為頭等侍衛，署陝西巡撫。十三年 (1808) 署貴州巡撫調廣東，又出任兩廣總督，於赴任途中逝世。[46]
52.	百齡 （1748- 1816）	漢軍 正黃旗	1809.2.20- 1811.2.16	24	張氏，乾隆三十七年 (1772)，出任山西學政、順天府丞。嘉慶八年 (1803) 擢升廣西巡撫，次年調廣東，劾南海、番禺兩縣知縣王軾、

---

45 趙爾巽等撰：《清史稿》，卷 357，〈吳熊光傳〉，頁 11321-11323；王鍾翰點校：《清史列傳》，卷 30，〈吳熊光傳〉，頁 2327-2336。
46 趙爾巽等撰：《清史稿》，第 37 冊，卷 345，〈永保傳〉，頁 11163-11166。

					趙興武。未幾，升任湖廣總督，十四年 (1809) 出任兩廣總督，成功平定海盜，上請復設水師提督，駐守虎門，加強海疆防務。[47]
53.	松筠 （1754-1835）	蒙古 正藍旗	1811.2.16- 1811.11.15	9	乾隆三十七年 (1772) 由繙譯生員考補理藩院筆帖式，後升任軍機章京、鑲黃旗副都統。嘉慶四年 (1799) 出任陝甘總督，駐漢中辦理軍餉協剿教匪。以後出任伊犁將軍、兩江總督，十六年 (1811) 調任兩廣總督，疏請改雷瓊鎮陸路鎮兵為水師總兵，管轄粵東西下路海口、龍門、海安、崖州各協營。[48]
54.	蔣攸銛 （1766-1830）	遼東 襄平	1811.11.5- 1817.10.22	71	乾隆四十九年 (1784) 進士，嘉慶五年 (1800) 授任江西吉南贛道，十六年 (1811) 出任兩廣總督，搜捕廣東劫匪七百餘人。及後，英國兵船違反定制，直抵虎門，攸銛「示以兵威，復召大班益花臣詰責之」，迫英人退走，上請加強對外貿易的規定，又署任粵海關監督。[49]

47 趙爾巽等撰：《清史稿》，卷 343，〈百齡傳〉，頁 11133-11134；王鍾翰點校：《清史列傳》，卷 32，〈百齡傳〉，頁 2483-2490。

48 王鍾翰點校：《清史列傳》，第 8 冊，卷 32，〈松筠傳〉，頁 2449-2465。

49 趙爾巽等撰：《清史稿》，第 38 冊，卷 366，〈蔣攸銛傳〉，頁 11446-11447；王鍾翰點校：《清史列傳》，第 9 冊，卷 34，〈蔣攸銛傳〉，頁 2634-2640。

55.	阮元 （1764- 1849）	江蘇 儀徵	1817.10.22- 1826.6.22	104	乾隆五十四年 (1789) 進士，嘉慶五年 (1800) 授浙江巡撫，歷任兵部侍郎、江西、河南巡撫、湖廣總督。二十二年 (1817) 調任兩廣提督，奏建大黃窖、大虎山炮臺。後來，署任粵海關監督，查禁鴉片煙。道光二年 (1822)，英國護貨兵船泊外洋伶仃山，與內地居民發生衝突，出現死傷。阮元隨即禁止貿易，迫使英人屈服。[50]
56.	李鴻賓 （1767- 1845）	江西 德化	1826.6.22- 1832.9.14	75	嘉慶五年 (1800) 進士，十四年 (1809) 授任山東道監察御史，二十三年 (1818) 署廣東巡撫。道光二年 (1822) 出任湖廣總督，六年 (1826) 調任兩廣總督，十一年 (1831) 親赴雷州，令提督劉榮慶 (?-1842) 剿平崖州黎匪亂。十二年 (1832) 湖南瑤趙金龍 (1779-1832) 起事，鴻賓三路進剿，傷亡頗多。清廷派尚書禧恩 (?-1852) 稽查，發現不少廣東省清軍吸食鴉片，被革職發配烏魯木齊效力。[51]
57.	盧坤 （1772- 1835）	順天 涿州	1832.9.14- 1835.10.15	37	嘉慶四年 (1799) 進士，先後出任廣東惠潮嘉道、湖北按察使、甘肅布政使。道光十二年 (1832) 取代李

50 趙爾巽等撰：《清史稿》，第 38 冊，卷 364，〈阮元傳〉，頁 11421-11424；王鍾翰點校：《清史列傳》，第 9 冊，卷 36，〈阮元傳〉，頁 2820-2829。

51 趙爾巽等撰：《清史稿》，第 38 冊，卷 366，〈李鴻賓傳〉，頁 11449-11451；王鍾翰點校：《清史列傳》，第 9 冊，卷 36，〈李鴻賓傳〉，頁 2853-2862。

					鴻賓，出任兩廣總督，隨即出兵進剿平連山黃瓜寨、瑤寨。及後，英國駐華商務總監督律勞卑指揮戰艦，強闖虎門進泊黃埔，盧坤「設方略扼其歸路，斷其接濟，集水陸師臨以兵威」，迫使其退去，至十五年(1835)卒於任上。[52]
58.	鄧廷楨(1775-1846)	江輪江寧	1835.10.15-1840.1.5	51	嘉慶六年(1801)進士，十五年(1810)授任福建台灣府知府。道光十五年(1835)出任兩廣總督，與提督關天培合力加強海防。十九年(1839)與林氏起獲煙土20,283箱。同年十二月調任兩江總督。[53]
59.	林則徐(1785-1850)	福建侯官	1840.1.5-1840.9.28	8	嘉慶十六年(1811)進士，二十五年(1820)出任江南道監察御史。道光十七年(1837)出任湖廣總督，修築河堤，解決荊、襄水患。十九年(1839)，獲任命為欽差大臣往廣東查辦鴉片煙，警告外商再犯者「人即正法，貨則入官」，又巡查廣東中路海防。英國藉此開戰，則徐調兵出戰尖沙嘴、潭仔洋、穿鼻洋，又請傳令福建、浙江、江蘇各省防備，十二月調兩廣總督。其後英軍北犯浙江，林氏請罪，並繼續於廣東對

52 趙爾巽等撰：《清史稿》，第38冊，卷379，〈盧坤傳〉，頁11601-11604。
53 王鍾翰點校：《清史列傳》，第10冊，卷38，〈鄧廷楨傳〉，頁2970-2975。

附錄

					抗英軍，但道光帝改變初衷，以琦善出任兩廣總督，與英國談判。[54]
60.	琦善 （1790-1854）	滿洲 正黃旗	1840.9.28- 1841.2.26	4	嘉慶十一年 (1806) 授任刑部員外郎，道光年間任山東按察使、兩江、四川、直隸總督。二十年 (1840)負責天津防務，接收英國投書，主張通商解決停戰。同年署任兩廣總督兼粵海關監督，與英國談判。英軍攻陷沙角、大角炮臺，琦善竟與英方義律私下簽訂《穿鼻草約》，被道光帝痛批「辜恩誤國，喪盡天良」，發往軍營效力。[55]
61.	祁貢 （1777-1844）	山西 高平	1841.2.26- 1844.3.19	37	嘉慶元年 (1796) 進士，先後出任浙江按察使、貴州布政使、廣西巡撫。道光十三年 (1833) 出任廣東巡撫，又署任兩廣總督，與盧坤奏請增建虎門炮臺，令總兵李鈺領兵平定普寧縣塗洋鄉亂事。二十一年 (1841)，正式出任兩廣總督，奉命盡快收復香港。祁貢建議先復修虎門炮臺，再徐圖漸進。及後，廉州海盜作亂，祁氏劾水師提督吳建勛駐師不進，將其降為副將，下令總兵鮑起豹 (?-1858) 自欽州外洋追捕，終於平定亂事。[56]

---

54 王鍾翰點校：《清史列傳》，第 10 冊，卷 38，〈林則徐傳〉，頁 2961-2967。
55 王鍾翰點校：《清史列傳》，第 10 冊，卷 40，〈琦善傳〉，頁 3144-3152。
56 王鍾翰點校：《清史列傳》，第 10 冊，卷 37，〈祁貢傳〉，頁 2935-2941。

附錄 2：清代廣東提督列表

	名稱	籍貫	任職時間	任期（月）	履歷
1.	李成棟（?-1649）	山西	1647-1648	9	流寇出身，降明以後，任職徐州總兵。順治二年(1645)降清，隨多鐸(1614-1649)南征揚州。順治三年(1646)，率軍先後進取福建、廣東等地，生擒南明唐王朱聿鐭出任廣東提督，但不滿佟養甲(?-1648)得到兩廣總督之位，反正擁護南明桂王，後敗死。[57]
2.	楊遇明（?-1674）	遼東錦州	1661-1670	109	原為明朝守備，降清後任山東萊州游擊，因剿土寇有功，升任副將。順治十二年(1655)，出任湖廣常德鎮總兵，力拒孫可望(?-1660)進犯，後出任廣東提督。[58]
3.	嚴自明（?-1677）	陝西鳳翔縣	1670-1677	83	原為明朝參將，順治元年(1644)降清。隨豪格(1609-1648)進攻四川，屢敗明軍，出任保寧總兵，先後平定白蓮教、萬山寨(1650-1651)等亂事。康熙十五年(1676)叛清，呼應吳三桂，卻於南昌戰敗，復又降清，被調往廣州閒住，後病死。[59]

---

57 王鍾翰點校：《清史列傳》，第 20 冊，卷 80，〈李成棟傳〉，頁 6689-6690。
58 王鍾翰點校：《清史列傳》，第 20 冊，卷 80，〈楊遇明傳〉，頁 6650。
59 王鍾翰點校：《清史列傳》，第 20 冊，卷 80，〈嚴自明傳〉，頁 6675-6676。

4.	王可臣	陝西	1677-1678	10	順治三年 (1646)，向豪格 (1609-1648) 投降，隸屬漢軍正白旗。十年 (1653)，隨洪承疇 (1593-1665) 南征，駐防常德，於陝溪西南江邊伏擊劉文秀 (?-1658)。十三年 (1656) 起，隨軍征雲南、貴州。十七年 (1660) 升為貴州提標中軍參將兼管左營。康熙十二年 (1673) 出任湖廣提督，十五年 (1676) 升為鑾儀使，次年 (1677) 轉為提督，上請駐紮於惠州，並發放足夠兵餉，安撫士兵。[60]
5.	侯襲爵 (?-1688)	漢軍鑲紅旗	1678-1682	55	順治十年 (1653) 出任廣東肇慶總兵官，多次對廣東防務提出建議。康熙四年 (1665)，出任京口左路水師總兵官，終於康熙十七年 (1678)，升任廣東提督，多次派兵消滅海盜。[61]
6.	許貞	福建海澄	1682-1695	151	明鄭 (1662-1683) 部將，於康熙三年 (1664) 降清，其後駐守九江、贛縣，積極屯墾開荒，又有「屯墾都督」的稱號。三藩之亂中，許貞參與平叛，擊敗耿精忠 (1644-1682)，其後升任撫建、廣饒、吉慶六府提督。康熙二十一年 (1682)，出任廣東提督，任內「造哨船，設塘汛，晝夜巡邏，盜賊屏跡」。[62]

60 國立故宮博物院圖書文獻處：《清史館檔傳稿與傳包》〈王可臣傳包〉，檔案編號 701005673，頁 1-8。

61 〔清〕李桓輯：《國朝耆獻類徵初編》（台北：明文書局，1985），第 40 冊，卷 274，〈侯襲爵傳〉，頁 401-408。

62 趙爾巽等撰：《清史稿》，第 33 冊，卷 257，〈許貞傳〉，頁 9804-9807。

7.	李鎮鼎	甘肅 武威	1695-1697	25	曾任天津總兵。[63]
8.	盧崇耀 （?-1702）	奉天 廣寧	1697-1698	12	承繼祖先官爵。於康熙十八年 (1679) 任永州總兵，善撫士卒。[64]
9.	殷化行 （?-1710）	陝西 咸陽	1698-1703	53	康熙九年 (1670) 武進士，隨經略莫 洛征討吳三桂。日後在討伐噶爾丹 (1644-1697) 戰事中，化行獻計立 功無數。[65]
10.	趙弘燦 （?-1717）	寧夏	1703-1707	48	趙良棟 (?-1697) 子，承襲父親功 勞，任寧夏總兵，歷任川北、真定、 黃巖、南贛鎮總兵。康熙三十八年 (1699)，出任浙江提督，後調任廣 東提督。[66]
11.	黃登		1707-1708	16	
12.	施世驃 （1667- 1721）	福建 晉江府	1708-1712	53	施琅 (1621-1696) 第六子。康熙 二十二年 (1683) 隨父親攻佔台灣， 升任左都督。三十五年 (1696)，康 熙帝親征噶爾丹，世驃負責運送糧 草，又跟從大將軍馬斯喀追至巴顏 烏闌。康熙四十七年，出任廣東提 督。[67]

63 〔清〕馬齊等奉敕修：《聖祖仁皇帝實錄》，《清實錄》，第 5 冊，卷 167，康熙三十四年五月丁卯，頁 813。
64 〔清〕李桓輯：《國朝耆獻類徵初編》，第 40 冊，卷 272，〈盧崇耀傳〉，頁 193。
65 趙爾巽等撰：《清史稿》，第 34 冊，卷 281，〈殷化行傳〉，頁 10157-10160。
66 趙爾巽等撰：《清史稿》，第 32 冊，卷 255，〈趙弘燦傳〉，頁 9777。
67 趙爾巽等撰：《清史稿》，第 34 冊，卷 284，〈施世驃傳〉，頁 10189-10191。

附錄

13.	王文雄 （1662- 1722）	直隸 大興縣	1712-1718	64	行伍出身，隨施琅出征台灣。於討伐噶爾丹戰事中表現勇猛，先後出任山東總兵、貴州提督。[68]
14.	姚堂 （?-1722）	福建 龍溪縣	1718-1721	45	弱冠之齡已出征塞外，後來出任浙江處州鎮總兵。康熙五十一年(1712)，調任台灣鎮總兵，任內「選撥能役，巡防緊要隘口。……一時奸宄屏跡，海疆安謐」。[69]
15.	馮毅		1721-1723	22	曾任廣州副都統。[70]
16.	董象緯		1723-1725	23	曾任直隸古北口提督。[71]
17.	萬象瑞		1725-1726	16	曾任廣東瓊州總兵。[72]
18.	王紹緒		1726-1730	56	曾任江南狼山鎮總兵。[73]
19.	張溥		1730-1737	79	曾任廣西提督。[74]

68 清代國史館編：《清國史》，第 6 冊，卷 100，〈王文雄傳〉，頁 189-190。

69 台灣省文獻委員會編印：《重修台灣省通志》（南投：台灣省文獻委員會，1989），卷 9，〈姚堂傳〉，頁 256-257。

70 〔清〕馬齊等奉敕修：《聖祖仁皇帝實錄》，《清實錄》，第 6 冊，卷 295，康熙六十年十月壬午，頁 864。

71 〔清〕鄂爾泰等奉敕修：《世宗憲皇帝實錄》，《清實錄》，第 7 冊，卷 11，雍正元年九月己卯，頁 198。

72 〔清〕鄂爾泰等奉敕修：《世宗憲皇帝實錄》，《清實錄》，第 7 冊，卷 34，雍正三年七月壬子，頁 519。

73 〔清〕鄂爾泰等奉敕修：《世宗憲皇帝實錄》，《清實錄》，第 7 冊，卷 51，雍正四年十二月己未，頁 761。

74 〔清〕鄂爾泰等奉敕修：《世宗憲皇帝實錄》，《清實錄》，第 8 冊，卷 96，雍正八年七月庚辰，頁 291。

20.	張天駿	浙江錢塘	1737-1738	20	行伍出身，以千總留京效用，及後效力於福建水師，出洋捕盜有功。出任廣東提督期間，因建議停止採礦，被革職。[75]
21.	保祝 (?-1747)	滿洲鑲黃旗	1739-1742	46	領侍衛內大臣馬武 (?-1726) 子，雍正元年 (1723) 以監生授三等侍衛。乾隆元年 (1734)，升任正黃旗滿洲副都統。乾隆三年 (1736)，署任直隸馬蘭口總兵，及後調升為廣東提督。保祝建議除常規操演外，應於每年秋冬兩季，帶兵至附近山原「往來馳勞」，令士兵習慣勞動。[76]
22.	武進升	山西寧鄉	1742	2 (日)	初以張姓入伍，後升任浙江溫州鎮標守備。雍正初年，被閩浙總督滿保 (1673-1725) 疏薦引見，授三等侍衛。任職福建提督期間，督促士兵勤練弓箭，但與閩浙總督喀爾吉善 (?-1757) 意見相左，被乾隆帝勸喻改善態度。[77]
23.	蘇明良 (1682- 1743)	福建漳州	1742	2	出身行伍，曾任漳浦營都司、廣東碣石鎮總兵。康熙六十年 (1721)，隨提督施世驃征台灣，平朱一貴 (1690-1722) 之亂。雍正十一年 (1733) 出任台灣總兵，後升任陸路提督。[78]

75 台灣省文獻委員會編印：《重修台灣省通志》，卷 9，〈張天駿傳〉，頁 269。
76 〔清〕李桓輯：《國朝耆獻類徵初編》，第 40 冊，卷 278，〈保祝傳〉，頁 794-798。
77 趙爾巽等撰：《清史稿》，第 35 冊，卷 317，〈武進升傳〉，頁 10733-10734。
78 國家圖書館特藏組編輯：《台灣歷史人物小傳：明清暨日據時期》（台北：國家圖書館，2006），〈蘇明良傳〉，頁 817-818。

附
錄

24.	林君陞 （?-1755）	福建 馬巷	1743-1748	61	出身行伍，康熙六十年 (1721)，台灣發生朱一貴之亂，奉令運餉至台灣，升任黃巖鎮游擊。乾隆四年 (1739)，升任金門總兵。[79]
25.	黃有才 （?-1751）	福建 同安縣	1748-1751	44	行伍出身，曾任廣東左翼鎮總兵。[80]
26.	林君陞	福建 馬巷	1751-1752	12	與本附錄的第 24 項相同。
27.	胡貴	福建 同安縣	17521757	45	出身行伍，雍正六年 (1730) 獲世宗召見，升任後營游擊。在任江南蘇淞鎮總兵期間，曾督運漕運賑災福建，歷任廣東潮州、瓊州總兵，擢升廣東提督，協助平定增城王良臣之亂。[81]
28.	陳鳴夏 （?-1758）	福建 惠安縣	1757-1758	14	雍正五年 (1727) 武進士，授任三等侍衛，九年 (1731) 起開始地方官生涯，擔任江南壽春鎮標泰興營守備。至乾隆十年 (1745)，出任浙江定海鎮總兵，屢次奏報出洋情形，上請變通修造戰船的辦法，發照給商船購買番桅木，幫官府準備物料。及後上任廣東提督，但因患上風濕解任。[82]

---

79 國家圖書館特藏組編輯：《台灣歷史人物小傳：明清暨日據時期》，〈林君陞傳〉，頁 247。
80 〔清〕慶桂等奉敕修：《高宗純皇帝實錄》，《清實錄》，第 13 冊，卷 306，乾隆十三年戊辰正月丙申，頁 9。
81 趙爾巽等撰：《清史稿》，第 37 冊，卷 335，〈胡貴傳〉，頁 11028。
82 〔清〕李桓輯：《國朝耆獻類徵初編》，第 41 冊，卷 285，〈陳鳴夏傳〉，頁 581-584。

29.	胡貴	福建同安縣	1758-1760	26	與本附錄的第 27 項相同。
30.	黃仕簡（1722-1789）	福建平和縣	1760-1763	37	於雍正八年 (1730)，繼承曾祖黃梧 (1617-1673) 海澄公爵位。乾隆九年 (1744) 被要求勤加學習，十九年 (1754) 授浙江衢州鎮總兵。二十五年 (1760) 出任廣東提督，二十八年 (1763)，獲任命為福建水師提督。乾隆二十九年 (1764)，再次出任廣東提督。[83]
31.	吳必達	福建同安縣	1763-1764	10	武進士，曾任廣東左翼鎮總兵。[84]
32.	黃仕簡	福建平和縣	1764-1767	38	與本附錄的第 30 項相同。
33.	甘國寶（1709-1776）	福建古田縣	1767-1770	25	雍正十一年 (1733) 武進士，由侍衛升任至廣東游擊。乾隆二十五年 (1760)，調任台灣鎮總兵，「治台日久，教番民明禮儀，務耕種」。次年升任福建水師提督，三十二年 (1767) 出任廣東提督。[85]
34.	黃正綱（?-1773）	福建羅源縣	1770-1773	43	蔭生，曾任江南提督。[86]

83 王鍾翰點校：《清史列傳》，第 7 冊，卷 25，〈黃仕簡傳〉，頁 1867-1876。

84 〔清〕慶桂等奉敕修：《高宗純皇帝實錄》，《清實錄》，第 17 冊，卷 697，乾隆二十八年十月己亥，頁 806-807。

85 台灣省文獻委員會編印：《重修台灣省通志》，卷 9，〈甘國寶傳〉，頁 269-270。

86 〔清〕慶桂等奉敕修：《高宗純皇帝實錄》，《清實錄》，第 19 冊，卷 849，乾隆三十四年十二月壬申，頁 373。

35.	章紳	直隸天津	1773-1780	84	武進士，乾隆四年 (1739) 授四等侍衛，曾出任雲南劍川營參將、雲南維西協副將、浙江協象山協副將、福建海壇鎮總兵、台灣鎮總兵，三十八年 (1773) 升任廣東提督。[87]
36.	竇璸 （1719-1806）	山西平定州	1780-1786	73	乾隆七年 (1742) 武進士，至十九年調任福建陸路提標後營游擊。乾隆三十四年 (1769) 出任山東登州總兵，三十八年 (1773)，調任貴州古州鎮總兵兼署提督，查辦軍中名糧混雜頂替的弊病，又上奏建議恢復藤牌兵。乾隆四十五年 (1780)，出任廣東提督，但在五十二年 (1787)，失察左翼標弁兵私賣軍火，被革職。至乾隆五十七年 (1792)，再次擔任廣東提督。[88]
37.	高璨 （1731-1799）	漢軍鑲黃旗	1786-1791	60	承襲祖宗軍功，出任職騎斬尉。乾隆三十八年 (1773)，跟隨將軍阿桂 (1717-1797) 出征金川，升任雲南九江營參將，但在乾隆四十六年 (1781) 因失察所轄太平縣的嘓賊，被降二級。五十一年 (1786) 出任廣東提督，任內打擊洋匪，更定巡查制度，穩定治安。[89]

---

87 國立故宮博物院圖書文獻處：《清史館檔傳稿與傳包》〈章紳傳包〉，檔案編號702002310，頁 1-5；秦國經主編，唐益年、葉秀雲副主編：《中國第一歷史檔案館藏清代官員履歷檔案全編》（上海：華東師範大學出版社，1997），第 2 冊，頁 194。

88 〔清〕李桓輯：《國朝耆獻類徵初編》，第 43 冊，卷 301，〈竇璸傳〉，頁 177。

89 清代國史館編：《清國史》，第 7 冊，卷 10，〈高璨傳〉，頁 582-583。

38.	孫起蛟 (?-1792)	甘肅 武威	1791-1792	16	行伍出身。乾隆三十七年 (1772) 隨寧夏鎮總兵張玉琦 (1718-?) 征剿金川，進攻超越山梁，後升任甘肅固原鎮標左營游擊。乾隆四十七年 (1782) 隨欽差大臣領隊奎林征討石真噶有功。乾隆五十三年 (1788) 出師越南，五十六年 (1791) 出任廣東提督。[90]
39.	寶瑃	山西 平定州	1792-1794	17	與本附錄的第 36 項相同。
40.	路超吉	陝西 大荔縣	1794-1797	32	行伍出身，乾隆三十年 (1765) 出任把總，於乾隆三十四年 (1769) 隨傅恆 (1714-1770) 征伐緬甸受傷。乾隆五十三年 (1788) 出任陝西河州鎮總兵，再升任雲南、廣東提督，但被兩廣總督吉慶 (?-1802) 批評，不能整頓水師隊伍，被降為潮州總兵。[91]
41.	孫全謀 (?-1816)	福建 龍溪縣	1797-1804	92	乾隆三十五年 (1770)，由行伍補水師提標外委。五十二年 (1787)，奉命救援被圍於諸羅的提督柴大紀 (?-1788)。嘉慶元年 (1796) 消滅陳阿賽，升任廣東提督，又領兵赴楚剿徐天德。但嘉慶九年 (1804) 新會縣被洋匪登岸劫掠村莊，孫氏因此被降為都司。嘉慶十三年 (1808)，隨提督錢夢虎攻剿海盜於黑水洋，

90 〔清〕李桓輯：《國朝耆獻類徵初編》，第 42 冊，卷 293，〈孫起蛟傳〉，頁 379-380。
91 〔清〕李桓輯：《國朝耆獻類徵初編》，第 43 冊，卷 304，〈路超吉傳〉，頁 461-465。

附錄

					其後復任廣東提督。次年剿張保仔 (1786-1822) 於赤瀝角，但錯失良機，被總督百齡 (1748-1816) 參劾革職，二十一年 (1816) 調任廣東水師提督。[92]
42.	魏大斌（署理）（?-1822）	廣東長樂縣	1804-1805	10	乾隆二十六年 (1761) 武進士，先後出任閩安協副將、溫州鎮總兵，參與平定台灣林爽文起事。乾隆五十四年 (1789)，出任廣東左翼總兵。嘉慶元年 (1796) 被兩廣總督朱珪 (1731-1807) 推薦，但在應對海盜上成效一般。[93]
43.	許文謨（?-1824）	四川新都	1805	2	由武舉承襲父親許世亨爵位，授任頭等侍衛上行走，升任湖廣參將，後征剿枝江教匪聶人傑有功，升為副將。及後，升任四川建昌鎮總兵，隨德齡 (?-1799) 大戰賊匪於陳家場，再出任廣東提督。[94]
44.	錢夢虎	浙江寧海城	1805-1809	42	乾隆四十四年 (1779)，由武舉效力水師營，授任定海鎮標左營千總，擒獲海盜鮑文相，升任提標水師營游擊。二十七年 (1792) 起，錢氏開始效力於廣東，出任平海營參將、署澄海協副將、碣石鎮總兵，先後在蒲臺外洋、甲子洋、遮浪外洋建

92 王鍾翰點校：《清史列傳》，第 7 冊，卷 27，〈孫全謀傳〉，頁 2066-2068。
93 〔清〕李桓輯：《國朝耆獻類徵初編》，第 44 冊，卷 311，〈魏大斌傳〉，頁 141-145。
94 趙爾巽等撰：《清史稿》，第 36 冊，卷 334，〈許文謨傳〉，頁 11016-11017。

					功。嘉慶十年 (1805)，出任廣東提督，並與浙江提督李長庚會剿蔡牽於廣東東路，但錢氏一部抵達汕尾外洋寢，並未助剿，被革職留任。及後，錢氏於紅香鑪、九龍洋面擊沉盜船十一艘。十三年 (1808) 與福建水師提督王得祿，統領三省水師於潿洲洋進剿蔡牽，並於遮浪洋追擊土匪，未幾因病解任。次年，水師提督孫全謀於大嶼山錯失圍剿張保的機會，嘉慶認為錢氏在任期內未能盡責，令廣東海盜坐大，將其革職，發往烏魯木齊效力。[95]
45.	孫全謀	福建龍溪縣	1809	7	與本附錄的第 41 項相同。
46.	童鎮陞	浙江鄞縣	1809-1810	11	乾隆四十六年 (1781)，由行伍拔補浙江提督標右營額外外委，嘉慶元年 (1796)，隨孫全謀征剿艇匪於石浦淡水洋，其後升任溫州鎮左營外海水師游擊、江南川沙營水師參將、京口內河水師副將。及後，童氏隨李長庚剿盜，先後在南漁山外洋、台州狗洞門洋建功。嘉慶十四年 (1809) 八月，童氏於浙江旗頭洋攻蔡牽勢力，令後者受傷落海戰亡，旋即調任廣東提督。嘉慶十五

---

95 國立故宮博物院圖書文獻處：《清史館檔傳稿與傳包》，〈錢夢虎傳包〉，檔案編號 70100738，頁 1-8。

附錄

					年 (1810) 四月，童氏領兵出擊，於儋州洋生擒烏石二，全面平定廣東海盜，亦調任廣東水師提督。[96]
47.	薛大烈 （1760-1815）	甘肅 皋蘭	1810-1814	41	行伍出身，從征台灣、廓爾喀，後升任都司。嘉慶二年 (1797)，跟從總督宜綿 (?-1812) 剿教匪有功升為游擊。嘉慶三年 (1798) 助勒保 (1739-1819) 撫平王三槐，升參將。嘉慶五年（1800 剿楊步清於大寧金竹坪，再由陝入川剿其餘黨，歷任固原、江南、直隸和廣東提督。[97]
48.	吳廷剛	四川 成都	1814	7	行伍出身，升任守備，追隨楊遇春征剿教匪。嘉慶五年 (1800)，剿楊開甲、辛聰於龍駒寨。嘉慶九年 (1804)，廷剛領兵剿川、陝邊界賊匪，至十年 (1805)，擒斬殆盡，擢升甘肅涼州鎮總兵。嘉慶十九年 (1814)，出任廣東提督。[98]
49.	王兆夢 （?-1821）	江蘇 碭山縣	1814-1821	74	承襲雲騎尉，學習期滿用為守備。嘉慶二年 (1797) 升任廣西慶遠協中軍都司，又奉命赴陝西剿川楚教匪。嘉慶四年，滅賊首冷天徐。嘉慶八年 (1803) 升任甘肅肅州鎮總

96 國立故宮博物院圖書文獻處：《清史館檔傳稿與傳包》，〈童鎮陞傳包〉，檔案編號701003389，頁 1-8。

97 趙爾巽等撰：《清史稿》，第 37 冊，卷 348，〈薛大烈傳〉，頁 11225-11227。

98 趙爾巽等撰：《清史稿》，第 37 冊，卷 347，〈吳廷剛傳〉，頁 11198-11199。

					兵。嘉慶十一年 (1806)，調任甯陝鎮平定新兵陳達順叛亂。嘉慶十九年 (1814) 任廣東提督。[99]
50.	多隆武	滿洲鑲白旗	1821	4	乾隆五十四年 (1789) 於木蘭圍獵中戮虎，次年成為頭等侍衛，隨福康安出師廓爾喀。六十年 (1794)，額勒登保 (1748-1805) 征苗疆，收復乾州，並轉以征剿白蓮教，屢建戰功。至道光元年 (1821)，出任廣東提督，但於同年改任墨爾根城副都統。[100]
51.	許松年（1767-1827）	浙江里安	1821	20（日）	以武舉效力水師，跟從李長庚出戰。嘉慶十一年 (1806) 敗蔡牽 (1761-1809) 於台灣洲仔尾，被稱讚是水師將才。嘉慶十三年 (1808)，松年移師進入廣東追擊朱濆，後又擔任延綏、漳州、天津和碣石鎮總兵，道光元年 (1821) 出任廣東提督。[101]
52.	李增階（1774-1835）	福建同安縣	1821-1822	9	由行伍被提拔至千總。嘉慶十二年 (1806) 攻剿蔡牽，率先躍上賊船，生擒賊目王澤及黃顏，以功升任守備。增階善長水戰。嘉慶十五年 (1809)，李氏率舟師兜截大陳外洋盜船，身負刀傷，仍奮力割取

99 〔清〕李桓輯：《國朝耆獻類徵初編》，第 46 冊，卷 331，〈王兆夢傳〉，頁 121-123。

100 國立故宮博物院圖書文獻處：《清史館檔傳稿與傳包》，〈多隆武傳包〉，檔案編號 702003066，頁 1-7。

101 趙爾巽等撰：《清史稿》，第 37 冊，卷 350，〈許松年傳〉，頁 11260-11261。

					賊首郭再吉等首級五顆。道光元年 (1821)，出任廣東提督，次年調為 廣東水師提督。[102]
53.	何君佐 (?-1832)	雲南 恩安縣	1822-1828	70	承襲父親何國柱，升任千總。嘉 慶二年 (1797)，隨廣州將軍明亮 (1736-1822) 赴四川剿賊，又移師 入陝西剿齊王氏股匪，升任廣東和 平營都司。嘉慶十四年 (1809)，助 剿海盜張保。道光二年 (1822)，出 任廣東提督。[103]
54.	劉榮慶 (?-1842)	江蘇 泰州	1828-1832	54	乾隆四十九年 (1784) 一甲一名武進 士，五十四年 (1789) 發往廣東出任 參將。嘉慶二年 (1797)，隨兩廣總 督吉慶 (?-1802) 征剿粵黔邊界亞稿 寨之苗匪。道光七年 (1827)，升任 廣東陸路提督，建議加強大鵬營防 衛。[104]
55.	余步雲 (署理) (1774- 1842)	四川 廣安	1832	3	鄉勇出身，剿川、陝、楚教匪有功， 升任千總。嘉慶十三年 (1808) 隨總 督勒保 (1739-1819) 征馬邊夷匪， 敗之於鹽井谿。道光元年 (1821) 擢 升重慶鎮總兵。六年 (1826)，統川 兵協剿逆回張格爾 (1790-1827)。

102 國立故宮博物院圖書文獻處：《清史館檔傳稿與傳包》，〈李增階傳包〉，檔案編號 702000808，頁 4。
103 〔清〕李桓輯：《國朝耆獻類徵初編》，第 46 冊，卷 331，〈何君佐傳〉，頁 755-757。
104 清代國史館編：《清國史》，第 9 冊，卷 71，〈劉榮慶傳〉，頁 478-479。

					余步雲剿匪經驗雖然豐富，卻因為在鴉片戰爭中，未有援助鎮海、寧波，後被斬首棄市。[105]
56.	劉廷斌（1768-1833）	四川溫江縣	1832-1833	10	行伍出身，隨征廓爾喀有功，升任順慶營外委。嘉慶元年 (1796) 出師黔楚陝甘等地，屢立戰功，其後轉戰湖北。道光十二年 (1832) 出任廣東提督，時台灣賊匪張丙 (?-1833) 聚眾滋事，廷斌領兵赴嘉義助守。[106]
57.	曾勝（?-1837）	廣西馬平縣	1833-1837	46	乾隆六十年 (1795) 由行伍隨征湖北苗匪建功。嘉慶二年 (1796) 調赴川陝軍營協剿教匪。道光十二年 (1832)，升任湖南永州鎮總兵，與提督羅思舉 (?-1840)、余步雲夾攻趙金隴 (1779-1832)，其後又征剿猺匪趙青仔。道光十三年 (1833)，出任廣東提督。[107]
58.	郭繼昌	直隸正定	1837-1841	49	行伍出身，隨慶成征剿教匪於襄陽，後從恆端入川，擊羅其清 (1760-1799)、冉文儔於龍鳳坪，殲冉文富於馬鞍山。道光六年 (1826) 駐守托什甲，借額爾古倫騎隊三百，解協

105 王鍾翰點校：《清史列傳》，第 10 冊，卷 39，〈余步雲傳〉，頁 3098-3104。
106 〔清〕李桓輯：《國朝耆獻類徵初編》，第 44 冊，卷 329，〈劉廷斌傳〉，頁 827-831。
107 清代國史館編：《清國史》，第 9 冊，卷 66，〈曾勝傳〉，頁 452-453。

附錄

					領都倫布之圍。道光十年 (1830)，再赴喀什噶爾剿其餘黨，十七年 (1837) 出任廣東提督。[108]
59.	張青雲 （1777- 1855）	陝西 富平縣	1841-1848	83	武進士出身，嘉慶二十一年 (1816)，補兗州游擊。道光十七年 (1837)，署任廣東提督。二十一年 (1841)，英軍進犯廣東沿海，青雲率部英勇抵抗，並親自燃放大炮轟擊英艦。[109]
60.	祥麟	蒙古 正藍旗	1848-1850	29	嘉慶十八年 (1813) 九月，由鳥槍護軍隨西寧總兵拇依順保剿河南滑縣教，連破敵軍於道口、桃源，並於十二月克復滑縣。道光初年，先後升任三等侍衛、永昌協副將、護理肅州鎮總兵、督標中軍副將。二十三年 (1843)，出任廣東潮州鎮總兵，平定潮州會匪黃悟空。二十八年 (1848)，署任廣東陸路提督，鎮壓陽山、英德匪徒。[110]
61.	陶煜文	直隸 良鄉縣	1850-1852	19	行伍出身授直隸督標左營右哨千總。道光二十三年 (1843)，升任通永鎮中軍游擊。三十年 (1850)，任陝西固原提督，十月出任廣東提督。[111]

---

108 趙爾巽等撰：《清史稿》，第 38 冊，卷 368，〈郭繼昌傳〉，頁 11474-11475。

109 國立故宮博物院圖書文獻處：《清史館檔傳稿與傳包》，〈張青雲傳包〉，檔案編號 702002171，頁 3。

110 國立故宮博物院圖書文獻處：《清史館檔傳稿與傳包》，〈祥麟傳包〉，檔案編號 701005176，頁 1-5。

111 國立故宮博物院圖書文獻處：《清史館檔傳稿與傳包》，〈陶煜文傳包〉，檔案編號 702001338，頁 1。

62.	崑壽	漢軍 正白旗	1852-1865	157	李氏，「少聰穎，多力，善射」。道光二十一年 (1841)，於鴉片戰爭中立功，升任督標中軍副將。二十九年 (1849) 籌辦海防，升任南詔連鎮總兵，次年剿平英德佛崗股匪，並署任廣東提督。太平軍興後，崑壽奉令駐守陽山，咸豐二年 (1852) 正式上任廣東提督，並於連州擊敗湖南積匪，夾擊仁化亂匪。四年 (1854)，東莞巡船叛變，南海、番禺、香山、順德響應，全省大亂，廣州被包圍，糧道斷絕。崑壽分兵回援，並籌辦民團加強地方防守。[112]
63.	高連陞 （?-1869）	湖南 甯鄉縣	1865-1867	20	由外委隨浙江寧紹台道羅澤南 (1807-1856) 攻江西義寧州，咸豐八年 (1858) 率湘勇援廣西，收復雒容，升任游擊。同治四年 (1865)，隨閩浙總督左宗棠 (1812-1885) 統兵赴閩攻李世賢 (1834-1865)，救援漳浦。高氏分道進剿連破漳州東北保壘，攻入漳州城內與李世賢巷戰，並收復漳州。出任廣東提督後，又助剿汪海洋 (1830-1866)。[113]

---

112 國立故宮博物院圖書文獻處：《清史館檔傳稿與傳包》，〈崑壽傳包〉，檔案編號701006178，頁 1-8。
113 王鍾翰點校：《清史列傳》，第 13 冊，卷 51，〈高連陞傳〉，頁 4016-4018。

附錄

64.	劉松山	湖南湘鄉	1867-1870	36	應募進入湘營，隸王鑫部下。咸豐七年 (1857)，克崇陽、通山，升任守備，其後轉戰徽州，力戰太平軍。同治四年 (1865)，出任甘肅肅州鎮總兵，後調皖南鎮，獲曾國藩 (1811-1872) 舉薦統湘軍北征剿捻匪。同治五年 (1866)，敗捻首張總愚、牛洛紅 (1827-1866) 於湖團、徐州西，追剿入河南。同治六年 (1867)，出任廣東提督。[114]
65.	張曜（1832-1891）	順天大興	1870-1885	184	由監生捐縣丞，幫助河南固始縣知縣蒯賀蓀 (?-1875) 抵禦捻匪。咸豐五年 (1855)，張曜招集練勇，會南陽總兵邱聯恩 (?-1859) 追剿捻匪易天福。同治三年 (1864)，張曜又擊敗太平天國啟王梁成富 (?-1865) 於內鄉御馬山口，又領兵解麻城之圍。同治九年 (1870)，出任廣東提督，但少有留在廣東任職。[115]
66.	唐仁廉	湖南東安	1885-1895	121	初為楊岳斌 (1822-1890) 部下，建立仁字營。咸豐十年 (1860)，隸屬霆軍，與太平軍大戰於太平、石隸，破安慶援軍於赤崗嶺。同治五年 (1866)，從剿捻匪，轉戰鄂豫交界。光緒十年 (1884)，加授廣東提督。[116]

---

114 趙爾巽等撰：《清史稿》，第 39 冊，卷 409，〈劉松山傳〉，頁 11989-11992。
115 王鍾翰點校：《清史列傳》，第 14 冊，卷 55，〈張曜傳〉，頁 4341-4351。
116 趙爾巽等撰：《清史稿》，第 39 冊，卷 409，〈唐仁廉傳〉，頁 11988-11989。

67.	張春發	江西新喻	1895-1900	54	初為劉松山部下，任探騎，累功至副將。光緒二年 (1876)，從劉錦棠 (1844-1894) 取油化，攻克瑪納斯、達板等，署任廣東陸路提督。至光緒二十一年 (1895)，平永安、長樂賊匪，同年出任廣東提督。[117]
68.	鄧萬林 (1836-?)	湖南長沙	1900-1902	26	咸豐四年 (1854) 武童，投效水師後，參與征剿太平軍，逐漸升任把總、千總、守備、都司等職。十一年 (1861)，隨軍收復東流、彭澤，後經曾國藩保奏，賞振勇巴圖魯名號。光緒年間，任職廣東碣石鎮、南澳鎮總兵。[118]
69.	馬維騏 (1845-1910)	雲南臨安府	1902	2	少從岑毓英 (1829-1899) 出征回寇，以捕盜有名，後再出征越南，馳援劉永福 (1837-1917)。光緒十三年 (1887)，襲俅黑有功，升任把總。[119]
70.	程允和 (1843-?)	安徽阜陽縣	1902-1903	15	武童出身，同治三年 (1864) 投效毅軍，於河南、蒙古等地征剿捻匪。光緒二十一年 (1895)，領新毅右軍於太平山、田莊台等處，連捷四次，後出任四川提督。[120]

117 趙爾巽等撰：《清史稿》，第 42 冊，卷 459，〈張春發傳〉，頁 12699-12700。

117 趙爾巽等撰：《清史稿》，第 42 冊，卷 459，〈張春發傳〉，頁 12699-12700。
118 秦國經主編，載唐益年、葉秀雲副主編：《中國第一歷史檔案館藏清代官員履歷檔案全編》，第 5 冊，頁 43-45。
119 趙爾巽等撰：《清史稿》，第 42 冊，卷 459，〈馬維騏傳〉，頁 12700-12701。
120 秦國經主編，載唐益年、葉秀雲副主編：《中國第一歷史檔案館藏清代官員履歷檔案全編》，第 6 冊，頁 532-533；〔清〕世續等奉敕修：《德宗景皇帝實錄》，《清實錄》，第 58 冊，卷 501，光緒二十八年六月辛亥，頁 624。

71.	李福興	雲南 巧家廳	1903-1906	38	勇目出身，於同治四年 (1865) 投軍，攻克雲南平川、大理、順寧，賞戴勇巴圖魯名號。光緒十年 (1884)，補授雲南提標中軍參將。二十七年 (1901)，署任太原鎮總兵，次年調往廣東，出任瓊州總兵。[121]
72.	李準 （1871- 1936）	四川 鄰水縣	1906-1907	7	出生官宦世家，父親李徵庸 (1848-1902) 為光緒三年 (1877) 進士。李準於十七歲時到廣東學習，但應試落第，父親為其捐官。1895 年，湖廣總督張之洞 (1837-1909) 委辦李準湖北賑捐，備受讚賞。1898 年升任廣東錢局提調、海防善後提調和厘金局辦，後以軍務甚急，出任廣東巡防營統領，整頓水師剿滅海盜林瓜四。1906 年出任廣東提督，1909 年轉任水師提督。[122]
73.	秦炳直		1907-1911	53	曾任江西按察使。[123]

121 秦國經主編，載唐益年、葉秀雲副主編：《中國第一歷史檔案館藏清代官員履歷檔案全編》，第 6 冊，頁 748-749；〔清〕世續等奉敕修：《德宗景皇帝實錄》，《清實錄》，第 58 冊，卷 520，光緒二十九年八月丁卯，頁 870。

122 李準：〈任廠六十自述〉，載卞孝萱、唐文權，《民國人物碑傳集》（北京：團結出版社，1995），頁 188-202。

123 〔清〕世續等奉敕修：《德宗景皇帝實錄》，《清實錄》，第 59 冊，卷 575，光緒三十三年六月丙寅，頁 605。

附錄 3：清代廣東水師提督列表

	名稱	籍貫	任職時間	任期（月）	履歷
1.	常進功（?-1686）	遼東寧遠	1664-1668	41	原為明副將，順治二年 (1645) 降清，隨博洛 (1613-1652) 出征浙江。順治十六年 (1659) 出任福建水師總兵，征鄭成功 (1624-1662)，破之於定關。康熙三年 (1664)，升任廣東水師提督。康熙四年 (1665)，沒有親剿進入入甲子港口的賊船，遭革職。[124]
2.	塞白理	遼東鐵嶺	1668-1669	21	李思忠 (1595-1657) 第三子，獲賜名塞白理，授以二等侍衛兼參領。康熙初年，隨軍征江南，升任左路總兵官，及後擢為水師提督。[125]
3.	童鎮陞	浙江鄞縣	1810-1816	72	與附錄 2 的第 46 項相同。
4.	孫全謀	福建龍溪縣	1816	1	與附錄 2 的第 41 項相同。
5.	李光顯		1816-1819	29	乾隆四十二年 (1777)，由行伍拔補金門鎮標左營外委。及後，升任台灣澎湖協右營把總。嘉慶元年

124 王鍾翰點校：《清史列傳》，第 20 冊，卷 80，〈常進功傳〉，頁 6509-6511。
125 國立故宮博物院圖書文獻處：《清史館檔傳稿與傳包》，〈李思忠傳包〉，檔案編號 701005668，頁 81。

附錄

					(1796)，隨參將李長庚會剿艇匪於浙江右石浦洋面，並南下剿捕蔡牽，先後戰於白犬洋、東滬洋、橫山洋。九年 (1804) 調任廣東平海營參將，於香山大虎洋屢次剿滅海盜。十四年 (1809)，擢為浙江溫州鎮總兵，助剿蔡牽餘黨朱渥。至二十一年 (1816) 出任廣東水師提督。[126]
6.	沈烜		1819-1822	36	武生出身，效力營伍，升任提標右營把總。乾隆六十年 (1794)，隨孫全謀出戰海盜於定海外洋。嘉慶八年 (1803)，隨李長庚戰於徐公洋，受傷後仍奮勇過船，生擒賊犯。但於十四年的赤瀝角戰役，因錯失良機被革職，次年隨童鎮陞出戰儋州，生擒烏石二。其後出任海口協副將、蘇松鎮總兵、陽江鎮總兵，至二十四年 (1819) 擢升為水師提督。[127]
7.	李增階	福建同安縣	1822-1823	13	與附錄 2 的第 52 項相同。
8.	陳夢熊	福建侯官縣	1823-1825	31	行伍拔補把總、千總。嘉慶十年 (1805)，出任福建台灣外海水師右營守備。嘉慶十八年 (1813)，升任福建澎湖水師副將。兩年後 (1815)，再轉任浙江黃巖鎮總兵。

---

126 〔清〕李桓輯：《國朝耆獻類徵初編》，第 44 冊，卷 310，〈李光顯傳〉，頁 5-8。
127 國立故宮博物院圖書文獻處：《清史館檔傳稿與傳包》，〈沈烜傳包〉，檔案編號 701003601，頁 1-5。

					嘉慶二十三年(1818)，再調任浙江定海鎮總兵。道光三年(1823)，出任廣東水師提督。[128]
9.	李增階	福建同安縣	1825-1834	106	與附錄2的第52項相同。
10.	關天培(1781-1841)	江蘇山陽	1834-1841	77	嘉慶八年(1803)，由行伍考取武生補外委，後升任千總。道光六年(1826)，出任太湖營水師副將，以督護海運出力，次年(1827)升蘇松鎮總兵。道光十三年(1833)署任江南提督，次年(1834)出任廣東水師提督。道光十五年(1835)四月，與兩廣總督盧坤上奏建議增加虎門內炮臺。道光十九年(1839)，領兵擊退進入省河的英國船隻。道光二十一年(1841)，英軍進攻虎門，關天培領兵奮戰，戰歿。[129]
11.	竇振彪(1785-1850)	廣東吳川縣	1841	5(日)	由行伍升任千總。嘉慶十九年(1814)，出任水師提標中營守備。道光十二年(1832)，振彪領2,000清兵協助劉廷斌剿匪。道光二十年(1840)，與英國戰船戰於梅林洋，擊斷其帆索。道光二十一年(1841)，出任廣東水師提督。[130]

---

128 國立故宮博物院圖書文獻處：《清史館檔傳稿與傳包》，129〈陳夢熊傳包〉，檔案編號702003303，頁1。

129 王鍾翰點校：《清史列傳》，第10冊，卷39，〈關天培傳〉，頁3089-3091。

130 清代國史館編：《清國史》，第9冊，卷67，〈竇振彪傳〉，頁460-461。

附錄

12.	吳建勳		1841-1843	33	曾任海壇鎮總兵，因征討廉州海盜不力，降為副將。[131]
13.	賴恩爵 （1795- 1848）		1843-1849	62	曾任南澳鎮總兵。[132]
14.	洪名香	廣東 南澳	1849-1855	62	曾任香山協都司、崖州協副將及廣東碣石鎮總兵。[133]
15.	吳元猷 （1803- 1871）	廣東 瓊山縣	1855-1858	35	由行伍拔千總，補廣東龍門協左營守備。咸豐元年 (1851)，兩廣總督葉名琛 (1807-1859) 保奏勝任水師總兵。同年十一月，征剿儋州匪徒，擒賊首劉汶楷。咸豐五年 (1855)，出任廣東水師提督。[134]
16.	溫賢		1859-1867	76	曾任廣東陽江鎮總兵。[135]
17.	任星源		1867-1868	17	曾任廣東陽江鎮總兵 [136]

---

131 〔清〕賈楨等奉敕修：《宣宗成皇帝實錄》，《清實錄》，第 39 冊，卷 402，道光二十四年二月癸卯，頁 18。

132 〔清〕賈楨等奉敕修：《宣宗成皇帝實錄》，《清實錄》，第 38 冊，卷 399，道光二十三年十一月癸酉，頁 1139。

133 《中央研究院歷史語言研究所內閣大庫檔案》126882 號；〔清〕賈楨等奉敕修：《宣宗成皇帝實錄》，《清實錄》，第 39 冊，卷 463，道光二十九年正月丙申，頁 853。

134 國立故宮博物院圖書文獻處：《清史館檔傳稿與傳包》，〈吳元猷傳包〉，檔案編號 702002704，頁 5。

135 〔清〕賈楨等奉敕修：《文宗顯皇帝實錄》，《清實錄》，第 44 冊，卷 288，咸豐九年七月辛巳，頁 227。

136 〔清〕寶鋆等奉敕修：《穆宗毅皇帝實錄》，《清實錄》，第 49 冊，卷 192，同治五年十二月丁酉，頁 437。

18.	翟國彥		1868-1880	149	曾任廣東潮州鎮總兵。[137]
19.	吳長慶 (1834- 1884)	安徽 廬江縣	1880-1884	44	父吳廷香創辦團練，殉難於廬江，長慶繼承並統領舒城、廬江團練。咸豐十年 (1860) 敗陳玉成 (1837-1862) 於華子岡，次年克三河，曾國藩立其部為慶字營，隨李鴻章支援上海。同治元年 (1862) 受命回籍募勇守廬江，此後營屬淮軍，收復嘉善、嘉興，賞力勇巴圖魯名號。七年 (1868) 又隨鴻章北上剿捻，轉戰山東、直隸、河南。十三年 (1874) 日本犯台，清廷以長慶籌辦江防，建烏龍、沙州炮臺於江陰、江寧。光緒六年 (1880) 十月出任廣東提督。[138]
20.	曹忠克		1884-1885	17	曾任甘肅提督。[139]
21.	方耀 (1834- 1891)	廣東 普寧縣	1885-1891	67	咸豐元年 (1851)，帶勇剿匪。咸豐十一年 (1861)，陳金缸陷信宜，騷擾陽春、化州等縣。方耀領兵先破西山大嶺各巢，再毀芝麻嶺敵疊十餘座。光緒三年 (1877)，署任廣東陸路提督，中法越南戰爭爆發後，

137 〔清〕寶鋆等奉敕修：《穆宗毅皇帝實錄》，《清實錄》，第 50 冊，卷 232，同治七年閏四月丙子，頁 209。
138 王鍾翰點校：《清史列傳》，第 14 冊，卷 56，〈吳長慶傳〉，頁 4398-4402。
139 〔清〕世續等奉敕修：《德宗景皇帝實錄》，《清實錄》，第 54 冊，卷 187，光緒十年六月丁丑，頁 616。

附錄

					方氏奉命募勇，赴欽州駐防。光緒十一年 (1885)，正式出任廣東水師提督。[140]
22.	鄭紹忠	廣東三水縣	1891-1896	57	原名鄭金，跟從高州逆匪陳金缸起事。同治二年 (1863)，鄭氏斬陳金缸降清，被允許自領其眾為安樂營。同年領軍收復信宜，升任都司，改名紹忠。光緒十年 (1884)，署任廣東陸路提督。光緒十七年 (1891)，出任廣東水師提督。[141]
23.	何長清	廣東香山縣	1896-1904	96	香山協左營兵，考獲武舉，升為守備。同治十年 (1871)，前赴雲南效力。光緒元年 (1875) 起，重回廣東，先後出任前山營都司、水師提標中右後營參將游擊、香山協、大鵬協副將。九年 (1883)，調赴虎門帶領勇營，辦理海防行營中軍事務，次年隨軍征剿稔山會匪。及後，何氏出任北海鎮總兵、湖北鄖陽鎮總兵。[142]
24.	葉祖珪 (1852-1905)	福建侯官縣	1904-1905	14	同治五年 (1866)，入福建船政學堂肄業。光緒二年 (1876)，入英國倫敦格林尼次官學，在英艦來克珀林、

---

140 王鍾翰點校：《清史列傳》，第 15 冊，卷 60，〈方耀傳〉，頁 4715-4720。

141 清代國史館編：《清國史》，第 11 冊，〈鄭紹忠傳〉，頁 339-340。

142 秦國經主編，載唐益年、葉秀雲副主編：《中國第一歷史檔案館藏清代官員履歷檔案全編》，第 5 冊，頁 207-208；〔清〕世續等奉敕修：《德宗景皇帝實錄》，《清實錄》，第 57 冊，卷 388，光緒二十二年四月辛未，頁 65。

					芬昔索號實習。回國後帶鎮邊號，獲琅威理 (William Metcalfe Lang, 1843-1906) 稱讚。其後朝鮮金玉均 (1851-1894) 作亂，祖珪隨天津鎮總兵丁汝昌 (1836-1895) 馳援。北洋海軍成立後，葉氏亦曾往英國接艦，橫跨二萬多里回國。光緒十五年 (1889)，祖珪升任北洋海軍中軍右營副將，掌靖遠號。甲午戰爭中，祖珪領靖遠號參戰，終告失敗。戰後被大學士榮祿 (1836-1903) 推薦，接掌北洋海軍。光緒三十年 (1904)，出任廣東水師提督。[143]
25.	薩鎮冰 (1859-1952)	福建閩縣	1905-1907	16	生於咸豐九年 (1859)，早年畢業於福建船政學堂駕駛科。光緒三年 (1877) 赴英留學，入讀格林尼次海軍大學，以後在英艦上學習。回國後，任天津北洋水師學堂教習。光緒十二年 (1886)，效力北洋海軍，出任廣濟號艦長，參與中日甲午戰爭。光緒二十八年 (1902)，升任總兵駐廣東南澳鎮。三十一年 (1905)，出任廣東水師提督。[144]
26.	李準	四川鄰水縣	1909-1911	35	與附錄 2 的第 72 項相同。

---

143 王鍾翰點校：《清史列傳》，第 16 冊，卷 63，〈葉祖珪傳〉，頁 4998-5001。

144 劉紹唐主編：《民國人物小傳》，第 3 冊（台北：傳記文學出版社，1981），〈薩鎮冰傳〉，頁 368-369。

附錄

附錄 4：地方志海防內容比較表（一）
——嚴行洋禁，控制沿海居民

地方志	引文
郝版《廣東通志》	「明通政唐順之云：洋禁之嚴，有宜查其外出者，有宜查其內伏者，其外出者寸板下海，嚴為稽察，此大較也。而內伏不清則根株未拔，宜責令軍衛有司，將沿海居民逐一清查造冊，在官稽其生理，時加約束……蓋保甲之法為弭盜之原，而海濱多逋逃藪，則尤不容不嚴也」。[145]
阮版《廣東通志》	「守禦之方，防微為上。所謂防微者，亦由保甲之制而已。今請鄉立一老，自相管攝，十家為甲，百家為鄉，出入互相覺知，行檢互相糾察，寇盜互相守望，則沿海之民安能挺身，潛跡獨出為非耶？不幸有聚眾飄洋者，制之有三要焉，凡賊入俱由海港，扼海港則入劫無路，久自困矣。復防奸民與通餽之粟米，餽之酒肉，餽之利器，絕其內交，久自困矣。又扼沿海之山，沿海山出泉流為溪澗，水情可食，賊飄據洋中，水鹹鹵以食，則瀉以類，則皮潰，賊乏清水，久自困矣，此大略也」。[146] 「一懲假哨以衛商漁。看得海上哨船四隻，原奉兵巡道所設每船總甲一名，散夫二三十名，各給腰牌印票為照，此真哨也。近有市棍通同幫差借一腰牌，邀黨僱船，張旗稱哨，沿海縱橫，撞遇商漁，咆哮嚇詐，汛兵見其船難分，不敢向問，商漁以其附器之鼠，畏忌不投，長此兇惡，將安窮乎？合請憲示，嚴禁無論真偽巡哨過汛地，一聽官兵察驗，各夫執有腰牌印票，不得留阻，若止一二腰牌，並無印票及餘人

145〔清〕郝玉麟：《廣東通志》，第 562 冊，卷 9，〈海防〉，頁 355-356。

146〔清〕阮元：《廣東通志》，載《續修四庫全書》，〈海防略一〉，卷 123，頁 700。

無票無牌者，俱係假哨，許汛兵擒解正法，俾奸棍知儆趨避，而商漁均被衽安之賜也」。[147]

「一驅外奸以杜內患。看得新之流患在海，而海之隱患在彝。彝居澳地，立有商市，可無虞矣。然有窟穴於澳中，往來海上暗通接濟者，則異域奸棍也。異棍多竄身於澳艇，以作奸飄泊平海等山，託各種煙燒炭交結土宄；投入厚貲收買違禁貨物，運售彝地；掠有良家子女與彝人。哨兵以澳艇不加察明，澳艇以無阻得恣藏奸，銖可憾也。合請明示申嚴憲禁，不許遠人私乘澳艇往泊山海。責令哨兵盤詰，遇獲驅逐回澳，如有私帶人口及禁物等項，即行拏解治以通彝之罪，使異棍知有所禁而不蹈入，土宄懼有所備而不闌出，是亦袪杜患、安內攘外之一義」。[148]

「一清料船以靖海氛。看得盜艘橫行非假，商漁無能出海，非通經紀無能作奸。西海之船有名曰高頭料者，破浪輕快，利於涉險，往往為盜，先年曾經禁阻海上，賴以無虞。邇來法久廢弛，此船復出，倚藉官家旗帖，執為護身之符，串謀不肖經紀，詐稱醃魚之家。哨兵難詰真偽，商漁罔知提防，屢罹其殃，且一劫揚帆，莫得蹤跡。卑縣籌建之，凡有料船醃魚者，許經紀赴縣報名具結船戶某商人某駕某某若干人，給印信合同串票，簽定出海日期，與該汛哨兵截票各執一，通盤詰照驗對合放行，哨兵不得生事，其船問於何日亦註票內繳察。如無票照即係歹船，該哨立時拏解盡法究懲，兵役故縱一體坐罪」。[149]

「一編蜑甲以塞盜源。看得海洋聚劫多出蜑家，故欲為海上靖盜藪，必先於蜑家窮盜源，何也？蜑艇雜出鼓棹大洋朝東夕西，棲泊無定，或十餘艇，或八九艇，聯合一舟宗，同罟捕魚，稱為罟朋。每朋則有料船一隻隨之醃魚，彼船帶來以濟此蜑，各蜑得魚歸之料船，兩相貿易，事誠善也。但料船

147〔清〕阮元：《廣東通志》，載《續修四庫全書》，〈海防略一〉，卷123，頁699。
148 同上。
149 同上。

	素行鮮良，每伺海面商漁隨伴，船少軋糾諸蜑乘間行劫，則是捕魚而反捕貨矣。當事者未嘗不三令五申也，然弭盜之方總不外於總甲，今議十船為一甲，立一甲長，三甲為一保，立一保長。無論地僻船稀、零星獨釣、有條罟朋、大小料船，俱要附搭成甲，編成一保，互結報名，自相覺察，按以一犯九坐之條，並繩以朋罟同舟宗之罪。甲保一嚴，奸船難閃，則盜藪不期清而自清，盜源不期塞而自塞」。[150]
《廣東海防彙覽》	「若東莞、若香山、若順德，沿海之民，多為海寇；一夜劫掠數十家，或聚數十，飄據海洋，官兵不能追捕，皆守巡官不能防之於微故也。須嚴督守、巡官，督府縣有司，申明保伍之制，每鄉立一鄉老，自相管攝，十定為甲，百家為鄉，出入互相周知。行檢，互相覺察；寇盜，互相守禦。則沿海之民自不能挺身潛蹤，獨為盜寇。不幸有聚眾漂洋，拒敵官兵者，又須嚴督守、巡官，嚴督府、州、縣巡捕官，嚴督沿海衛所館，據險以守。凡賊由海入劫，俱由海港。扼海港控制焉，則入劫無路，久自困矣」。[151]

150 〔清〕阮元：《廣東通志》，載《續修四庫全書》，〈海防略一〉，卷 123，頁 699-700。
151 〔清〕盧坤、鄧廷楨主編，王宏斌等校點：《廣東海防彙覽》，卷 33，〈保甲〉，頁 853。

附錄 5：地方志海防內容比較表（二）
——反對海上禦敵

地方志	引文
郝版《廣東通志》	「明海道副使譚綸云：禦寇海洋使不得登岸，策之上也。今之士夫皆主此說，其實大海茫茫，剿賊甚難。蓋賊之來也，必乘風潮之順，吾往迎之必逆風逆潮，不其難乎？賊之去也，亦必風潮之順，吾同其順而追之，愈追愈遠，能必其相及乎？況賊見我舟，能必其不遠避乎？運舵之間，咫尺千里，我能必攻之乎？故奸將專以風潮藉口，實躲閃焉，吾何所據以查之耶。陸戰則不然，瞬息取勝，勢不兩立，將士不能作弊，講海戰不如講陸戰之為善，而海戰不得不講者，則固有稽察之道焉」。[152]
阮版《廣東通志》	「蓋海戰之弊有四：萬里風濤不可端倪，白日陰霾，咫尺難辨，一也；官有常汛，使賊預知趨避，二也；孤懸島合中，難於聲援，三也；將士利於無人，掩功諱敗，四也；自嘉靖己卯後，禦洋之法，立哨探嚴緊，官得預備，則藩籬之守，其法終不可廢，故必哨賊於遠洋，而不常厥擊於內洋而不使近岸」。[153]
《廣東海防彙覽》	「海船全憑風力，風勢不順，雖隔數十里，猶之數千里，旬日半月，猶不能到也。是故海上之兵，無風不戰，大風不戰，大雨不戰，逆風逆潮不戰，陰雲蒙霧不戰，日晚夜黑不戰，暴期將至，沙路不熟，賊眾我寡，前無收泊之地，皆不戰。及其戰也，勇力無所施，全以大相轟擊，船身簸蕩，中者幾

---

152 〔清〕郝玉麟：《廣東通志》，〈海防〉，頁 356-357。
153 〔清〕阮元：《廣東通志》，〈海防略一〉，頁 701。

附
錄

何。幸而得勝。我順風而逐，賊亦順風而逃，一望平洋，非如陸地之可以伏兵獲也。東西南北，惟其所之，非如江河之可以險阻扼也。必其船傷行遲，我師環而攻之，賊匪計窮，半已投海，然後獲其一二船，而餘船已然遠矣。倘值日色西沈，賊從外洋逃遁，我師不敢冒險，勢必收帆回港，故其殄滅最難」。**154**

154〔清〕盧坤、鄧廷楨主編，王宏斌等校點：《廣東海防彙覽》，卷12，〈通論船政一〉，頁356。

附錄 6：地方志海防內容比較表（三）
——內陸、海岸部隊互相支援

地方志	引文
郝版《廣東通志》及阮版《廣東通志》	「明通政唐順之云：賊至不能禦之於海，則海岸之守為緊關第二義。賊新至饑疲，巢穴未成，擊之猶易，延入內地，縱盡殲之，所損多矣。然自來沿海戍守，莫不以擁城觀望，幸賊空過，謂可免罪，而不顧內地之有警，內地戍守亦幸賊所不到，而不肯策應。沿海今卻不然宜分定，沿海保護內地，內地策應沿海。沿海力戰倘有所損，宜坐內地不能策應之罪；內地有警，沿海幸完，宜坐沿海縱賊之罪，又如同是一樣。沿海地方，賊由此方登岸，此方卻不擾累，而擾累彼方；賊由彼方登岸，彼方卻不擾累，而擾累此方，自來惟坐地方擾累者之罪，今卻不然宜並坐賊所從入，其沿海文武將吏有能連次鏖戰抵遏賊鋒，阻賊下船，不得登岸深入者，雖無首級以奇功論」。[155]
《廣東海防彙覽》	「海賊登岸侵犯城池，殺傷兵民，未能即時擒獲，或海賊上岸焚毀鄉村，劫擄男婦，或衹係被賊打劫，並未焚毀鄉村者，專汛、兼轄、統轄、統兵提督均照例分別議處。至失事地方兼管聞報已經申報兼統，各官聞報退縮不前，或提督總兵聞報，不即帶兵進剿，以及賊船飄奪船擄兵同行，總兵守備不行率師追擊，以致官兵傷損者，亦各照例分別覆議。如海邊居民被賊登岸劫掠，並未劫去男婦，亦未焚毀鄉村者，該督撫題參疏防，照海洋失事例議處。若海賊乘夜入城，殺傷兵民者，專汛官雖經擊退、受傷，仍將專汛、兼轄、統轄各官照例處分。如海賊登岸，並未殺傷兵民，即能擊剿殺退者，免議」。[156]

---

155 〔清〕郝玉麟：《廣東通志》，〈海防〉，頁 357；〔清〕阮元：《廣東通志》，《續修四庫全書》，〈海防略一〉，頁 700。
156 〔清〕盧坤、鄧廷楨主編，王宏斌等校點：《廣東海防彙覽》，卷 29，〈軍政二〉，頁 783。

附錄 7：地方志海防內容比較表（四）
——嚴格執行會哨制度

地方志	引文
郝版《廣東通志》	「輿圖綜會云：廣福浙三省，大海相連，地畫有限，未可分界以守也。必嚴令各官於連界處會哨，如在廣東省上則哨至南澳等處，與福建銅山之兵會。福建必哨至浙江界，浙江界必哨至江南界，江南界必哨至山東界，山東必哨至遼東界」。[157]
阮版《廣東通志》	「明兵備副使凌雲翼云：哨探者兵之耳目者也。哨探既真則事先有備，如沿海守備官弁有警不能聞知，及已登岸倉皇失措矣。今後把總官務要督同各哨官弁，多置哨船，精選知水性之人，遠出外洋分投哨探。如有聲色先來傳報，其附近各港官兵一聞警急，隨即即合舟宗約會截擊大洋，以獲制勝之功」。[158]
《廣東海防彙覽》	「閩、粵、江、浙四省每年輪委總兵官親領官兵，自二月初一日出洋，在所屬本汛洋面周遍巡查，至九月撤面，遇有失事、獲賊，照例分別題參、議敍。如總兵官不親身出洋巡哨者，令該督撫、提指名提參。如有奸船出入海口者，若遇失事，將陸營守口官於每案各罰俸一年」。[159]

---

157 〔清〕郝玉麟：《廣東通志》，〈海防〉，頁 357-358。
158 〔清〕阮元：《廣東通志》，〈海防略一〉，頁 711。
159 〔清〕盧坤、鄧廷楨主編，王宏斌等校點：《廣東海防彙覽》，卷 23，〈巡哨一〉，頁 658。

附錄 8：地方志海防內容比較表（五）
——注重平時操演

地方志	引文
郝版《廣東通志》	「明參議唐愛云：陸兵可精操演，海船則以風潮為主，有難於操演者，其緊要惟在舵工，轉運趨向，皆出其手，遴選賞罰，非總副參將之所注意者乎」。[160]
《廣東海防彙覽》	「惟是船隻砲械雖俱齊備，若各營弁兵技藝生疏，不能衝風破浪，即難收捕盜之益。……茲據電白縣覆稱，移據電白營移覆，每月一、四、七日期，操演爬桅、汭水；二、五、八日期，操演各兵技藝；三、六、九日，合演水操。每逢十日期，都守上下二班聯絡稽查」。[161]

160〔清〕郝玉麟：《廣東通志》，〈海防〉，頁 356。

161〔清〕盧坤、鄧廷楨主編，王宏斌等校點：《廣東海防彙覽》，卷 22，〈操練〉，頁 630。

附錄 9：中路戰船分佈表 [162]

分營	戰船種類	數量
滿洲水師旗營	趕繒船、艍船、內河槳船、入額內河兩櫓船、槳船、閱操座船各 1 艘	6
水師提標中營	大米艇 4 艘、小米艇 1 艘、撈繒船 1 艘	6
水師提標左營	大米艇 3 艘、中米艇 2 艘、撈繒船 2 艘	7
水師提標右營	大米艇 2 艘、中米艇 2 艘、小米艇 1 艘、撈繒船 1 艘、內河巡船 5 艘、入額內河巡船 5 艘	16
香山協中營	大米艇 2 艘、中米艇 1 艘、小米艇 2 艘	5
香山協左營	大米艇 1 艘、中米艇 1 艘、小米艇 2 艘	4
香山協右營	大米艇 2 艘、中米艇 3 艘	5
大鵬左營	大米艇 1 艘、中米艇 3 艘、撈繒船 1 艘、內河巡船 5 艘	10
大鵬右營	大米艇 2 艘、中米艇 2 艘、小米艇 1 艘、撈繒船 1 艘、內河巡船 8 艘	14

162〔清〕盧坤、鄧廷楨主編，王宏斌等校點：《廣東海防彙覽》，卷 14，〈船政三〉，頁 406-419。

廣海寨	大米艇 3 艘、中米艇 2 艘、撈繒船 4 艘	9
順德協	巡船 25 艘、入額巡船 8 艘	33
新會營	巡船 25 艘、入額巡船 5 艘	30
水師提標	內河巡船 7 艘、入額內河巡船 6 艘	13
前山營	內河櫓槳船 2 艘	2
永靖營	巡船 2 艘、入額巡船 7 艘	9
	總計	169

附
錄

附錄 10：東路戰船分佈表 [163]

分營	戰船種類	數量
南澳鎮右營	大米艇 3 艘、中米艇 2 艘、大八槳船 3 艘	8
澄海協左營	大米艇 1 艘、中米艇 1 艘、小米艇 2 艘	4
澄海協右營	大米艇 1 艘、中米艇 1 艘、小米艇 1 艘、大八槳船 4 艘	7
達濠營	中米艇 1 艘、小米艇 1 艘、大八槳船 1 艘	3
海門營	大米艇 1 艘、中米艇 3 艘、小米艇 2 艘、大八槳船 2 艘、內河繒船 4 艘	12
碣石鎮左營	大米艇 2 艘、中米艇 2 艘	4
碣石鎮右營	大米艇 1 艘、中米艇 1 艘、撈繒船 3 艘	5
黃崗協	槳船 2 艘、入額槳船 2 艘	4
饒平營	快槳船 1 艘、槳船 5 艘、入額快船 1 艘	7
潮州鎮標左營	內河快船 4 艘	4

163〔清〕盧坤、鄧廷楨主編，王宏斌等校點：《廣東海防彙覽》，卷 14，〈船政三〉，頁 406-419。

潮州鎮標右營	快船 3 艘、槳船 1 艘、快船 1 艘、入額快船 1 艘	6
潮州城守營	內河快船 7 艘	7
潮陽營	內河快槳船 3 艘	3
惠州協	內河槳船 3 艘	3
	總計	77

附錄 11：西路戰船分佈表 [164]

分營	戰船種類	數量
陽江鎮標左營	大米艇 3 艘、中米艇 2 艘、撈繒船 2 艘	7
陽江鎮標右營	大米艇 3 艘、中米艇 2 艘、撈繒船 2 艘	7
吳川營	米艇 2 艘、撈繒船 1 艘	3
硇州營	大米艇 2 艘、中米艇 1 艘、撈繒船 1 艘	4
東山營	中米艇 2 艘、撈繒船 2 艘	4
海口左營	大米艇 2 艘、中米艇 2 艘、撈繒船 2 艘	6
海口右營	大米艇 2 艘、中米艇 1 艘、撈繒船 2 艘	5
海安營	大米艇 3 艘、中米艇 4 艘、小米艇 1 艘、撈繒船 1 艘	9
龍門協左營	大米艇 1 艘、中米艇 3 艘、撈繒船 3 艘	7
龍門協右營	大米艇 2 艘、中米艇 2 艘、撈繒船 3 艘	7
崖州協	大米艇 1 艘、小米艇 1 艘、撈繒船 2 艘	4
督標肇慶水師營	內河櫓槳急跳船 11 艘、巡船 9 艘	20
化石營	內河槳船 2 艘	2
	總計	85

164〔清〕盧坤、鄧廷楨主編，王宏斌等校點：《廣東海防彙覽》，卷 14，〈船政三〉，頁 406-419。

附錄 12：東路炮臺分佈表 [165]

縣屬	炮臺名稱	建築年	所屬	守備官	兵力
饒平縣	西虎仔嶼炮臺	1717	黃崗右營	把總一員	60
	雞母澳炮臺	1717	黃崗左營	把總一員	82
南澳廳	臘嶼上下炮臺	1717	南澳鎮右營	把總、外委各一員	100
	長山尾炮臺	1717	南澳鎮右營	千總、外委各一員	100
澄海縣	大萊蕪炮臺	1717	澄海協右營	千總、外委各一員	100
	沙汕頭炮臺	1717	澄海協左營	千總、外委各一員	39
潮陽縣	蓮澳炮臺	1717	達濠營		23
	放雞山炮臺	1717	達濠協左營	千總、把總、外委各一員	37
	宮鞋石炮臺	1800	達濠營	外委一員	30
	廣澳炮臺	1717	達濠營	把總一員	53
	河渡炮臺	1717	達濠營	把總一員	22
	錢澳炮臺	1717	海門營	把總一員	49
	南炮臺	1717	海門營	把總一員	49
	石井炮臺	1669	海門營	外委一員	40

---

165 〔清〕盧坤、鄧廷楨主編，王宏斌等校點：《廣東海防彙覽》，卷 32，〈砲臺二〉，頁 816-824。

	南炮臺 （名同地異）	1661	海門營	外委一員	22
揭陽縣	北炮臺	1661	潮州鎮右營	把總、外委各一員	79
	青嶼炮臺	1669	潮州鎮右營	千總、外委各一員	64
惠來縣	石牌澳炮臺	1717	海門營	外委一員	30
	靖海港炮臺	1717	海門營	把總一員	60
	澳腳炮臺	1717	海門營	外委一員	45
	赤澳炮臺	1717	海門營	把總一員	80
	神泉港炮臺	1717	海門營	把總一員	49
	溪東炮臺	1717	海門營	外委一員	25
陸豐縣	西甘澳炮臺	1718	碣石鎮左營	把總、外委各一員	76
	蘇公炮臺	1805	碣石鎮左營	外委一員	40
	淺澳炮臺	1717	碣石鎮中營	輪防千總、外委各一員	60
	東宮炮臺	1805	碣石鎮左營	外委一員	20
海豐縣	石獅頭炮臺	1717	碣石鎮中營	外委一員	22
	遮浪表炮臺	1717	碣石鎮右營	輪防把總一員	55
	白沙灣炮臺	1720	碣石鎮右營	把總一員	20
	鮜門港炮臺		碣石鎮右營	千總一員	50

	長沙炮臺	1804	碣石鎮右營	把總、外委各一員	30
	南山炮臺	1805	碣石鎮右營	把總一員	50
	麻瘋寮炮臺	1800	碣石鎮右營	輪防把總一員	50
歸善縣	盤沿港東炮臺		惠州協右營	把總一員	30
	盤沿港西炮臺		惠州協右營	外委一員	30
	吉頭港炮臺		平海營	把總、外委各一員	30
	大星山炮臺		平海營	把總一員	40
	墩頭港炮臺	1739	惠州協右營	把總一員	45

附錄 13：中路炮臺分佈表 [166]

縣屬	炮臺名稱	建築年	所屬	守備官	兵力
廣州城	城南海珠炮臺		撫標左營	輪防外委一員	40
	城東東炮臺		廣州協右營	外委一員	30
	城西永清炮臺		撫標右營	把總一員	40
	城西西炮臺		廣州協左營	額外外委一員	20
	城西西寧炮臺		廣州協左營		5
番禺縣	獵德炮臺	1817	廣州協左營	外委一員	30
	南排湧口東炮臺		水師提標左營	外委一員	15
	東炮臺		水師提標後營	把總一員	12
	大黃窖龜岡炮臺	1817	水師提標後營	深井尾汛千總兼防	30
	中流沙炮臺	1836			
順德縣	大圍湧炮臺	1809	順德協左營	碧鑑汛外委兼防	20
	大洲炮臺	1809	順德協左營	昆綱汛千總、外委兼防	20
	雞公石炮臺	1809	水師提標右營	千總、外委各一員	30
新安縣	沱濘山炮臺	1715	大鵬左營	把總、外委各一員	85

---

166 〔清〕盧坤、鄧廷楨主編，王宏斌等校點：《廣東海防彙覽》，卷 32，〈砲臺二〉，頁 824-839。

	九龍寨炮臺	1810	大鵬左營	千總一員	40
	大嶼山石苟炮臺	1817	大鵬右營	千總、外委各一員	48
	赤灣左炮臺		水師提標左營	南頭炮臺把總兼防	20
	赤灣右炮臺		水師提標左營	南頭炮臺把總兼防	20
	南頭炮臺		水師提標左營	把總一員	30
東莞縣	新湧口炮臺	1809	水師提標中營	外委一員	30
	沙角炮臺	1800	水師提標中營	把總一員	30
	威遠炮臺	1835	水師提標中營	外委一員	60
	鎮遠炮臺	1814	水師提標中營	千總一員	60
	橫檔月臺	1814	水師提標右營	千總、外委各一員	50
	大橫檔炮臺	1717	水師提標右營	橫檔千總兼防	10
	小橫檔炮臺		水師提標右營	橫檔千總兼防	10
	大虎山炮臺	1817		千總一員	50
	西永安炮臺	1835			
	鞏固炮臺	1835			
香山縣	老萬山東澳炮臺	1733	香山協左營	輪派千總一員、把總一員	50
	老萬山西澳炮臺		香山協左營	把總一員	10
	蕉門炮臺	1812	水師提標右營	把總一員	30

附錄

	三竈山炮臺	1718	香山協左營	千總一員	15
	湧口門炮臺	1718	香山協左營	外委一員	18
	磨刀角炮臺		香山協左營	把總一員	40
	大託山炮臺	1734	香山協右營	把總一員	25
	虎跳門東炮臺	1734	香山協右營	把總一員	25
	罟草土城炮臺		順德協左營	千總、外委各一員	100
	龜岡炮臺	1734	順德協左營	外委一員	30
	烏豬炮臺	1782	順德協左營	罟草土城炮臺千總兼防	10
	三望炮臺				
	東望洋炮臺				
	西望洋炮臺				
	娘媽閣炮臺				
	南灣炮臺				
	伽思蘭炮臺				
	馬騮門炮臺				
新會縣	崖門新東炮臺	1809	新會縣右營	千總一員	62
	崖門西炮臺		新會縣右營	新東炮臺千總兼防	20
	虎跳門西岸炮臺		新會縣右營	崖門東炮臺千總兼防	40

新寧縣	長沙炮臺		廣海寨	千總一員	32
	烽火角炮臺		廣海寨	把總一員	30
	橫山炮臺		廣海寨	把總一員	30
	大澳大小碉樓		陽江鎮左營	把總、外委各一員	30
	南灣碉樓		廣海寨	外委一員	15
	陡門炮臺		那扶營	外委一員	37

附錄

附錄 14：西路炮臺分佈表 [167]

縣屬	炮臺名稱	建築年	所屬	守備官	兵力
陽江縣	海陵㓵船澳炮臺		陽江鎮左營	把總、外委各一員	30
	石覺炮臺	1662	陽江鎮左營	把總一員	20
	北津月臺	1618	陽江鎮左營	千總一員	30
	北額港月臺	1671	陽江鎮左營	把總一員	40
	北額新炮臺	1801	陽江鎮左營	外委一員	26
電白縣	蓮頭炮臺		陽江鎮右營	把總一員	19
	博賀炮臺		陽江鎮右營	外委一員	20
	興平山炮臺	1800	陽江鎮右營	千總一員	38
	興寧炮臺	1801	陽江鎮右營	把總一員	30
	赤水炮臺		陽江鎮右營	興寧炮臺把總兼防	20
	流水炮臺		陽江鎮右營	興寧炮臺把總兼防	10
	河口炮臺		陽江鎮右營	千總一員	10
	山後炮臺		陽江鎮右營	河口炮臺千總兼防	18
吳川縣	津前炮臺	1717	硇州營	把總一員	50

---

167 〔清〕盧坤、鄧廷楨主編，王宏斌等校點：《廣東海防彙覽》，卷 32，〈砲臺二〉，頁 839-852。

	限門東炮臺		吳川營	把總一員	35
	限門西炮臺		吳川營	把總一員	35
	麻斜港炮臺		吳川營	把總一員	35
	淡水炮臺	1717	硇州營	千總一員	50
	那娘墩臺	1717	硇州營	外委一員	40
	南港墩臺	1717	硇州營	把總一員	40
	北港墩臺	1717	硇州營	把總一員	40
石城縣	暗鋪炮臺		化石營	把總一員	40
	龍頭沙炮臺		化石營	外委一員	40
海康縣	流沙炮臺		雷州左營	把總一員	50
	雙溪炮臺		雷州右營	把總一員	40
遂溪縣	庫竹炮臺	1811	雷州右營	把總一員	30
	海頭炮臺		雷州右營	把總一員	50
	通明炮臺		雷州右營	千總一員	34
徐聞縣	青桐炮臺		雷州左營	外委一員	30
	博漲炮臺		海安營	把總、外委各一員	30
	白沙炮臺		海安營	博漲炮臺兼防、外委一員	30
	三墩炮臺		海安營	博漲炮臺兼防、外委一員	30

335

合浦縣	大觀港東炮臺		廉州營	千總一員	38
	冠頭嶺炮臺		廉州營	大觀港東炮臺千總兼防	13
	八字山炮臺		廉州營	大觀港東炮臺千總兼防	14
	烏雷墩炮臺		龍門協右營	把總一員	46
欽州	大觀港西炮臺		龍門協右營	把總一員	55
	石龜頭炮臺		龍門協左營	把總一員	26
	牙山炮臺		龍門協左營	千總一員	52
	香爐墩炮臺		龍門協右營	把總一員	70
瓊山縣	海口港東炮臺		海口營	千總、外委各一員	30
	海口港西炮臺		海口營	千總、外委各一員	30
	牛始港炮臺		海口營	外委一員	15
	馬嫋港炮臺		海口營	把總、外委各一員	30
澄邁縣	東水港炮臺		海口營	把總一員	15
	石矍港炮臺		海口營	外委一員	15
臨高縣	石牌港炮臺				
儋州	新英港南炮臺				
	博頓汛炮臺				
	大蛋港炮臺				

	望樓港炮臺				
	榆林港炮臺				
	三亞炮臺				
	保平港炮臺				
	赤嶺港炮臺				
陵水縣	桐棲港炮臺				
會同縣	潭門港炮臺				
文昌縣	清瀾港炮臺				
	鋪前港炮臺				

附錄

參考資料

1. 史料

中文：

〔明〕胡宗憲：《籌海圖編》（北京：中華書局，2007 年）。

〔明〕張鏡心：《雲隱堂文錄》（清光緒庚寅〔十六〕年〔1890〕家刊本）。

〔清〕丁寶楨：《丁文誠公奏稿》，《續修四庫全書》，第 509 冊（上海：上海古籍出版社，1995 年）。

〔清〕文慶等纂：《籌辦夷務始末（道光朝）》（台北：文海出版社，1970 年）。

〔清〕包世臣：《安吳四種》（台北：文海出版社，1968 年）。

〔清〕田明曜修：《香山縣志》，《續修四庫全書》，第 713 冊（上海：上海古籍出版社，1995 年）。

〔清〕托津等：《大清會典（嘉慶朝）》，沈雲龍主編：《近代中國史料叢刊三編》，第 674 冊（台北：文海出版社有限公司，1992 年）。

〔清〕朱程萬：〈記己巳平寇事〉，吳道鎔撰、張學華增補、李棪改編：《廣東文徵》，第 5 冊（香港：中文大學出版社，1973 年）。

〔清〕希元等著：《荊州駐防八旗志》（瀋陽：遼寧大學出版社，1990 年）。

〔清〕李桓輯：《國朝耆獻類徵初編》（台北：明文書局，1985 年）。

〔清〕李增階：《外海紀要》，《續修四庫全書》，第 860 冊（上海：上海古籍出版社，1995 年）。

〔清〕那彥成：《那文毅公（彥成）兩廣總督奏議》，《近代中國史料叢

刊》，第 203 冊（台北：文海出版社，1968 年）。

〔清〕阮元：《廣東通志（道光）》，《續修四庫全書》編纂委員會：《續修四庫全書》，第 671 冊（上海：上海古籍出版社，1995 年）。

〔清〕宗人府纂：《欽定戶部則例》，故宮博物院編：《故宮珍本叢刊》，第 284 冊（海口：海南出版社，2000 年）。

〔清〕林君陞：《舟師繩墨》，《續修四庫全書》，第 967 冊（上海：上海古籍出版社，1995 年）。

〔清〕林則徐撰、林則徐全集編輯委員會編：《林則徐全集》（福州：海峽文藝出版社出版發行，2002 年）。

〔清〕姚鼐：《惜抱軒文集》（台北：文海出版社，1984 年）。

〔清〕紀昀：《欽定皇朝文獻通考》，《景印文淵閣四庫全書》，第 632 冊（台北：台灣商務印書館，1984 年）。

〔清〕孫玉庭：《延釐堂集》，《清代詩文集彙編》，第 438 冊（上海：上海古籍出版社，2010 年）。

〔清〕袁永綸，蕭國健、卜永堅箋注：《靖海氛記》（香港：華南研究會華南研究資料室，2007 年）。

〔清〕郝玉麟：《廣東通志》，第 562 冊，《四庫全書》（上海：上海古籍出版社，1987 年）。

〔清〕馬齊等奉敕修：《聖祖仁皇帝實錄》，《清實錄》（北京：中華書局，1985 年）。

〔清〕崑岡等修，劉啓端等纂：《欽定大清會典圖》，《續修四庫全書》（上海：上海古籍出版社，1995 年）。

〔清〕張廷玉等撰：《明史》（北京：中華書局，1974 年）。

〔清〕張潮、楊復吉、沈楙惠等編纂：《昭代叢書》，第 4 冊（上海：上海古籍出版社，1990 年）。

〔清〕曹振鏞等奉敕修：《仁宗睿皇帝實錄》，《清實錄》（北京：中華

參考資料

書局，1985 年）。

〔清〕梁廷枏：《夷氛聞記》（北京：中華書局，1959 年）。

〔清〕程含章：《月川未是稿》，《清代詩文集彙編》，第 473 冊（上海：上海古籍出版社，2010 年）。

〔清〕賀長齡編：《皇朝經世文編》，第 713 冊（台北：文海出版社，1972 年）。

〔清〕鄂爾泰等奉敕修：《世宗憲皇帝實錄》，《清實錄》（北京：中華書局，1985 年）。

〔清〕鄂爾泰等奉敕修：《世祖章皇帝實錄》，《清實錄》（北京：中華書局，1985 年）。

〔清〕賈楨等奉敕修：《宣宗成皇帝實錄》，《清實錄》（北京：中華書局，1985 年）。

〔清〕寧立悌等撰：《粵東省例新纂》（台北：成文書局，1968 年）。

〔清〕劉錦藻：《清朝續文獻通考》（上海：商務印書館，1936 年）。

〔清〕劉錦藻撰：《皇朝續文獻通考》，《續修四庫全書》，第 817 冊（上海：上海古籍出版社，1995 年）。

〔清〕劉謹之、阿桂修：《欽定盛京通志》，《四庫全書》（上海：上海古籍出版社，1987 年）。

〔清〕慶桂等奉敕修：《高宗純皇帝實錄》，《清實錄》（北京：中華書局，1985 年）。

〔清〕鄭夢玉等修：《南海縣志》（台北：成文出版社，1967 年）。

〔清〕盧坤、鄧廷楨主編，王宏斌等校點：《廣東海防彙覽》（石家莊：河北人民出版社，2009 年）。

〔清〕薛福成：《庸庵海外文編》，《續修四庫全書》，第 1562 冊（上海：上海古籍出版社，1995 年）。

〔清〕藍鼎元：《鹿洲初集》，沈雲龍主編：《近代中國史料叢刊續編》，第 403 冊（台北：文海出版社，1977 年）。

〔清〕魏源：《海國圖志》，《續修四庫全書》，第 744 冊（上海：上海古籍出版社，1995 年）。

〔清〕魏源：《聖武記》，《近代中國史料叢刊》，第 102 冊（台北：文海出版社，1967 年）。

〔清〕魏源：《道光洋艘征撫記》，齊思和、林樹惠、壽紀瑜編：《鴉片戰爭》，第 1 冊（上海：神州國光社，1954 年）。

〔清〕魏裔介：《魏文毅公奏議》（北京：中華書局，1985 年）。

〔清〕關天培：《籌海初集》（北京：智慧財產權出版社，2011 年）。

〔清〕顧祖禹：《讀史方輿紀要》（北京：中華書局，2005 年）。

《香山縣鄉土志》（出版地缺：中山市地方志編纂委員會辦公室，1988 年）。

《閩省水師各標鎮協營戰哨船隻圖説》，不分卷。

中山市檔案局（館）、中國第一歷史檔案館編：《香山明清檔案輯錄》（上海：上海古籍出版社，2006 年）。

中央研究院歷史語言研究所編：《明清史料庚編》（台北：中央研究院歷史語言研究所，1960 年）。

中國史學會主編：《鴉片戰爭》（上海：神州國光社，1954 年）。

中國第一歷史檔案館、澳門基金會、暨南大學古籍研究所合編：《明清時期澳門問題檔案文獻匯編》（北京：人民出版社，1999 年）。

中國第一歷史檔案館編：《雍正朝漢文硃批奏摺彙編》（南京：江蘇古籍出版社，1989-1991 年）。

中國第一歷史檔案館編：《嘉慶道光兩朝上諭檔》，第 10 冊（桂林：廣西師範大學出版社，2000 年）。

參考資料

中國第一歷史檔案館編：《鴉片戰爭檔案史料》（天津：天津古籍出版社，1992 年）。

中國第一歷史檔案館整理：《康熙起居注》（北京：中華書局，1984 年）。

卞孝萱、唐文權，《民國人物碑傳集》（北京：團結出版社，1995 年）。

王先謙撰：《東華錄（乾隆朝）》，《續修四庫全書》，第 374 冊（上海：上海古籍出版社，1995 年）。

王先謙撰：《東華錄（康熙朝）》，《續修四庫全書》，第 370 冊（上海：上海古籍出版社，1995 年）。

王鍾翰點校：《清史列傳》（北京：中華書局，1987 年）。

台灣中文書局編：《欽定大清會典事例》，第 16 冊（台北：台灣中文書局，1963 年）。

台灣省文獻委員會編印：《重修台灣省通志》（南投：台灣省文獻委員會，1989 年）。

佚名編：《清史論》（台北：文海出版社，1972 年）。

吳志良、湯開建、金國平主編：《澳門編年史》（廣州：廣東人民出版社，2009 年）。

秦國經主編，唐益年、葉秀雲副主編：《中國第一歷史檔案館藏清代官員履歷檔案全編》（上海：華東師範大學出版社，1997 年）。

國立中央研究院歷史語言研究所編輯：《明清史料》，乙編（上海：商務印書館，1936 年）。

國立故宮博物院圖書文獻處：《清史館檔傳稿與傳包》。

國立故宮博物院編：《宮中檔嘉慶朝奏摺》，第 26 輯（台北：國立故宮博物院印製，1993-1995 年）。

國家圖書館特藏組編輯：《台灣歷史人物小傳：明清暨日據時期》（台北：國家圖書館，2006 年）。

清代國史館編：《清國史》（北京：中華書局，1993年）。

楊家洛主編：《鴉片戰爭文獻彙編》（上海：鼎文書局，1973年）。

榮孟源等主編：《近代稗海》（成都：四川人民出版社，1985年）。

趙爾巽等撰：《清史稿》（北京：中華書局，1976-77年）。

劉芳輯、章文欽校：《葡萄牙東波塔檔案館藏清代澳門中文檔案彙編》（澳門：澳門基金會，1999年）。

廣東省文史研究館譯：《鴉片戰爭史料選譯》（北京：中華書局，1983年）。

繆荃孫纂錄：《續碑傳集》，《近代中國史料叢刊》，第984冊（台北：文海出版社，1973年）。

〔越〕阮朝國史館：《大南寔錄》（東京：慶應義塾大學語學研究所；橫濱：有隣堂，1961年）。

〔葡〕施白蒂著、姚京明譯：《澳門編年史：十九世紀》（澳門：澳門基金會，1998年）。

〔葡〕徐薩斯著，黃鴻釗、李保平譯：《歷史上的澳門》（澳門：澳門基金會，2000年）。

外文：

Belcher, Edward, Sir. *Narrative of a Voyage Round the World: Performed in Her Majesty's Ship Sulphur during the Years 1836-1842: Including Details of the Naval Operations in China, from Dec. 1840 to Nov. 1841*. Vol. 2. London: Colburn, 1843.

Bernard, W.D. *Narrative of the Voyages and Services of the Nemesis, from 1840 to 1843; and of the Combined Naval and Military Operations in China*. London: H. Colburn, 1845.

Bingham, John Elliot. *Narrative of the Expedition to China, From the Commencement of the War to its Termination in 1842: With Sketches of the*

參考資料

Manners and Customs of That Singular and Hitherto Almost Unknown Country. Vol. 2. 2nd ed. Wilmington: Scholarly Resources, 1843.

Bridgman, E. C. *Chinese Repository: 1832.5-1851.12*. Gulin: Guangxi Normal University Press, 2008.

British Parliament. *Additional Papers Relating to China 1840*. London: Printed by T.R. Harrison, 1840.

Jocelyn, Lord Robert. *Six Months with the Chinese Expedition; or, Leave from a Soldier's Note-book*. 2nd ed. London; J. Murray, 1841.

McPherson, Duncab. *The War in China: Narrative of the Chinese Expedition, from Its Formation in April, 1840, to the Treaty of Peace in August, 1842*. London: Saunders and Otley, 1843.

Morse, Hosea Ballou. *Chronicles of the East India Company Trading to China, 1635-1834*. Taipei: Ch'eng Wen, 1975.

Ouchterlony, John. *The Chinese War: An Account of All the Operations of the British forces from the commencement to the Treaty of Nanking*. London: Saunders and Otley, 1844.

Sokoloff, Valentin A. *Ships of China*. San Bruno, Calif.: V.A. Sokoloff, 1982.

Teixeira, M. *Miguel de Arriaga*. Macau: Imprensa Nacional, 1966.

2. 近人論著

出版書籍

中文：

《水運技術詞典》編輯委員會：《水運技術詞典》，古代水運與木帆船分冊（北京：人民交通出版社，1982 年）。

丁朝弼編：《世界近代海戰史》（北京：海洋出版社，1994 年）。

上海中國航海博物館編：《航海——文明之迹》（上海：上海古籍出版社，2011 年）。

中央研究院歷史語言研究所：《中央研究院歷史語言研究所集刊》（台北：中央研究院歷史語言研究所，1961 年）。

中國軍事史編寫組編：《中國軍事史》（北京：解放軍出版社，1991 年）。

中華文化復興運動推行委員會主編：《中國近代現代史論集》（台北：台灣商務印書館，1986 年）。

王兆春：《中國火器史》（北京：軍事科學出版社，1991 年）。

王宏斌：《清代前期海防：思想與制度》（北京：社會科學文獻出版社，2002 年）。

王業鍵：《清代經濟史論文集》（台北：稻鄉出版社，2003 年）。

吳士存：《南沙爭端的起源與發展》（北京：中國經濟出版社，2010 年）。

李其霖：《見風轉舵：清代前期沿海的水師與戰船》，台北：五南圖書出版股份有限公司，2014 年。

李龍潛：《明清廣東社會經濟研究》（上海：上海古籍出版社，2006 年）。

來新夏編撰：《林則徐年譜》（上海：上海人民出版社，1981 年）。

周維強：《佛郎機銃在中國》（澳門：澳門特別行政區政府文化局，2013 年）。

孟森：《清史講義》（北京：中華書局，2010 年）。

定宜莊：《清代八旗駐防研究》（瀋陽：遼寧民族出版社，2003 年）。

茅海建：《天朝的崩潰——鴉片戰爭再研究》（北京：生活·讀書·新知三聯書店，1997 年）。

軍事科學院《中國近代戰爭史》編寫組：《中國近代戰爭史》（北京：軍事科學出版社，1984-1985 年）。

參考資料

軍事科學院主編：《中國軍事通史》（北京：軍事科學出版社，1998 年）。

徐中約著，許秋楓、朱慶葆譯，茅家琦、錢乘旦校：《中國近代史》（香港：香港中文大學出版社，2004 年）。

秦寶琦：《中國地下社會》（北京：學苑出版社，2009 年）。

張建雄、劉鴻亮著：《鴉片戰爭中的中英船炮比較研究》（北京：人民出版社，2011 年）。

張建雄：《清代前期廣東海防體制研究》（廣州：廣東人民出版社，2012 年）。

張研編：《清代經濟簡史》（台北：雲龍出版社，2002 年）。

梁仲方編：《中國歷代戶口、田地、田賦統計》（上海：上海人民出版社，1980 年）。

許友根：《武舉制度史略》（蘇州：蘇州大學出版社，1997 年）。

許雪姬：《清代台灣的綠營》（台北：中央研究院近代史研究所，1987 年）。

郭成康：《十八世紀的中國政治》（台北：昭明出版社，2001 年）。

郭廷以：《近代中國史綱》（香港：香港中文大學出版社，2005 年）。

郭廷以：《近代中國的變局》（台北：聯經出版事業公司，1987 年）。

郭振鐸、張笑梅主編：《越南通史》（北京：中國人民大學出版社，2001 年）。

陳鋒：《清代財政史論稿》（北京：商務印書館，2010 年）。

傅光森著：《清代總督制度》（新北：花木蘭文化出版社，2012 年）。

曾昭璇、黃偉峰主編：《廣東自然地理》（廣州：廣東人民出版社，2001 年）。

越南社會科學委員會編、北京大學東語系越南語教研室譯：《越南歷史》（北京：北京人民出版社，1977 年）。

馮作民：《西洋全史》（台北：燕京文化事業股份有限公司，1979 年）。

黃光亮：《中國武舉制度之研究》（台北：振英排板打字行，1977 年）。

楊國楨：《林則徐論考》（福州：福建人民出版社，1989 年）。

楊萬秀、鍾卓安主編：《廣州簡史》（廣州：廣東人民出版社，1996 年）。

楊樹森：《清代柳條邊》（瀋陽：遼寧人民出版社，1978 年）。

葉高樹：《降清明將研究（一六一八～一六八三）》（台北：國立師範大學歷史研究所，1993 年）。

葉顯恩主編：《廣東航運史》（北京：人民交通出版社，1989 年）。

雷冬文：《近代廣東會黨：關於其在近代廣東社會變遷中的作用》（廣州：暨南大學出版社，2004 年）。

趙春晨、何大進、冷東主編：《中西文化交流與嶺南社會變遷》（北京：中國社會科學出版社，2004 年）。

劉旭：《中國古代火藥火器史》（鄭州：大象出版社，2004 年）。

劉琦、魏沛泉：《廣東省地理》（廣州：廣東人民出版社，1988 年）。

劉鳳雲、劉文鵬編：《清朝的國家認同：「新清史」研究與爭鳴》（北京：中國人民大學出版社，2010 年）。

廣東省地方史志編纂委員會：《廣東省志・軍事志》（廣州：廣東人民出版社，1999 年）。

樊樹志：《晚明史》（上海：復旦大學出版社，2003 年）。

鄭天挺等著：《清史》（台北：雲龍出版社，2002 年）。

澳門大學社會科學及人文學院中文系中國文化研究中心：《明清廣東海運與海防》（澳門：澳門大學社會科學及人文學院中文系中國文化研究中心，2008 年）。

蕭致治主編：《鴉片戰爭史》（福州：福建人民出版社，1996 年）。

參考資料

羅香林：《一八四二年以前之香港及其對外交通》（香港：中國學社，1959 年）。

羅爾綱：《綠營兵志》（上海：上海書店，1996 年）。

譚棣華：《廣東歷史問題論文集》（台北：稻禾出版社，1993 年）。

〔日〕田中正俊等著，武漢大學歷史系鴉片戰爭研究組編：《外國學者論鴉片戰爭與林則徐》，下冊（福州：福建人民出版社，1989 年）。

〔美〕馬漢著，蔡鴻幹、田常吉譯：《海軍戰略》（北京：商務印書館，1994 年）。

〔美〕費正清、劉廣京編，張玉法主譯，李國祁總校訂：《劍橋中國史：晚清篇，1800-1911》（台北：南天書局，1987 年）。

〔美〕曾小萍著，董建中譯：《州縣官的銀兩──18 世紀中國的合理化財政改革》（北京：中國人民大學出版社，2005 年）。

〔英〕富勒著，鈕先鍾譯：《西洋世界軍事史》（台北：麥田出版社，1996 年）。

外文：

Andrade, Tonio. *The Gunpowder Age: China, Military Innovation, and the Rise of the West in World History*. Princeton, New Jersey: Princeton University Press, 2016.

Antony, Robert J. *Elusive Pirates, Pervasive Smugglers: Violence and Clandestine Trade in the Greater China Seas*. Hong Kong: Hong Kong University Press, 2010.

Antony, Robert J. *Like Froth Floating on the Sea: The World of Pirates and Seafarers in Late Imperial South China*. Berkeley, Calif.: Institute of East Asian Studies, 2003.

Chang, Hsin-pao. *Commissioner Lin and the Opium War*. Cambridge: Harvard University Press, 1964.

Elleman, Bruce A. *Modern Chinese Warfare, 1795-1989*. London; New York: Routledge, 2001.

Elliott, Mark C., *The Manchu Way: The Eight Banners and Ethnic Identity in Late Imperial China*, Stanford, Calif: Stanford University Press, 2001.

Headrick, Daniel R. *The Tools of Empire: Technology and European Imperialism in the Nineteenth Century*. New York: Oxford University Press, 1981.

Murray, Dian H. *Pirates of the South China Coast, 1790-1810*. Stanford, Calif.: Stanford University Press, 1987.

Parker, Geoffrey. *The Military Revolution: Military Innovation and the Rise of the West, 1500-1900*. Cambridge: Cambridge University Press, 2010.

Perdue, Peter C. *China Marches West: The Qing Conquest of Central Eurasia*. Cambridge, Mass.: Belknap Press of Harvard University Press, 2005.

Thant Myint-U. *The River of Lost Footsteps: A Personal History of Burma*. New York: Farrar, Straus and Giroux, 2007.

Tucker, Spencer. *Handbook of 19th Century Naval Warfare*. Annapolis, MD: Naval Institute Press, 2000.

Wang, Wensheng. *White Lotus Rebels and South China Pirates: Crisis and Reform in the Qing Empire*. Cambridge, Massachusetts: Harvard University Press, 2014.

研究論文

中文：

王業鍵：〈清雍正時期（1723-35）的財政改革〉，王業鍵：《清代經濟史論文集》，第 1 冊（台北：稻鄉出版社，2003 年），頁 303-339。

王躍生：〈清代督撫體制特徵探析〉，《社會科學輯刊》1993 第 4 期，頁 78-85。

參考資料

玉華：〈關天培與粵省海防〉，《嶺南文史》1993 年第 2 期，頁 51-56。

全漢昇、王業鍵：〈清代的人口變動〉，中央研究院歷史語言研究所：《中央研究院歷史語言研究所集刊》，第 32 本（台北：中央研究院歷史語言研究所，1961 年），頁 139-180。

曲慶玲：〈試論第一次鴉片戰爭時期的虎門海防要塞建設〉，《軍事歷史研究》2012 年第 1 期，頁 61-67。

朱德蘭：〈清初遷界令時中國船海上貿易之研究〉，中國海洋發展史論文集編輯委員會主編：《中國海洋發展史論文集（二）》（台北：中央研究院三民主義研究所，1986 年），頁 106-159。

吳建華：〈海上絲綢之路與粵洋西路之海盜〉，《湛江師範學院學報》2002 年第 2 期，頁 24-28。

李才垚：〈林則徐與關天培的友誼──兼論兩人對廣東海防的部署〉，《嶺南文史》1985 年第 1 期，頁 50-53。

李國祁：〈導言──中國近代現代歷史的演進〉，中華文化復興委員會編：《中國近代現代史論集》，第 1 輯（台北：台灣商務印書館，1986 年），頁 1-93。

李媚：〈清朝廣東水師提督沿革考〉，《嶺南文史》2008 年第 4 期，頁 13-16。

周維強：〈雍正武藝之商榷：從「世宗用葡萄面樺皮弓」蠡測雍正臂力〉，國立故宮博物院編：《故宮文物月刊》2009 年第 318 期，頁 72-78。

林慶元：〈近代海權思想的萌芽──論林則徐的海防思想〉，李金強、劉義章、麥勁生合編：《近代中國海防：軍事與經濟》（香港：香港中國近代史學會，1999 年），頁 89-109。

施渡橋：〈中國近代名將關天培〉，《軍事歷史》1990 年第 2 期，頁 46-48。

孫宏年、華強：〈略論關天培的軍事思想〉，《軍事歷史研究》1999 年第 2 期，頁 151-162。

徐曉望：〈明清廣東與福建的區域經濟活動〉，澳門大學社會科學及人

文學院中文系中國文化研究中心：《明清廣東海運與海防》（澳門：澳門大學社會科學及人文學院中文系中國文化研究中心，2008 年），頁 227-242。

荀德麟：〈抗英民族英雄關天培〉，《江蘇地方志》1997 年第 3 期，頁 47-49。

馬幼垣：〈鴉片戰爭期間的侵華英艦〉，馬幼垣：《靖海澄疆：中國近代海軍史事新詮》（台北：聯經出版事業股份有限公司，2009 年），頁 3-21。

張建雄：〈鴉片戰爭時期清朝海防炮臺技術研究〉，鴉片戰爭博物館主編：《明清海防研究論叢（第四輯）》（廣州：廣東人民出版社，2011 年），頁 112-119。

張德昌：〈清代鴉片戰爭前之中西沿海通商〉，中華文化復興運動推行委員會主編：《中國近代現代史論集》，第 1 冊（台北：台灣商務印書館，1986 年），頁 45-92。

梁嘉彬：〈律勞卑事年新研究〉，《史學彙刊》1979 年第 9 期，頁 83-129。

許劍冰：〈獅子嶺與清初香港九龍新界之遷海與復界〉，羅香林：《一八四二年以前之香港及其對外交通》（香港：中國學社，1959 年），頁 129-150。

郭成、郭偉：〈民族英雄關天培殉難新說〉，《瀋陽師範學院學報（社會科學版）》2001 年第 2 期，頁 58-59。

郭成康：〈也談滿族漢化〉，劉鳳雲、劉文鵬編：《清朝的國家認同：「新清史」研究與爭鳴》（北京：中國人民大學出版社，2010 年），頁 71-92。

郭廷以：〈中國近代化的延誤──兼論早期中英關係的性質〉，郭廷以：《近代中國的變局》（台北：聯經出版事業公司，1987 年），頁 3-25。

陳文源：〈《廣東海防彙覽》研究〉，李金強、劉義章、麥勁生合編：《近代中國海防：軍事與經濟》（香港：香港中國近代史學會，1999 年），頁 41-60。

陳啟漢：〈清中葉粵海烽煙〉，澳門大學社會科學及人文學院中文系中國文化研究中心：《明清廣東海運與海防》（澳門：澳門大學社會科學及人

文學院中文系中國文化研究中心，2008 年），頁 301-320。

陳鈺祥：〈清代中葉廣東海盜之研究（1810-1885）〉，《成大歷史學報》 2008 年第 34 號，頁 93-130。

陳鋒：〈清代中央財政與地方財政的調整〉，陳鋒：《清代財政史論稿》 （北京：商務印書館，2010 年），頁 244-245。

陶道強：〈「制賊」與「防夷」──以清代前期廣東海防為中心的觀察〉， 《棗莊學院學報》2010 年 6 月第 3 期，頁 24-29。

陶道強：〈清代前期廣東海防研究〉，暨南大學碩士論文，2003 年。

彭雨新：〈清末中央與各省財政關係〉，包遵彭、吳相湘、李定一合編： 《中國近代史論叢》，第 2 輯第 5 冊（台北：正中書局，1956 年），頁 3-46。

曾小全：〈清代前期的海防體系與廣東海盜〉，《社會科學》2006 年第 8 期，頁 144-156。

湯開建、張中鵬：〈彭昭麟與乾嘉之際澳門海疆危機〉，《中國邊疆史 地研究》2011 年第 1 期，頁 56-67。

黃利平：〈第一次鴉片戰爭前廣東水師虎門軍演述略〉，《明清海防研 究（第四輯）》（廣州：廣東人民出版社，2011 年），頁 39-44。

黃潔嫻：〈澳門木船建造──廣東傳統造船工藝之傳承〉，上海中國航 海博物館編：《航海──文明之迹》（上海：上海古籍出版社，2011 年）， 頁 115-130。

楊國楨：〈林則徐對西方知識的探求〉，楊國楨：《林則徐論考》（福州： 福建人民出版社，1989 年），頁 23-35。

楊培娜：〈「違式」與「定制」──清代前期廣東漁船規制的變化與沿 海社會〉，《清史研究》2008 年第 2 期，頁 74-87。

萬明：〈明代中英的第一次直接碰撞──來自中、英、葡三方的歷史記 述〉，中國社會科學院歷史研究所學刊編委會：《中國社會科學院歷史研究 所學刊》，第 3 集（北京：社會科學文獻出版社，2003 年），頁 421-437。

葉志如整理：〈乾嘉年間廣東海上武裝活動概述──兼評麥有金等七幫

的《公立約單》〉，《歷史檔案》1989 年第 3 期，頁 96-101。

趙希鼎：〈清代總督與巡撫〉，《歷史教學》1963 年第 10 期，頁 15-22。

劉冉冉、譚世寶：〈張保仔海盜集團於香山縣投誠原因初探〉，《明清廣東海運與海防》，頁 329-337。

劉平：〈清中葉廣東海盜問題探索〉，《清史研究》1998 年第 1 期，頁 39-49。

劉平：〈論嘉慶年間廣東海盜的聯合與演變〉，《江蘇教育學院學報（社會科學版）》1998 年第 3 期，頁 105-111。

劉平：〈關於嘉慶年間廣東海盜的幾個問題〉，《學術研究》1998 年第 9 期，頁 78-84。

劉正剛：〈清初廣東海洋經濟〉，《暨南學報（哲學社會科學版）》1999 年第 5 期，頁 106-115。

劉佐泉：〈清代嘉慶年間「雷州海盜」初探〉，《湛江師範學院學報（社會科學版）》1999 年第 2 期，頁 25-29。

劉漢東：〈海上絲綢之路與中西文化交流的關係〉，趙春晨、何大進、冷東主編：《中西文化交流與嶺南社會變遷》（北京：中國社會科學出版社，2004 年），頁 16-31。

劉鳳雲：〈嘉慶朝清理錢糧虧空中的艱難抉擇——兼論君臣在地方財政整飾中的不同認識〉，《中州學刊》2013 年第 5 期，頁 128-136。

劉德美：〈清代地方財政積弊個案探討——嘉慶年間安徽錢糧虧空案〉，《師大學報》，1982 年第 27 期，頁 519-530。

劉鴻亮、孫淑雲、李曉岑、李斌撰：〈鴉片戰爭時期中英鐵炮優劣的調查研究〉，《海交史研究》2009 年第 2 期，頁 104-127。

劉鴻亮：〈第一次鴉片戰爭時期中英雙方火炮的技術比較〉，鴉片戰爭博物館主編：《明清海防研究論叢（第二輯）》（廣州：廣東人民出版社，2008 年），頁 27-45。

劉鴻亮：〈關於 16-17 世紀中國佛郎機火炮的射程問題〉，《社會科學》

參考資料

2006 年第 10 期，頁 185-192。

樊樹志：〈導論──「全球化」視野下的晚明〉，樊樹志：《晚明史》，上冊（上海：復旦大學出版社，2003 年），頁 1-203。

潘向明：〈鴉片戰爭前的中西火炮技術比較研究〉，《清史研究》1993 年第 3 期，頁 95-104。

潘家諭：〈關天培的海防思想〉，《劍南文學（經典文教苑）》2013 年第 4 期，頁 237。

鄧孔昭：〈清政府對鄭氏集團的招降政策及其影響〉，鄧孔昭：《鄭成功與明鄭台灣史研究》（北京：台海出版社，2000 年），頁 95-110。

鄧亦兵：〈鴉片戰爭中的愛國將領關天培〉，《歷史教學》1983 第 7 期，頁 11-14。

鄭永常、李貴民：〈瞬間的光芒：越南阮朝的裏銅船之製作與傳承〉，《南方大學學報》2014 年 8 月第 2 卷，頁 65-89。

鄭亦芳：〈清代團練的組織與功能──湖南、兩江、兩廣地區之比較研究〉，《國立台灣師範大學歷史學報》1978 年第 5 期，頁 293-334。

霍啟昌：〈淺談「澳門模式」與明清港澳地區海防〉，澳門大學社會科學及人文學院中文系中國文化研究中心：《明清廣東海運與海防》（澳門：澳門大學社會科學及人文學院中文系中國文化研究中心，2008 年），頁 1-22。

謝國楨：〈清初東南沿海遷界考〉，謝國楨：《明清之際黨社運動考》（台北：商務印書館，1967 年），頁 237-269。

譚棣華：〈試論清朝廣東的缺糧問題〉，譚棣華：《廣東歷史問題論文集》（台北：稻禾出版社，1993），頁 275-306。

〔日〕田中正美：〈林則徐的抗英政策及其思想〉，〔日〕田中正俊等著，武漢大學歷史系鴉片戰爭研究組編：《外國學者論鴉片戰爭與林則徐》，下冊（福州：福建人民出版社，1989 年），頁 238-245。

〔美〕羅友枝著，張婷譯，李瑞豐校：〈再觀清代──論清代在中國歷史上的意義〉，劉鳳雲、劉文鵬編：《清朝的國家認同：「新清史」研究與爭鳴》（北京：中國人民大學出版社，2010 年），頁 1-18。

外文：

Antony, Robert J. "State, Community, and Pirate Suppression in Guangdong Province, 1809-1810," *Late Imperial China* (June 2006). Vol. 27. No. 1, pp. 1-30.

Fok Kai Cheong. "The Macao Formula: A Study of Chinese Management of the Westerners from the Mid-Sixteenth Century to the Opium War Period," unpublished Ph. D. dissertation, University of Hawaii, 1978.

Ho Ping-ti, "The Significance of the Ch'ing Period in Chinese History", *The Journal of Asian Studies*, Vol. 26, No. 2 (Feb., 1967), pp. 189-195.

Wakeman, Frederic Jr. "Drury's Occupation of Macao and China's Response to Early Modern Imperialism," *East Asian History* (December 2004). No. 28, pp. 27-34.

參考資料

謝辭

　　把博士論文出版成書是我的心願，如今終於成事，全賴眾人的協助。第一位當然是論文指導老師麥勁生教授。老師雖然工作繁忙，仍然不辭勞苦地教導資質平庸的我，在論文題目的選定、修改及定稿上，都給予不少寶貴建議。特別是在撰寫的中段，我曾經迷失、惶惑，不知所措，幸有他的幫助，終於找對了方向完成論文，更為我爭取機會把博士論文出版。另外，亦必須感謝李金強教授多年的指導。在攻讀學士學位時，有幸得他指導畢業論文，使我決心走上學術路。撰寫博士論文初期，他又經常提醒須注意的資料、前人的研究成果，即使工作再多，亦為我批改論文，指正錯誤。兩位老師的恩情，畢生銘記，我必須再三感謝。此外，要特別感謝兩位校外口試委員：澳門大學歷史系教授湯開建及樹仁大學歷史系教授張偉國，他們細心批閱文稿，給予寶貴意見，使論文精益求精。我亦須感謝天地圖書有限公司的助理總編輯林苑鶯小姐，編輯部陳幹持小姐、宋寶欣小姐，提供意見及技術支援，使本書能順利出版。

　　在香港浸會大學歷史系學習的三年，我還得到各位老師的指導，在此亦一一致謝。感謝譚家齊博士、鄺智文博士經常給予意見，介紹新近研究，擴闊我的眼界、思考方向，更關心我的前途就業問題。多謝劉詠聰教授、林啟彥教授、周佳榮教授、

范永聰博士、羅婉嫻博士及劉冠燊博士的關心，使我倍感溫暖。此外，必須再三感謝歷史系秘書陳月眉女士，她經常協助我解決各種問題，甚至幫忙校對論文，重新製作圖表。也感謝台灣中央研究院近代史研究所的黃克武教授、張力教授的協助，讓我有機會到台北訪問，搜集相關研究資料，並接觸外地學風。

　　另外，我還想感謝學長郭嘉輝博士、劉繼堯博士的幫忙，他們經常給予鼓勵、意見，為我解決對前路的疑問。在台北訪問的三個月，又有幸得到莊興亮先生的照顧，提供學術意見及支援。值得一提，歷史系內的同事黃飛先生、布飛豪先生、學弟黃家健先生，經常幫助校對文稿，對文章提出改善意見，使我獲益不淺。多謝歷史系內各位兄弟姊妹、同學們的幫助，包括陳嘉禮博士、何宇軒博士、區顯鋒博士、江玉翠博士、何智鋒先生、陳家怡小姐、林稚暉小姐、廖穎聰先生、梁頌軒先生、趙玉駿先生、汪伊喬小姐、方金平先生、何頌衡先生、韓承延先生、歐�佾兒小姐，還有當代中國研究所的副所長許志樺博士、劉開智博士、蔡華思小姐、黃碧珩小姐、顧馨美小姐，與你們相處的日子，真的非常愉快，亦使我學識有所增長。

　　回想自己的成長歷程，我還要多謝一眾中學老師。第一位是王榮活老師，我在中二時有幸成為他的學生，但當時表現頑劣。不知為何，他竟然在次年挑選我當科長，讓我認識甚麼是責任，亦開始對世界歷史科產生興趣，找到人生目標。猶記得我在最失意時，他於旁邊不斷鼓勵，幫助克服難關，順利升上

357

謝辭

大學。其次是張志義博士、高志勇老師。他們對中國歷史都有深厚的認識，經常不吝賜教，使我受益匪淺。第三位是中二時的班主任洪有蓮老師。那時候的我讀書不用功，喜歡開玩笑、玩惡作劇，學習表現只能用「災難」來形容，得到她的關心、幫助，成績在下半學期終於有所改善。想不到她在學年完結時，竟然認為我將來有機會升讀大學，讓我驚訝不已。要知道當時的我在全級 210 人中，只排在 175 位，按照這排名，即使是升讀預科也沒有資格，更遑論是大學（我當時也沒有這個想法）。她是第一位給我「希望」的老師，現在她已經離開了中學，只能在此道謝。最後，亦要感謝歐陽汝城校長、曾偉耀副校長、張銳輝副校長、黎婉玲老師、黎承志老師、周冰霞老師、劉佩賢老師、陳德穎老師、吳式添老師、林素菁老師、劉健玲老師、黃嘉慧老師、傅朝暉老師，你們的教導都讓我成長不少。我向來不善辭令，亦羞於表達情感，只能引用兒時由郭富城先生主唱的敬師歌《言謝春風》中的幾句歌詞，來表達心中謝意：

　　　純純學子感激不已，明白了春風秋雨，全賴老師關心熱愛，每句教誨有着意思。無涯學海高飛展翅，能讓我終可衝刺，人若有天真長大了，也會銘記教導這恩賜。

　　自問歌喉差勁，為免造成噪音污染，破壞大自然安寧，請

恕我不能唱出，只能在此寫下，祝願你們以後生活愉快，事事順利。

　　最後，衷心感謝父親袁裕強先生、母親張鳳嫦女士、弟弟袁智聰先生，照料生活上的一切，使我可以專心學業。行文至此，我特別想起已過身的祖父及外公，希望將此書獻給你們，報答多年來的照顧及鼓勵，昔日相處的片段，將一生留在腦海，永不淡忘。

袁展聰

2017 年 12 月 22 日初稿

2018 年 12 月 24 日定稿

於香港浸會大學當代中國研究所

359

謝辭

www.cosmosbooks.com.hk

書　　名　不均等的對抗——鴉片戰爭中廣東海防快速崩遺的遠因
作　　者　袁展聰
責任編輯　宋寶欣
美術編輯　郭志民
出　　版　天地圖書有限公司
　　　　　香港皇后大道東109-115號
　　　　　智群商業中心15字樓（總寫字樓）
　　　　　電話：2528 3671　傳真：2865 2609

　　　　　香港灣仔莊士敦道30號地庫／1樓（門市部）
　　　　　電話：2865 0708　傳真：2861 1541

印　　刷　美雅印刷製本有限公司
　　　　　香港九龍官塘榮業街 6 號海濱工業大廈4字樓A室
　　　　　電話：2342 0109　傳真：2790 3614

發　　行　香港聯合書刊物流有限公司
　　　　　香港新界大埔汀麗路36號中華商務印刷大廈3字樓
　　　　　電話：2150 2100　傳真：2407 3062

出版日期　2019年3月／初版